AF450924

Auto-donación

Entrevistas y conferencias

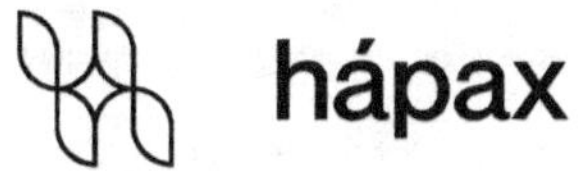

Ficha bibliográfica

Michel Henry
Juan Pablo Martínez, traductor

Auto-donación
Entrevistas y conferencias
1a. edición, 2024

ISBN: 978-607-5913-14-8

Editorial Notas Universitarias, S. A. de C. V.
Colección Hápax. Serie Kardía 01

Impreso en la Ciudad de México, septiembre de 2024
Formato: 15 × 21 cm

224 pp.

Editorial NUN
Es una marca de Editorial Notas Universitarias, S. A. de C. V.
Xocotla 17, Tlalpan, alcaldía Tlalpan,
C. P. 14000, Ciudad de México

www.editorialnun.com.mx
contacto@editorialnun.com.mx

Dirección editorial: Miryam D. Meza Robles
Cuidado de la edición: Felipe G. Sierra Beamonte
Corrección de estilo: Ma. Magdalena Álvarez Malo Durón
Maquetación: Lumbral Studio
Diagramación y versión digital: Carlos Papaqui Landeros

Impreso en México

Auto-donación

Entrevistas y conferencias
por

Michel Henry

(Juan Pablo Martínez, traductor)

Prólogo de Miguel García Baró

Índice

Prólogo

Una fenomenología que abandona a la oscuridad de la total no-fenomenicidad a su principio no hay duda de que no es completa en cuanto, precisamente, un programa fenomenológico. Y es suficientemente claro que tanto Heidegger como Husserl incurren en este defecto. Otra cuestión es que la filosofía primera haya de ser fenomenológica. Eso no está dicho en parte alguna. Sin embargo, la radicalidad del proyecto y del método fenomenológicos implica que llevar a cumplimiento completo ese proyecto suyo ha de ser parte esencial del trayecto espiritual que finalmente corresponda denominar *filosofía primera*. Si el ensayo de la *fenomenología radical* se abandona, se abandona al mismo tiempo la idea pura de la filosofía primera.

No es en absoluto fácil ni siquiera diseñar en qué pueda consistir tal *fenomenología radical*. Se sabe de antemano algo, desde luego: que el modo de lograr la fenomenicidad del punto de arranque mismo de cualquier otra fenomenicidad tendrá que diferir, en efecto, de todos los demás. Pero también es claro un segundo factor que debe ser tenido en cuenta —y lo hizo brillantemente Michel Henry—: esa peculiar fenomenicidad no se puede obtener reflexivamente, metódicamente, porque entonces no sería ya primera ni última. Ha de ofrecerse de suyo, espontáneamente, irreflexivamente y de manera continua. Los recursos metódicos se dedicarán en este caso a eliminar lo que no haga justicia al principio mismo. Él se da de por sí y él mismo es, necesariamente, el acceso a sí mismo. Las confusiones de él con cualquier otro fenómeno son el material de trabajo crítico del filósofo, y muchas veces se deberá a otros filósofos menos perspicaces la creación de esas confusiones. Se puede y hasta se debe contar con que la razón de un ser humano cualquiera está originalmente libre de ellas. Los intereses prácticos espurios y las malas teorías serán los motivos de que se introduzcan disparates en la marcha del sano y veraz sentido común.

Simplifiquemos, de acuerdo con esto, un tanto el camino de desescombro que toca hacer a la fenomenología radical para superar nada menos que a Husserl mismo.

Tomaremos la vía real que suele recorrer la filosofía: la del saber. Se sabe lo que las ciencias proponen, una vez que se las ha estudiado y asimilado. Se sabe estudiarlas: hay que leer libros y escuchar lecciones, y hay que pensar sobre lo que así se recibe. Leer, oír son actividades que nos sirven además en el saber de la vida cotidiana. En él hay gran variedad de usos de la conciencia (la sensibilidad, el entendimiento, la razón, además de los sentimientos, la voluntad, etc.). Si nos quedáramos en la descripción de la conciencia, nos quedaríamos en la fenomenología de Husserl. Hay, sin embargo, otro saber previo, que también solemos llamar sensibilidad: sabemos mover los ojos, las manos, el cuerpo todo que debe llevarnos al aula y a la biblioteca; nos sentimos en poder no ya del cuerpo que todos ven, sino de cada órgano del cuerpo (el "cuerpo orgánico"); más todavía: lo que Henry llama *carne* es también un saber. Para la carne, moverse, o sea, poner en acción las capacidades del cuerpo orgánico, es ya saberse, es decir, vivirse directa, inmediatamente, sin diferencia entre sujeto y objeto intencional. Es serse en el modo, por cierto, de condición de posibilidad de cualquier otra actividad, ya sea del cuerpo, ya sea de la conciencia, ya sea del espíritu. Se trata de un saber primordial, que nadie nos puede enseñar —en el sentido corriente de esta palabra—, pero que, al mismo tiempo, no lo creamos nosotros al empezar a ejercerlo. Un etólogo diría —como si ahí acabara el enigma— que estoy hablando del instinto, que heredo con los genes. Sin necesidad de discutir con este teórico, lo que debo ya decir, en pleno acuerdo con Henry, es que sin este saber primero no habría ningún otro, pero, como acabo de sugerir, que empieza en mí sin que sea justo decir que soy yo su origen. Si juego con la versatilidad en este punto del francés, diré que yo (*je*) soy quien cree dominar sobre todos sus poderes, pero que antes incluso de mí (*moi*, en especial, mis modos pasivos de conciencia) hay un mí-mismo (*soi*), aún ni siquiera "yo en acusativo o en dativo", algo muy próximo a lo que los místicos de Renania llamaron hace medio milenio el *fondo* de cada individuo (*Grund*). Este fondo no se puede denominar sino *vida*: una vida que precisa de un *ipse* para revelarse a sí misma y empezar a crecer hacia el yo en nominativo; la vida, pues, ni general ni individual, de la cual y en la cual surge *mi* carne como, por decir de alguna manera lo inefable —y por no andar ya contradiciendo parcialmente a mi querido maestro—, un brote en una planta viva. Hay mi carne cuando el movimiento, el sentir, la necesidad y la satisfacción de la necesidad aparecen realmente. Pero no vienen de ellos mismos, sino de más atrás, de la vida que tiene esta peculiar voluntad de especificación, o cuya vitalidad consiste justamente en la multiplicación de los vivientes desde su savia, porque, más adelante, podré decir, como filósofo no demasiado principiante, que sé también, misteriosamente, que no soy yo el único brote vivo de la vida. Henry, por cierto, lleva al extremo lo que cabe decir aún como fenomenólogo cuando se atreve a afirmar que, al modo mismo de lo que sucede a mi carne, a todo yo mismo, sucede también a la vida primordial: se da inmediatamente y desde siempre un como Hijo, un Archi-Hijo, una ipseidad en la que saberse, serse, gozar de la vida, o sea, de ella misma.

Es, dicho en otras palabras, como si mi carne finita recordara sin memoria que procede del Fondo, es decir, del Archi-Hijo, en quien están las raíces de todos los vivientes finitos. Mis poderes no sólo empezaron siendo, por así decir, previos a mí, sino que sus capacidades no están limitadas por lo que yo he ido aprendiendo de ellos: todavía ahora manifiestan oscuramente proceder de ese Fondo. Lo que justifica una de las hazañas descriptivas más notables de la filosofía en los últimos dos siglos largos: la distinción, lograda por Maine de Biran, entre los hábitos que van perfeccionándose a medida que los actualizamos, y aquellos que comportan una cierta degeneración, un envejecimiento —en este caso, del cuerpo orgánico, el cual llega enseguida a tener vista cansada, músculos cuya propiocepción grita su cansancio, una mente de cuya memoria se van borrando lentamente noticias particulares y nombres propios—. La vida en sí misma no envejece: es eternamente —no resulta una osadía exagerada emplear este adverbio ahora— un cierto proceso, un venir a sí desde sí misma, un crecimiento misterioso —como el del *élan vital* que describió Bergson—. Aristóteles llega a decir que sólo el ojo se fatiga y se estropea, pero que queda siempre, como por detrás, intacta la capacidad de la visión en tanto que tal. No, pues, exactamente, mi carne, sino mi cuerpo orgánico va hacia la muerte. Lo que tiene de individual mi estar en la vida es, pues, finitud. Como si la vida me hubiera de pronto obligado a vivirla carnal e individualmente, pero sin que eso implique la inmortalidad de mi cuerpo orgánico, y ni siquiera la eternidad *sensu stricto* de mi vida, de mi carne —aunque seguramente sí su inmortalidad—.

Comprendamos que no es correcto decir que mi vida es finita, porque, en lo que tiene de vida es sencillamente, vida, *ser* único de todo ente posible —Henry rechazó, pasando los años, que el término *ser*, que usó al principio para marcar la superación de Heidegger, fuera el óptimo, y prefirió *advenir*, mientras que nunca empleó *durée réelle* ni, pese a escarceos inevitables, *tiempo*.

Veamos ahora esta situación desde otra perspectiva: ser un viviente es ya un dato de participación en lo absoluto. Lo es de más de un modo. Ante todo, es cierto absolutamente este movimiento, esta auto-afección, este saber primero que estamos llamando *carne*. Otros filósofos han ahondado en por qué no puedo tomarme a mí mismo como nada o casi nada, como un sueño, una sombra. La mera meditación de Descartes sobre la duda no es bastante. La fenomenología radical no se apoya en un conocimiento intelectual, en una intuición intelectual, sino en el archi-saber nocturno, tácito, pero plenamente efectivo, que es la *carne*. Algún discípulo ha introducido aquí la posible grieta de que la carne enloquezca y nos lleve a ciegas a un mundo ilusorio. Maldiney prefiere, seguramente por esto, partir de algo cuya posibilidad elemental sea la locura. Rosenzweig habla de una apelación irrefragable y que no cabe desoír. Quizá las consecuencias de estas posturas iluminen mejor, en momentos ulteriores, cuál es la verdad o cuál, al menos, es más verosímil.

Es de importancia imposible de exagerar esta certeza absoluta de estar siendo, de estar vivo, de estar sintiendo, queriendo, moviéndose, sufriendo. Sin trazas de absoluto directamente vividas y al fin captables por la fenomenología radical, no quedaría más recurso que el refugio en los conceptos, en la dialéctica pura, o, lo que es lo mismo, en la confusión entre existir y manejar meros pensamientos —sin interrogarnos quizá radicalmente acerca de cómo hemos llegado a obtenerlos—. Pero aquí alzaría yo siempre la voz para señalar que, a cierta edad, muy pronto, hemos recibido la lección traumática e inolvidable de que vivimos en un tiempo corto e irreversible, siquiera en el nivel del yo en nominativo, de modo que es la revelación de la muerte quien nos ha puesto en la inquietud del corazón que exige que pensemos y que actuemos, que gocemos del peligro constante del tiempo presente. Cabe que luego lleguemos a la certeza —no sólo argumentativa, que quizá no fuera entonces nunca una certeza— de que la muerte no afectará más que a nuestro cuerpo orgánico, pero no al resto de niveles de nuestra vida. En todo caso, si eliminamos la manifestación temprana del fenómeno de la muerte, suprimimos todo interés por pensar e incluso toda seriedad profunda en nuestra acción.

No es así: somos plenamente, somos, en cierto modo, absolutamente. Participamos, pues, como gustaba de decir la espléndida filosofía simultánea de Louis Lavelle, cumbre del llamado *espiritualismo* en Francia, participamos del *ser*, participamos en lo absoluto, aunque no sepamos cómo —no lo sepamos metafísicamente, pero hayamos podido deletrearlo fenomenológicamente—.

Y la vida es en sí el bien, como se pone de manifiesto en que consiste en puro gozo en crecida, en una auto-donación sin tiempo, eterna, constante. "El don total de sí de aquello que lo es todo, es la suprema Bondad".[1] Y esta Bondad suprema no sólo se hace a sí misma don de ella, sino que engendra eternamente al Archiviviente y engendra luego como en este o desde este —Henry no dice que eternamente— a todos los vivientes. Hasta cabe aplicar la noción del bien moral a la Vida absoluta, puesto que Henry califica al movimiento de auto-transformación continua de la vida directamente como *la ética*.[2] Si lanzamos a volar la especulación, parece que es lícito que digamos que el designio de la Bondad suprema es la multiplicación infinita —o casi infinita— de los vivientes como otras tantas experiencias individualizadas de la vida; que, aunque estén contenidas de alguna manera en el Archihijo, se deben desplegar hasta la última manifestación en la forma nueva de la multiplicación de individuos finitos. El Archihijo no es la suma de todos nosotros, sino nuestro Fondo común, que nos presta carne, gozo, bien en tipos que no puede él, infinito, experimentar justo como sí lo hacemos nosotros.

---

1   Michel Henry, *Phénomenológie de la vie: Tome* IV, *Sur l' éthique et la religion*, París, PUF, 1990, p. 76.

2   Michel Henry, *op. cit.*, IV, p. 111.

Los problemas fuertes empiezan en este momento. Si se reflexiona en la historia de la filosofía, se descubre que la tesis que señala que la vida es gozo que ignora la muerte —y que el ser es esa vida gozosa exactamente— se encuentra por primera vez en Epicuro; cuando se considera cómo aquí el ser es el amor, los entes nunca han salido del ser —la creación es el pecado original de la mayor parte de las filosofías— y, por consiguiente, muerte y mal son tan sólo opiniones, ilusiones locas de estas modalidades del ser que se piensan aisladas, independientes, finitas y perfectamente libres, se hace evidente la cercanía esencial no sólo a Fichte, sino también a Espinosa —a quien no en vano dedicó Henry su primer trabajo especulativo—. Cuando se atiende a esta carne que es participación del ser del Archihijo, se tiende a situar a Henry en la prolongación no sólo de la fenomenología, sino del espiritualismo de Lavelle; cuando vemos cómo la fenomenología radical recurre a un antecedente suyo que realmente sólo se deja atisbar por el método fenomenológico, y que se llama vida eterna adviniendo constantemente a sí, se evoca la influencia de Bergson —que Henry, en conversación conmigo, negaba—. Aún podríamos prolongar esta lista con la memoria de Plotino, del Maestro Eckhart y de Kierkegaard, pero en realidad mantienen todos ellos una relación menos honda con la obra de Henry que los anteriormente citados.

A la cuestión de la muerte, Henry no sólo respondía —como de hecho lo hizo a una pregunta que le dirigí públicamente en su última estancia en España, aunque, al darla, tapó con la mano su micrófono: *conscii sumus nos aeternos esse* —o sea, con una frase de Espinosa—, sino que objetivamente se encontraba cerca de la posición de Husserl, quien consideraba a cada una de las mónadas que componemos la intersubjetividad trascendental —el *ser primero en sí*, según se afirma al final de las *Meditaciones cartesianas*— como igual de duraderas que el tiempo sin límites, de modo que sencillamente nos despertamos en cierto momento no decidido, claro, por nosotros mismos, y nos dormimos en cierto otro instante que también nos sobreviene sin que tenga que intervenir nuestra voluntad propia. Sólo que Husserl sostenía que este sueño es tan definitivo como es, a su extraña manera, infinito el pasado de antes de nuestro despertar. Husserl no podía fundamentar tal tesis, pero tampoco disponía del poderoso concepto de vida al que desciende Henry. De aquí que la fenomenología radical no tenga motivo alguno para aceptar este sueño futuro sin despertar: puede abandonar el mundo, incluso el cuerpo orgánico, a la muerte, pero nunca renunciar a la vitalidad de la vida misma que late en todos los niveles profundos del individuo y de la innominada pieza teórica que reemplaza, en la fenomenología radical, a la que Husserl tenía que llamar intersubjetividad trascendental. En Henry podría llamarse la fraternidad de la carne, la identificación de toda carne individual a la única en la que se realiza con absoluta plenitud la idea misma del individuo —la del Cristo—.

De todo esto se deducen graves dificultades. Por una parte, hay las que afectan, como acabamos de recordar, a la noción misma de individuo personal finito, diferente de todos los demás, diferente también del Cristo. En la prolongación de este problema de nuestra imperfecta individualidad, se encuentra el muy débil planteamiento de la libertad que propone Henry, y que evoca demasiado a Espinosa. Un individuo que no lo es de modo perfecto se cree libre en mucho mayor medida de aquella en que es realmente libre. No despegará de la vida su libertad, pero la conciencia de esta siempre será la de la posibilidad de introducir algo de veras nuevo en la realidad y, sobre todo, la de transformarse a uno mismo hacia el futuro, y no sólo en la dirección de plegarse a lo que dicta su pasado inmemorial, o sea, su presente eterno. Henry tiene que ver en este saltar adelante la libertad de cada ser humano, ante todo, una ilusión inútil y, en verdad, peligrosa: la máxima raíz del mal, la mentira más difícil de combatir. De hecho, la libertad, en esta noción habitual que Henry tacha necesariamente de exagerada, se encuentra vinculada, como al mismo tiempo defendía Levinas consistentemente, con tomar la palabra, con hablar con la independencia de quien participa realmente en un diálogo y no es mero portavoz de alguna fuerza impersonal que quede en la trastienda de uno mismo. Pero la verdad, en fenomenología radical, no se dice con palabras, sino que se vive en la carne y se comunica de carne a carne en el amor y la compasión. Las palabras sirven más para mentir que para comunicarnos. A esta formidable afirmación se adecua una conocida historia jasídica: un amigo consuela silenciosamente a otro que sufre una desgracia; beben ambos en la taberna y lloran juntos; pero al final el compasivo termina preguntando qué es lo que ha sucedido, y entonces el doliente se revuelve escandalizado, porque no es posible que un amigo no haya ya participado en su pena mucho antes de que él tenga que contársela con meras palabras siempre inapropiadas.

Pero lo más grave no está tanto en esta dirección, a mi parecer, cuanto en otra que le es complementaria o que incluso le da su fundamento. Y ello es que el bien auténtico consiste en el bien moral, que ha sido en principio descrito muy acertadamente por Henry, como ya hemos visto con su texto mismo; pero, en correspondencia, el mal no es el dolor, sino la culpa, es decir, el mal moral; y este no se concentra en mi manera de autoengañarme tantas veces, sino, primordialmente, en mi dañar al prójimo. Henry, en cambio, parecidamente a como quita su aguijón a la muerte, lo quita también al mal en este su sentido auténtico, porque sólo puede atribuir lo que él denomina mal a la vida en tanto que finitud y en la medida en que le es posible una revuelta contra sí misma, un hartazgo de dicha —o sea, de bien, y esto es escandaloso—.

En efecto, aunque hayamos desdibujado cualquier diferencia profunda entre la vida y mi vida, Henry propone que la forma en que la vida absoluta se recibe a sí misma en la ipseidad del Archihijo ha de ser muy distinta de aquella en que se recibe en uno cualquiera de nosotros. El Archihijo es perfecta obediencia al Padre, como dicen tanto el Nuevo Testamento como la fenomenología radical; pero ninguno de nosotros alcanza esa calidad en su respuesta, porque el Cristo vive su obediencia absoluta como la libertad absoluta de quien está en el origen y en la suprema bondad, mientras que yo más bien *sufro* la vida: me adviene sin contar previamente conmigo —lo que sería un puro imposible, un disparate filosófico— y he de gozarla quiera o no. No puedo, ya lo dije, liberarme ni un instante de este abrazo conmigo mismo que la vida me impone. Estoy clavado a mi mismidad en crecida, exactamente como Levinas describe también la base de la condición humana antes de la revelación del Rostro. Esta crecida es ya la cultura, porque en ella aumentan mis necesidades y aumentan las correspondientes satisfacciones, y del juego de esa carencia y esa plenitud emergen los primeros productos que habitualmente consideramos culturales. Más adelante, este mismo juego desembocará en los rudimentos de las ciencias, las artes y las religiones históricas. Observo al margen que Henry no nombra la filosofía cuando hace su lista de los fenómenos culturales —quizá porque la identifica con el tronco mismo vital de toda cultura mientras permanece sana—.

Esta situación hace concebir a Henry una sola posibilidad para lo que pueda él llamar *mal*. Y es que este disfrute esencial en que consiste la vida oscila irremediablemente entre el hartazgo y la delicia. Aunque no siempre lo sintamos así, podemos decir, como cediendo un punto a Heidegger, aunque sólo en apariencia, que este estar aplastado contra uno mismo, sin poder evadirse, engordando continuamente la mismidad, consiste, visto así, en *angustia* —realmente, el uso de este término es aquí muchísimo más kierkegaardiano que heideggeriano—. Sentimos ansia de mejorar, pero también simplemente de cambiar de estado, aunque estemos convencidos de que el actual es maravilloso. O lo que es lo mismo: vivir fatiga, y termina, antes o después, por degenerar en resentimiento contra estar vivo, en un cierto odio de tanta cultura beneficiosa, de tanta belleza, de tanta satisfacción de necesidades que han ido naciendo de las primeras rudas e inevitables —del *grito de la carne*, decía Epicuro—. La borrachera de la vida acaba en angustia, y esta, en rebeldía impotente; sólo que impotente contra la vida, pero eficacísima en su destrucción de los productos conquistados por la historia de la cultura. La novelística de Henry ha tenido en este asunto uno de sus motivos más claros. La barbarie es, en realidad, la cara de la cultura cuando la cultura vital ha sido destrozada por el resentimiento y ha hecho dejación de su avance y su gozo para que sea la máquina misma la que tome las riendas incluso de lo que se llame desde ahora necesidad humana.

Henry ha llamado *religión* a la praxis del individuo humano en relación con la vida originaria que late en su fondo, en su sí-mismo. Esta relación se experimenta en el afecto pático de cada presente y tiende a expresarse en un conjunto de necesidades y de satisfacciones, diríamos, litúrgicas de tales necesidades —que ya se ve que no son devenidas artificialmente, sino que en realidad se hallan en las bambalinas de la vida cotidiana de todos nosotros desde siempre—. Cuando la religión capta de manera justa o casi justa el vínculo entre la vida y mi individualidad, es ya el *sitio* de la ética, cuya definición es: "la manera en que el viviente vive su nacimiento trascendental de modo tal que pueda revivirlo". La alusión evidente es a la conversación del Cristo con Nicodemo. La ética, podemos decir también, es el *movimiento de auto-transformación* de nuestra vida, mejor dicho, de nuestra individualidad respecto de la crecida de la vida. No se ve, sin embargo, que nuestra responsabilidad aquí pase a ser algo distinto de un simple acompañar fiel, obediente, la ola de la vida misma en crecida. Lo que tiene de normativo la ética —entendida así como en el interior de la religión— es lo que tenga nuestra concepción de nosotros mismos de necesitado de enmienda. Olvidamos esto que llama aquí nuestro nacimiento trascendental, pero somos capaces de revivirlo, de renacer, de enderezar nuestra comprensión de lo que es real y de lo que es irreal —porque hemos de dar por sentado que tendemos todos a creer que lo realmente real es el mundo, y no la vida; pero el mundo está muerto en todo aquello en él que no va impregnado de vida —y que es a lo que Henry llama *mundo de la vida*, mundo mágicamente animado por la vida que lo levanta secretamente delante de ella.

La religión en su perfección comprende que debo renunciar a la angustia, porque no estoy solo en este abrazo conmigo mismo que puede describirse, ya lo sabemos, como estar clavado sin remedio a sí y al acrecentamiento repulsivo de sí mismo. Tan no estoy solo que, en realidad, sólo estoy unido a mí mismo a través del Cristo, o sea, a través de la experiencia originaria y fundante que la vida hace de sí misma en el individuo perfecto, carne perfecta y, al mismo tiempo y por ello, Espíritu Santo. Adherirse a la libertad del Espíritu es renunciar a las ilusiones de una inexistente libertad personal aislada y, por ello mismo, descansar en el fundamento que puso mi relación conmigo mismo. Esta frase con que se abre *La enfermedad a la muerte*, de Kierkegaard, ya se ve que puede recibir un sentido adecuado en la fenomenología radical.

Pero creernos solos es lo mismo que haber iniciado ya el *proceso terrible del resentimiento, la mala conciencia, la huida de sí y la autodestrucción*, y es a esto a lo que llama Henry el "mal". La verdad sería el alegre gozo de estar vivo en unión de toda carne —porque sólo realmente hay una carne primordial, ya que hay una única vida y un único Archihijo—. Pero cuesta permanecer en la verdad. El ser humano se convierte en Nicodemo, en el mejor de los casos, que quiere ser bueno sin tener que olvidar el olvido de la vida, sin tener que renacer. Y aquí falta una parte al menos de la explicitación fenomenológica. Habría habido que mostrar qué poner enfrente de nuestra carne, allende el mundo de la vida; el mundo de los meros objetos es bueno y vital, y no el principio por el que propenderemos luego, siguiendo, en continuidad con la proyección del horizonte estático del mundo, a pensarnos como objetos en el mundo, o, por lo menos, a pensar que es más real el mundo objetivo diurno que la vida subjetiva esencialmente nocturna. Somos nosotros los creadores del mundo objetivo, y no es claro si esta hazaña es ya el comienzo del mal o un desahogo de la vida santa. Los pasos siguientes hacia la barbarie tienen que describirse como previos a la angustia y al resentimiento. No proyectamos el mundo objetivo por odio a la vida, pero tampoco es en absoluto claro que lo hagamos obedeciendo a la vida. Ese mundo está muerto en realidad, porque hemos sacado a su luz mortal lo que ya antes estuvo en la carne o en el mundo-vida, como prefiero traducir la palabra *Lebenswelt*. Está hecho de despojos de lo animado por la vida. ¿Dónde entonces situar las raíces historiales del mal? ¿Cómo desharemos lo mal hecho para renacer en el modo que ahora conocemos?

Yo creo que hay más historia real que la que se admite en esta versión de la fenomenología radical, precisamente, porque hay formidables acontecimientos de revelación que muestran que, además del Maestro Interior —que es lo que hace un momento llamamos el Espíritu Santo, y antes, la carne de Cristo—, existe el Maestro Exterior, que imparte las lecciones de tales tremendos acontecimientos. Este Maestro Exterior no en modo alguno ajeno a la vida, contrario a Dios, sino una expresión superior de cómo la vida nuestra finita está realmente separada de la vida divina absoluta: está creada en este absoluto que precisamente es la Creación. La Creación inicia lo que la Revelación y la Redención cumplirán a su debido tiempo, y las tres son intervenciones del absoluto primordial en lo absoluto derivado. Este es objeto infinitamente pasivo en la Creación y objeto meramente pasivo —y ya con muchos presupuestos activos y libres— en la Revelación y la Redención.

¿Puede mi vida ser entendida y, más aún, sentida, vivida, a la luz de ambos maestros y puesta en relaciones esenciales con otras personas finitas sin que ello interrumpa la fenomenología radical y la transforme en otra cosa? ¿Cabe que la vida en mí sea más bien una imagen, un icono, de la vida divina —en su paternidad, su filiación y su espíritu—, y no directamente esa misma divina carne que Henry describe tan apasionada, tan bellamente?

Quizá la filosofía primera, como empecé sugiriendo, sea en una fase inicial la fenomenología radical, pero se abra luego éticamente a formas de la metafísica que sean perfectamente lícitas, aunque ya no explorables en pura fenomenología. En realidad, si vivir la vida no es jamás equiparable a entenderla contemplándola

—es entenderla haciéndola—, la fenomenología radical sólo podrá tener la palabra penúltima, y parte de la última, en filosofía. La filosofía primera será el desarrollo pleno de la vida individual, sobre todo en su misteriosa conexión con la alteridad personal y con la alteridad divina. No un saber del que podamos escribir, sino un ser humano en su tensión máxima hacia lo ideal, es decir, hacia responder adecuadamente al amor originario y a las reclamaciones de amor que proceden hacia él desde los otros seres humanos.

Miguel García-Baró
Real Academia de Ciencias Morales y Políticas de España

Introducción

Según Michel Henry, no existe pensamiento alguno que permita acceder a la vida misma allí donde esta se da, en su abrazo inextático al primer viviente con su consiguiente e inseparable reiteración indefinida, en y desde el cual se va abriendo paso a la emergencia fulgurante de una multiplicidad insoslayable, por irreversible, a saber: la de cada uno de nosotros, los vivientes. Y es que en la pura experimentación de sí misma, en la carne del Primer Viviente, los que no somos la Vida, los vivientes, llegamos a ser un acontecimiento irrefutable para la vida misma, ayudando a concretar, de una forma definitiva, el misterio de su singularidad irreductible, esto es, el hecho de que no haya vida más allá o al margen de su experimentación en la esencia de una Ipseidad. Pues no hay vida sin Sí mismo, tal y como el filósofo francés se ha encargado de enfatizar de forma reiterada a lo largo y ancho de sus obras.

De este modo, Michel Henry ha mostrado cómo la vida, aquello que experimentamos en nuestra interioridad, más allá o al margen de toda exterioridad, de toda mediación de orden conceptual, lejos de constituir un constructo o presupuesto abstracto —como aquel con el que operan las ciencias biológicas—, se halla completamente involucrada o volcada en las entrañas de nuestro propio ser, de modo que, en su propio despliegue, en su entregarse al viviente en todo momento, se ha visto y se está viendo constantemente comprometida. A este respecto, su captación genuina no libra, sino que sumerge al viviente en el movimiento ambiguo mediante el cual viene incoada su revelación a sí mismo. Esto se debe al carácter no extático de la revelación de la Vida, cuya notas esenciales vienen determinadas por esa disimulación, esa dulzura y esa condescendencia, con las que Michel Henry caracteriza la estructura inmanente de la afectividad, y que traduce la realidad de una donación, la de la vida, que no espera exactamente ser recibida en lo que es, según una concepción prematura y equívoca de la apariencia, en una suerte de recepción estática, propiciada, en último término, por la estructura extática del mundo. La donación propia de la vida tampoco libra al viviente de aquel fenómeno por el cual este puede llegar a considerarse obra propia; tentación en la que todos los vivientes estamos insertos a cada paso que damos, en cada movimiento de esta corporalidad nuestra a la que Michel Henry llama carne y que anhela sin remedio, sin poder evitar volcarse hacia fuera de sí misma en la preocupación por colmar, con los objetos, lo puesto ante la vista, las carencias que se le revelan íntimamente a sí; sobre todo, a través de las impresiones más pobres y humildes: el hambre, la sed, la desnudez...

En este sentido, la Vida no nos da tregua: nos entrega nuestra libertad, pero sin terminar de dejar que esta proceda a su pleno adueñamiento. Ahí radica el origen de nuestra experiencia de no libertad frente a ella que tanto remarca Henry. Y es que, en su particular *descenso ad inferos*, la Vida nos busca en el vuelco que supone la experiencia inmanente de nuestras propias sensaciones, especialmente aquellas cuya satisfacción deja el poso de una impresión de indignidad, al no responder a lo que somos en y desde la lucidez de una visión que permitiera transparentar nuestro ser, equilibrándolo por medio de continuas interpretaciones o, en su caso, florituras o sortilegios de orden dialéctico. Es en la manifestación de nuestras pulsiones más elementales donde mejor se expresa o acontece de una forma genuina el fenómeno de la auto-donación a sí de cada una de las subjetividades vivientes; auto-donación que coincide con la venida pudorosa de la vida a sí misma, antes o al margen del mundo.

La auto-donación al viviente constituye así, para Michel Henry, no tanto un fenómeno de lucidez primordial cuanto la inmersión de la conciencia en un movimiento nocturno que se corresponde con la constante venida de la vida a sí misma en la experimentación profusa de su propia realidad. Por lo tanto, su acceso no está ligado a una visión interna, de corte espiritualista, de la fenomenicidad, de lo que permite a todo fenómeno mostrarse como tal, que acaba desligando o haciendo aparentes e irreales las cosas que acontecen en el mundo. Todo lo contrario. Es la vida misma la que presta a los fenómenos del mundo su capacidad para alterar, contravenir o incluso anegar, que no aniquilar, la propia subjetividad, quitándole a estos el brillo repugnante al que aspira siempre la fenomenicidad mundana, en su intento por equilibrarse y equilibrar lo que acontece en él, tanto los actos buenos como los actos perversos y genocidas, a través del ya tan conocido *il y a* terrorífico. En definitiva, la entrega de la vida al mundo otorga a esta una primera expresión dramática que impide *de facto* la recepción ponderada de todas aquellas cosas perversas, muchas veces, por absurdas, que el horizonte del mundo pare sin cesar. Nótese que el horizonte del mundo, en el flujo incesante que supone la efectuación de su propia manifestación, arroja como resultado la presencia ignominiosa de una multiplicidad sin rostro, de la cual es testigo aquella consideración del principio de individuación que liga estrictamente al viviente a su lugar en el espacio y a su posición en el tiempo, haciendo depender la clarificación última del ser que somos de la consideración sistemática y concatenada de ambas categorías.

Ante la vida, nos encontramos no sólo implicados, sino, sobre todo, co-implicados en el proceso de su auto-afección patética, en su aplastante e irreversible venida a sí a cada viviente. Su carácter apriórico en la generación de cada viviente, en la gestación de su nacimiento trascendental, ha de traducirse necesariamente en su efectuación a *posteriori* a causa del acontecer disimulado de su propia revelación. El milagro de la Vida absoluta consiste, así, en abrir el espacio imprevisible de la vida finita o, mejor dicho, las vidas finitas. Es así como la vida no puede actuar como un presupuesto trascendental de carácter inconmovible. Ni mucho menos puede adquirir en el viviente el cariz de una generalidad absolutamente perceptible y mutuamente intercambiable, como si mi propia vida fuera intercambiable por la de otro viviente cualquiera. Pues si bien la vida constituye la situación o acontecimiento primordial de cada una de nuestras existencias —en la que nosotros vivimos, nos movemos y existimos—, su efectuación peculiar en todo viviente deja en él la huella indeleble de una entrega a sí, en la que la recepción del don de la vida supone algo absolutamente distinto a su fenomenicidad, aquella que viene implícita en la auto-donación a sí mismo de todo viviente, de cada viviente.

La auto-donación de la vida al viviente no busca, así, la subsunción del viviente en la vida, ya que contribuye a dar forma en él a modalidades vitales imprevisibles, por inesperadas e inauditas, aunque ellas contribuyan incluso a una exclusión creciente de la vida. La preocupación de Michel Henry por aquellos fenómenos relativos a la decadencia cultural de Occidente confirma la tesis de que una fenomenología de la vida no pretende presentar a esta en su aparente inconmovilidad, sino absolutamente zarandeada y expuesta a la ilusión del egoísmo trascendental, que, en el fenómeno de la barbarie, adquiere su expresión social intersubjetiva o, más bien, interobjetiva. Esta, la barbarie, no constituye, ni mucho menos, un debilitamiento de la lógica objetiva y procedimental, esgrimida por las ciencias selladas con la impronta galileana, sino su acrisolamiento paroxístico y definitivo, su hipertrofia, a la hora de ponderar y evaluar todos los asuntos humanos. La barbarie supone así el lujo de una cultura que se ve en la diatriba, innegablemente atrayente, de entrar en modos cada vez más crecientes y exuberantes en el proceso de una justificación de sí que pretende dar lugar a un auto-cumplimiento de una teleología propia de la naturaleza en detrimento de una teleología vital, que se considera un dato obsoleto, que merece ser superado, por su carácter sensible, afectivo y vital. El cientificismo de corte galileano, en una época de barbarie, está sentando las bases para el acontecimiento de una naturaleza sin ser humano, sin vivientes, ante el cual la Vida se está viendo excluida casi de forma sistemática.

Todo ello aporta a la vida su caracterización específica en cuanto fundamento dramático, y no tanto ontológico —por los innegables peligros que encierra este término—, de nuestra propia existencia. En ella se hallan presentes todos los hiatos (vida-vivientes; vida-mundo; vida-muerte) y, con ellos, prefigurados todos los desgarros que atraviesa nuestra existencia. No es que en ella esté contenida toda la realidad, sino que en ella se encuentra esbozada la forma vaporosa de todos los fenómenos. El modo sin modo en el cual tiene lugar su fenomenicidad nos habla de ello. Y esto se debe a que la vida misma se presta a su olvido insuperable, hasta el punto de constituir la gran descuidada (o, mejor dicho, vilipendiada) en todas las formas de tematización filosófica desplegadas hasta el presente.

Michel Henry constituye, a este respecto, el extraño caso de un pensador que ha hecho de la reflexión del fenómeno de la vida algo más que una mera categorización entitativa. También ha tenido la virtud y el innegable mérito de no someter a la vida al flujo de desvelamiento inmisericorde del ser. Él ha mostrado cómo, en la inversión que acontece en el seno de su propia fenomenicidad, esta —la vida— está continuamente abierta tanto en sí misma como a y desde sí misma al riesgo de su propia contravención, pues ella es fundamentalmente devenir. Que la vida esté siempre en constante riesgo de ser contravenida indica que el camino del viviente a la vida se haya vedado por la Vida misma. A su vez, dicho camino se muestra intransitable para aquellos que están demasiado ocupados en la tarea de desvelar su secreto, elevando su capacidad relacional a una abstracción generalizante que lo acabe abarcando todo. La vida no puede constituir un monismo ontológico invertido: no puede ser aquel fundamento ontológico mediante el cual todo quede explicado y, en cierto modo, nivelado. Ello supondría la anulación de su deseo, terciado por el acontecimiento de la Encarnación: su venida a nosotros en la carne. A este respecto, Michel Henry nos recuerda constantemente cómo la vida no se sustrae a la particularidad del ser que somos, sino que, en su bondad, sin un porqué, pretende involucrarnos en y con lo que somos, de modo tal que, en la aceptación de la dimensión revelativa de su oscuridad, vayamos captando que sólo nosotros, en cuanto individuos vivientes, podemos llegar a experimentarla en el riesgo que finalmente supone su propio vivirse al margen, incluso, de lo que supone la experimentación que la propia Vida, en su dimensión absoluta, hace de sí misma. Aun así, como venimos señalando, sólo un viviente puede experimentar lo que es la vida. Y, a su vez, la vida en sí no puede efectuarse sin ese *viviente*.

Ahora bien, ese *viviente* por el cual tiene lugar la efectuación de la vida no se identifica, bajo ningún respecto, con el viviente que somos nosotros. De entrada, porque nuestra efectividad fenomenológica no acontece al mismo tiempo que nuestra efectuación fenomenológica. Pues si bien somos seres dados en y por la Vida, la vida en nosotros no es algo que venga de la mano de su propia generación. En resumidas cuentas, nos encontramos pasivamente en esta vida, pero no somos la vida. La Vida, por tanto, tiene que ver consigo misma, esto es, encierra una capacidad de sentirse, a cuya efectuación le corresponde la esencia de una Ipseidad que constituye, a este respecto, el Primer viviente de la Vida. Lejos de constituir este Primer-Viviente un postulado de carácter trascendental, extraído de una reflexión apologética cristiana, constituye la herramienta adecuada y, en cierto modo, imprescindible, para mostrar cómo la vida, en su relación consigo misma, no busca mantener un orden jerárquico, no pretende presidir su propia fenomenicidad, sino que, en y desde su propia efectuación, se pone ya desde siempre a disposición de aquella esencia que la recibe, de modo tal que sin esa efectuación no podría llegar a concebirse como lo que es en las notas irrenunciables que Michel Henry acaba destacando de su propia fenomenicidad: entrega absoluta de sí, disimulación, dulzura, condescendencia... La vida actúa así como la condición íntima de una diferencia o una alteridad (y sucesivas alteridades): la diferencia del Primer viviente, la de los vivientes y la de los vivientes en el mundo; alteridades que no responden ya a los tan temidos (por Henry) descartes del mundo. Así, pues, la situación primordial que genera la Vida en sí, tanto en su Primer viviente como en los vivientes, aparece ya de entrada marcada por la conmoción de una diferencia inaprehensible.

De este modo, en la obra henriniana, la vida misma está preñada de un sentido de alteridad ya desde su originalidad eterna, ajena a los aparentes dinamismos de trascendencia proyectados por una conciencia, cuya realidad se disuelve en una intencionalidad iluminadora que, en su pretensión omnímoda, se cree erróneamente —en una suerte de error fatal— libre de todo condicionamiento. Ahora bien, dicha alteridad sólo puede ser asumida en su originalidad e irrenunciable concreción, en la experiencia del vivirse de un viviente que siente en sí, en todas las partes de su ser, la imposibilidad tanto de traerse a sí mismo a la existencia como de acceder a la vida misma sin dejarse afectar por la primera esencia de ella, la carne del Archi-Hijo. Esta última impulsa al viviente, no a incorporarse en su modo de revelación peculiar, sino a prestar ayuda para que en su propia revelación inmanente tenga lugar lo inesperado: el entramado de una vida finita sujeta a la experiencia de un tiempo irreversible. Un tiempo al que, por otra parte, no se accede en la retención, sino que crece en el fenómeno de una presencia viviente y, en cierto modo, desgarradora. Ello nos hace ver cómo en la experiencia del presente viviente late la posibilidad de una experiencia vital desquiciante e inquietante: la muerte, que, lejos de constituir una facticidad, pertenece al despliegue de una Vida infinita, que, no obstante, no llega a identificarse con nuestra vida.

La no identificación entre la vida finita y la Vida absoluta está en el origen de la experiencia de la muerte para el viviente. La muerte enseña de un modo genuino cómo la revelación de la vida sobrepuja sobre el viviente que somos. No es que la muerte no exista en el planteamiento henriniano, es que tiene su fundamento en la vida, la cual le quita a esta su carácter ontológico, de facticidad insoslayable, como si el horizonte de todo ser —pero, sobre todo, del ser que se experimenta a sí mismo— estuviera determinado por una contingencia insuperable que reduce la capacidad de significación a la constatación de lo que hay. De este modo, y siguiendo el planteamiento henriniano, en cuanto viviente, mi muerte no ocurrirá en una facticidad contingente, en este mundo con sus condicionantes espacios temporales. Tal consideración de la muerte no deja de ser una abstracción inhumana, como si la muerte, en cuanto acontecimiento, constituyera un hecho que nada tiene o puede tener que ver conmigo.

Sin embargo, frente a esta visión, Henry parece sugerir que la muerte, en cuanto acontecimiento de la vida (la muerte en la vida), sucede en cada momento que la venida de la vida llega a sí misma en mi experimentarme a mí mismo, y sucederá, sobre todo, en el momento en que una vida más vital que la mía, aquella que se trae a sí misma a la existencia, comparezca suavemente, aunque inapelablemente, en los finos hilos de mi sobrevalorada vida finita. La experiencia de la muerte no consiste pues en un desaparecer del espacio y del tiempo, sino en el acontecimiento de ser llevado por una vida más profusa y fulgurante en sus modalidades de revelación hacia formas inesperadas, por inesperables, de existencia. La muerte es la aventura de una Vida que priva de eficacia ontológica al ser de lo que hay. Más que apuntar al ser, la muerte, así concebida, apunta a la vida, a una vida que no puede identificarse con lo que sucede en el mundo, y que se resiste a la ejecución lograda de formas por las que este trata de imponerse inmisericordemente a los vivientes. Puesto que, en cierto modo, es la vida la que me da muerte, la muerte, en su facticidad, queda desdibujada. Henry contribuye a quitar de esta su aguijón. Existe, por tanto, un reaprendizaje de la muerte en la vida, que cada viviente ha de asumir en la experiencia de su Sí mismo. Cualquier otra consideración de la muerte deviene en una abstracción, de la que efectivamente no sabemos nada, si retrotraemos nuestra reflexión a la dimensión vital, a la dimensión de donación que nos trae al ser que somos. Esta nos indica que, aunque somos engendrados en la Vida, no somos la vida. Y sólo la muerte, en cuanto acontecimiento de una Vida más plena que la nuestra, puede ayudarnos a ver, sin demostrar, en la experiencia de la finitud, nuestra finitud, una determinación insuperable de la Vida.

Me disculpará, mi querido lector, todas estas reflexiones iniciales, a través de las cuales he tratado de presentar de una forma sintética y coherente las principales ideas que se llegan a traslucir, no sin ciertos claroscuros, en esta obra del filósofo francés Michel Henry, titulada *Auto-donación*, que ahora tiene entre sus manos. En ella, encontrará un conjunto de conferencias y entrevistas realizadas por y al pensador de Lovaina. De entre ellas, no todas comparten el mismo estatus. Sólo algunas de ellas ("Fenomenología de la vida", "Pensar filosóficamente el dinero", "El cuerpo viviente", "Arte y fenomenología de la vida", y "Una política del viviente") pueden considerarse como obras originales del propio Henry, dado que fueron revisadas y redactadas por el propio autor, una vez transcritas. Los otros textos, en cambio, constituyen transcripciones que Michel Henry no tuvo tiempo de revisar a causa de su muerte el 3 de julio de 2002.

En todo caso, la presente obra supone una excelente introducción a las temáticas propias y a los alcances de una fenomenología de la vida, desarrollada por Michel Henry a lo largo de su extensa y no exenta de originalidad andadura filosófica. Aquí el lector podrá encontrar las principales tesis de Michel Henry acerca de la afectividad, la acción humana, el tiempo, el inconsciente, la relación estrecha que vincula una fenomenología de la vida con el cristianismo, y la fractura hoy existente entre saber y vida y las vías de su elucidación sistemática en un contexto de barbarie como el actual.

En la primera conferencia, "Fenomenología y ciencias humanas", Michel Henry trata de analizar los rendimientos y aportes que una investigación fenomenológica correctamente entendida puede aportar al ejercicio y desempeño de las diversas ciencias humanas, planteando las condiciones previas para el ejercicio de dichas ciencias. En la segunda conferencia, "Fenomenología de la vida", el filósofo de Lovaina desarrolla su propia fenomenología de la vida a partir del análisis del movimiento en el que se halla inscrita y los principales conceptos que se ponen en juego en ella, no para teorizar sobre su realidad, sino precisamente para posibilitar en el viviente aquel conocimiento (*gnosis*) sencillo de sí mismo. En la tercera conferencia, "El tiempo fenomenológico y el presente viviente", Michel Henry se entrega al análisis fenomenológico del tiempo, comentando las *Lecciones sobre la conciencia interna del tiempo* de Husserl y subrayando sus insuficiencias a la hora de captar la esencia viviente del tiempo en su carácter presente.

En las entrevistas "El estatus fenomenológico de la vida" y "La subjetividad originaria", el pensador francés aborda cuestiones especialmente relevantes para la comprensión de su propia filosofía: su relación con la práctica literaria, la elección de la temática de la vida como punto de partida filosófico, el estatus fenomenológico de la vida, las consecuencias de la eliminación de la vida en la constitución de las relaciones sociales, la relación entre una fenomenología de la vida y las ciencias humanas, la realidad ontológica de la persona (término no especialmente aprobado por nuestro autor), el papel central de la subjetividad humana en el seno del cosmos, el nacimiento del viviente a la vida, y la cuestión de la muerte en una fenomenología de la vida, por mencionar sólo algunas cuestiones.

En la cuarta conferencia, "El significado del inconsciente para el conocimiento del hombre", Michel Henry intenta mostrar cómo el concepto de inconsciente —del que Freud, a juicio de Henry, no dio suficiente cuenta— remite a un dominio afectivo de la conciencia, más allá del conocimiento objetivo y de la representación, esto es, de la conciencia entendida en términos clásicos. La quinta conferencia sobre "El cuerpo viviente" articula sintéticamente el descubrimiento henriniano, en consonancia especialmente con los planteamientos de Maine de Biran, de una corporalidad originaria o subjetiva, experimentada y experimentable en el ser de un esfuerzo (Yo puedo), distinta del cuerpo objetivo inerte. En la sexta conferencia, "Cristianismo y fenomenología", el pensador francés ensaya una aproximación fenomenológica a la esencia del cristianismo, mostrando cómo en este se corroboran las tesis esenciales de una fenomenología de la vida.

En la entrevista "Un recorrido filosófico", Michel Henry aborda su propia singladura intelectual, respondiendo a cuestiones como su propio concepto de fenomenología, su entendimiento de la interioridad y de la exterioridad, el carácter invisible de la vida, sus asideros intelectuales, su relación con el pensamiento de Marx y Maine de Biran, su crítica a la cultura actual, su noción de carne, el sentido preciso de su término vida, el supuesto *giro teológico* de su filosofía, su comprensión de la vida divina...

En la séptima conferencia, "Pensar filosóficamente el dinero", el fenomenólogo francés nos propone un ejercicio netamente interdisciplinar: dar cuenta de la esencia del dinero a partir de la reflexión acerca de la realidad económica en general y su radicación en la vida, en una subjetividad viviente que, por medio de su esfuerzo y trabajo, aporta a la economía su justificación última, aunque esta tienda a omitirla en sus consideraciones y ejercicio. La octava conferencia, "La crisis de Occidente" (muy en consonancia con las tesis de su obra *La Barbarie*), está destinada a analizar los presupuestos y las consecuencias de la crisis de la cultura occidental que, según Henry, hunde sus raíces en una decisión intelectual de corte galileano por la cual se ha omitido deliberadamente del saber y de su ejercicio todo elemento sensible, afectivo, vital.

En la entrevista, "Arte y fenomenología de la vida", Michel Henry aportará tanto sus propias visiones acerca del estatuto ontológico y fenomenológico de la obra de arte, como la comprensión social de la labor del artista, así como su propia teoría del sujeto, su modo de abordar el problema de la intersubjetividad, su manera de concebir la trascendencia de la vida, el tema del rostro en su fenomenología de la vida, su concepción acerca de los diversos sentidos de la intencionalidad, su propio abordaje de la temporalidad, la muerte... Por último, en la entrevista "Una política del viviente", el filósofo de Lovaina toca temas personales más relativos a su propia biografía y la relación con el espíritu y la temática de sus propias obras literarias, así como la propia concepción de su labor como escritor.

Todos estos materiales constituyen una suerte de umbral, enormemente atractivo e interesante, para todos aquellos que quieran tener una impresión de conjunto del vasto pensamiento de este filósofo tan original y, en cierto modo, controvertido. A través de su lectura, uno va entendiendo cómo todo pensamiento se gesta primordial y prioritariamente a partir de un *pathos*, de una perspicacia más cercana a una sensación que a un análisis inmisericorde de orden conceptual. La cuestión, en último término, estriba en dejar hablar a la vida, para que, en el diálogo con ella, comparezca mi singularidad irreductible, que misteriosamente se halla vinculada a la singularidad irreductible del otro. Sólo en la promoción de la carne del otro en su singularidad irreductible, puedo llegar a sentir crecer en mí la propia vida tal y como me viene dada. Tal vez, por eso, Henry nos ha legado estas migajas de su pensamiento, no para que por ellas o a través de ellas nos forjemos la ilusión de acceder a la vida misma, sino todo lo contrario: para dejar que esta irrumpa disruptivamente en nuestra propia vida, poniendo punto y final a todas nuestras palabras penúltimas, no exentas de hipocresía.

Me siento muy afortunado de poder señalar que la presente traducción ha sido realizada en un ambiente de pura amistad filosófica. A varias personas les debo mi especial y sincera gratitud por haberme acompañado con su aliento, magnanimidad y esfuerzo. En primer lugar, quería dar las gracias a Miguel García-Baró por sus valiosísimos consejos y por su paciencia ante mis primeros balbuceos de traducción. De él valoro especialmente su amistad inmerecida y su apoyo valiente e incondicional ante toda circunstancia y vicisitud. En segundo lugar, quería agradecer a mi compañera y amiga Juliana Peiró, la metafísica más genuina y original que he conocido. Ella me ha ayudado a revisar, también con exquisita paciencia, los textos que ahora presentamos y sobre los que hemos tenido la oportunidad de mantener diálogos interesantísimos, de idas y venidas, como los que sólo pueden tener lugar en la vida, en esta vida. Asimismo, doy las gracias a Richie, Roche y Lupita, así como a Pepe y a Luisfer, quienes dirigen, con gran valentía, audacia y espíritu de generosidad, la editorial NUN a la que me honra pertenecer. Por su parte, no puedo dejar de expresar mi agradecimiento más sincero tanto a Jean-Marie Brohm, editor de la obra en francés, por su entusiasmo y apoyo explícito a este proyecto, como a Jean Leclerqc, director del Fonds Michel Henry de la Université catholique de Louvain, por la autorización concedida a la realización y publicación de este trabajo de traducción que ahora presentamos. Por último, quería agradecer a Raquel, que me acompaña siempre en mis aventuras y locuras filosóficas, y con la que puedo atisbar, como en claroscuro, aquel gozo de la vida que se expresa en los repliegues de nuestra carne sufriente, aunque en el mundo siempre ocurra lo que jamás debiera tener lugar. La presente traducción ha recibido el respaldo y la autorización expresa del Fonds Michel Henry, perteneciente a la Université catholique de Louvain.

Juan Pablo Martínez Martínez
Hápax, Centro de Investigación en Humanidades

I. Fenomenología y ciencias humanas: de Descartes a Marx

Conferencia pronunciada en la Universidad
Paul-Valéry Montpellier 12 de diciembre de 1996

En ningún caso tengo aquí la intención de resumiros lo que es la fenomenología. Tampoco me consideraría capaz de hacerlo, pese a que he tenido un trato frecuente con ella desde hace más de medio siglo. En su lugar, quisiera seguir una ruta basada en ciertas intuiciones, asumiendo los riesgos que esto conlleva. En la primera parte de esta exposición, me apoyaré en algunos textos que me servirán de referencia para abordar la cuestión central. En la segunda parte, en cambio, hablaré sin hacer uso de textos ni citas. Dado el evidente riesgo que implica el pensamiento, dejaré a un lado cualquier enfoque académico que me limite a un mero estudio textual. Tampoco me centraré en la fenomenología histórica, que se ha desarrollado desde Husserl hasta nuestros días. Numerosos investigadores han contribuido ya a su conocimiento, comentando de manera sistemática la obra de Husserl y publicando los volúmenes no traducidos de *Husserliana*. Más bien, quisiera rememorar el camino que, como investigador, he abierto a través de esta fenomenología, sin olvidar, por supuesto, el tema que me ha propuesto tratar Jean-Marie Brohm: *la fenomenología de las ciencias humanas*. Al final de este recorrido, trataré de responder a la pregunta de si las adquisiciones y resultados de la investigación fenomenológica pueden ayudar a las ciencias humanas a volver inteligibles los fenómenos que tratan. Aunque tengo un conocimiento bastante imperfecto de las ciencias humanas, me parece que entre los fenomenólogos sigue reinando bastante confusión en este aspecto. Muchos no logran definir su objeto de estudio, aunque algunos tengan un dominio temático sobre la psicología. Reconozco, sin embargo, que no siempre acierto a vislumbrar la realidad de su objeto...

No quisiera, entonces, tomar la fenomenología histórica como punto de partida, sino una fenomenología ideal, considerada no desde el punto de vista de la historia de la filosofía, sino tratada conforme a su posibilidad más propia, su idea rectora. Es por ello que necesitamos definir esta fenomenología. Podemos hacerlo de dos maneras. De entrada, por su método, dado que la fenomenología responde a un método de trabajo específico. Sin embargo, voy a excluir esta vía desde el principio, ya que este enfoque es meramente funcional y está sujeto a la percepción del objeto externo. Además, definir la fenomenología por su método contribuye a desnaturalizar su verdadero objeto. Por lo tanto, comenzaré preguntando por aquello que debe ser el objeto verdadero de la fenomenología. La fenomenología es la ciencia de la esencia de los fenómenos que los hace posibles en cuanto fenómenos. La posibilidad interna de un fenómeno, sea este el que sea, reside en su fenomenicidad. Dicho de otra manera, su aparecer. En consecuencia, debemos distinguir de manera rigurosa entre lo que aparece, por ejemplo, la mesa que se encuentra ante mí, y aquello que le permite aparecer.

Esta cuestión se trata en la estética trascendental de la *Crítica de la razón pura*. En ella, Kant muestra que lo que permite a la mesa aparecer ante mí, tal y como ella se me aparece, es el espacio como representación *a priori*, que constituye el fundamento de las intuiciones externas (1). Para que un objeto espacial cualquiera sea posible, debo poseer la intuición del espacio. Por lo tanto, el espacio es la condición de posibilidad de los fenómenos. En orden a ampliar esta cuestión, podemos establecer este principio: la condición de posibilidad de un fenómeno nunca es sólo su contenido particular o, más precisamente, aquello que le permite mostrarse. Es decir, su manifestación o su fenomenicidad. El *objeto de la fenomenología* no presupone nuestro modo ordinario de entender el objeto, sino que es la manera en la cual se nos da ese objeto. Esta definición fundamental recibe su formulación en las famosas *Lecciones* de 1905, impartidas por Husserl en Gotinga (2), que revolucionaron por completo la concepción del tiempo en la modernidad. Husserl muestra que el objeto propio de la fenomenología es "los objetos en el cómo" o, más bien, en el cómo de su donación a nosotros, es decir, en cómo se nos dan. Considerando precisamente la temporalidad de la donación, el objeto, como esta conferencia, puede dárseme en el presente, aquí y ahora; o bien, en el pasado, como pronto será el caso; o bien incluso en el futuro, como ustedes podrían anticiparlo. En otras palabras, la donación en el pasado, la donación en el presente y la donación en el futuro son temas que deben identificarse como tales. ¿Qué significa una donación en el futuro, ya sea mi trayecto hacia la estación, en caso de que deba tomar el tren en seguida, o cualquier otro proyecto?

En consecuencia, afirmaré que la fenomenología no considera tanto los objetos en su particularidad como en el *cómo* de su donación. Dado que este objeto, digamos esta sala de seminario con sus participantes, puede darse a mí, aquí, en un cómo siempre nuevo en la percepción actual, pero también en la imaginación, la fenomenología implica la apertura de un campo de investigación infinito. Dicho objeto puede incluso darse a mí conceptualmente: ¿qué es un seminario de sociología? Y así sucesivamente, en sus distintos modos de presentarse ante mí. Estos modos de donación son absolutamente fundamentales, ya que son ellos mismos más importantes que aquello que se nos da a través de ellos.

En un análisis más exhaustivo señalaré que el objeto de la fenomenología se sitúa más allá del objeto, en el cómo de su donación, es decir, más allá de la manera en que se presenta, como, por ejemplo, esta mesa aquí presente en cuanto objeto de percepción en el espacio. Con mayor énfasis, el objeto de la fenomenología no se limita simplemente a ocuparse de los objetos para atender sus modos de donación, ya que estos constituyen modos de lo que podría denominarse *aparecer puro*. Más allá de todo lo que aparece, tiene lugar un aparecer puro que es la condición de posibilidad de esos objetos. El objeto de la fenomenología es, entonces, el modo de la donación, es decir, el modo de la mostración, la manifestación, la revelación, siendo todos estos términos equivalentes. Para ser más precisos, se puede decir que el objeto de la fenomenología es la fenomenicidad en cuanto proceso. Es decir, la fenomenalización de la fenomenicidad, esto es, la manera en la que la fenomenicidad pura se fenomenaliza y viene a mostrarse efectivamente. Sin embargo, si el objeto de la fenomenología es el modo de fenomenalización de los entes, permanece el carácter formal de la cuestión. Cuando sólo se habla del modo de fenomenalización en general, aún no se explica en qué consiste fenomenológicamente esta manera de fenomenalizarse que tiene lugar en un aparecer efectivo. Y, sin embargo, esto es lo que debería explicar.

En todo caso, al referirse a los principios esenciales de la fenomenología, tal y como han sido definidos por Husserl, uno cae en la cuenta de que este modo de fenomenalización de la fenomenicidad, la efectividad de un aparecer, sigue careciendo de un estatus completamente determinado, lo que impugna el corazón mismo de sus principios y demanda una revisión. Esto implica que la fenomenología necesita una nueva formulación de sus principios.

El primer principio de la fenomenología formulada por Husserl es el siguiente: "tanta apariencia, tanto ser" (4). Sin embargo, el término *apariencia* es evidentemente equívoco, lo que hace necesaria una rectificación inmediata de este principio. Pues *apariencia* designa dos cosas forzosamente distintas: supone tanto lo que aparece como el hecho de aparecer. En este sentido, la expresión "tanta apariencia, tanto ser" es completamente ambigua. Tomemos el ejemplo de esta mesa: ya hemos distinguido tanto lo que aparece, la mesa, como la posibilidad de su aparecer, que es en este caso la intuición que proporciona el espacio. Es el espacio, en su despliegue y desarrollo, el que hace posible la existencia de un objeto espacial. Esta posibilidad no sólo pertenece a la apariencia de la mesa como tal, sino también al aparecer de esta apariencia, que es el espacio como intuición *a priori* trascendental, como condición de posibilidad de todo objeto espacial.

Por consiguiente, voy a corregir el principio de Husserl y, en lugar de decir "tanta apariencia, tanto ser", voy a decir: "tanto aparecer, tanto ser". El carácter decisivo de este principio subordina la ontología, es decir, la ciencia del ser, a la fenomenología, la ciencia del aparecer. Asimismo, este principio constituye un posicionamiento radical con respecto a la historia de la filosofía, ya que privilegia la fenomenología sobre la ontología. Esta subordinación de la ontología a la fenomenología, es decir, al aparecer, ya fue vislumbrada por Descartes en un momento crucial del desarrollo del pensamiento occidental. Me atrevo a señalar, a este respecto, que la tesis fundamental de Descartes, en su aspecto revolucionario, fue objeto de un malentendido. Dicha tesis no implica una definición ontológica del hombre, como animal político o animal racional capaz de hablar y formar significaciones racionales, o como animal que se diferencia de otros animales, sino fenomenológica, en relación con su aparecer. Para Descartes, el hombre es un ser que piensa. Y pensar significa aparecer. El hombre es un crisol del aparecer. Es un ser cuya esencia consiste enteramente en aparecer. Descartes toma, por lo tanto, esta decisión extraordinaria: la de afirmar que el hombre no pertenece al orden de lo que aparece, sino al orden del aparecer puro.

Y, a este respecto, se comprende mejor que el reproche dirigido por Heidegger a Descartes no sea aplicable, aunque haya que reconocer que este constituye uno de los puntos conflictivos de la fenomenología a lo largo de su historia. Este reproche, que encierra una disputa más profunda entre el pensamiento alemán y el francés, encuentra su formulación de la mano de Heidegger en las primeras páginas de *Sein und Zeit* (5). Lo cito de memoria. Con el *cogito sum*, Descartes ha pretendido establecer una base nueva y segura para la filosofía, pero, según Heidegger, esto no representa un verdadero comienzo radical, ya que Descartes ha dejado algo indeterminado: el género de ser propio de las *res cogitans*, o, más específicamente, el sentido del ser del *sum*. Sin embargo, ¿cómo puede Descartes afirmar "yo soy" si no tiene una comprensión implícita de lo que significa ser; si no tiene, tal y como apunta Heidegger, una pre-comprensión del sentido del ser de este ente? Pero aquí está el quid de la cuestión: Descartes nunca dijo *sum*, yo soy, sin una condición previa. Y esta condición previa es: *yo pienso*. Lo afirma de modo radical en *Les Principes de la Philosophie*: nosotros somos porque únicamente pensamos (6). Esto significa lo siguiente: existimos debido a una clase de aparecer en la que, radicalmente, radica nuestro ser.

La fenomenología enuncia otro principio: *Zu den Sachen Selbst*, que significa ir "directo a las cosas mismas", descartando todos los saberes adquiridos, todos los prejuicios, todos los presupuestos para regresar a las cosas mismas (7). En realidad, este principio requiere de una consideración invertida. Si uno puede ir directo a las cosas mismas, es porque la cosa en cuestión viene directamente a nosotros. Y ¿cómo viene la cosa directamente a nosotros? Porque se nos muestra. La mostración de la cosa es la que hace de ella algo inmediatamente dado, de modo que la fenomenología debe volver a este punto, subrayando que *el aparecer mismo de la cosa me permite acceder directamente a ella.* Pero aquí también este principio fenomenológico fundamental sigue en un estatus indeterminado, al no haberse definido con precisión la esencia del aparecer de la cosa. Este principio, según el cual la vía de acceso a todo fenómeno posible es su fenomenicidad, permanece indefinido, mientras no expliquemos lo que es la fenomenicidad. Como pueden ver, el objeto de la fenomenología parte de un presupuesto radicalmente fenomenológico, ya que su fundamento, su alfa y omega, es la fenomenicidad misma. Tales son las profundas implicaciones de la fenomenología (8). No obstante, en lo que concierne a la comprensión de esta fenomenicidad, un prejuicio persistente ha guiado el pensamiento filosófico en Occidente. Voy a poner en cuestión este prejuicio fenomenológico subyacente bajo el cual la filosofía considera y trata todos los problemas. Este prejuicio consiste en que tanto la fenomenología como las ciencias y el sentido común piensan estos problemas a la luz de un concepto mundano de fenomenicidad, el más común de todos... Para dicho concepto de fenomenicidad, aparecer significa simplemente aparecer en el mundo. En otras palabras, el mundo es el aparecer...

En el parágrafo 24 de *Ideen*, Husserl formuló así "el principio de los principios" de la fenomenología: *la intuición dadora originaria* (9). La intuición es lo que me hace posible el acceso a todo fenómeno en su condición dada, el acceso a las cosas mismas. Sin embargo, para Husserl, dado que toda conciencia es conciencia de algo, esta intuición dadora está vinculada con la intencionalidad. Así, la conciencia hace visible aquello con lo que se relaciona intencionalmente al proyectarse hacia lo que se encuentra ante ella: el correlato noemático. He aquí la gran premisa de los fenomenólogos. La conciencia no está encerrada en sus propias representaciones, como ocurre en Descartes. Por el contrario, ella va al encuentro del ser que se muestra a ella por el hecho de este afuera. Al mostrárseme de esta manera, el ser se vuelve visible, un fenómeno en este afuera en el que la intencionalidad se proyecta. Este afuera primitivo y primordial es el mundo. El mundo no es más que una salida al exterior, una primera visibilización presupuesta por todo aquello que se nos da y que, de esta manera, aparece como algo distinto de nosotros y ante nosotros.

En otras palabras, lo que se establece con el mundo es una distancia, una diferencia. El origen difiere inmediatamente de sí mismo, se encuentra en desavenencia consigo mismo, en todos los niveles y de todas las maneras posibles. Por otra parte, tal distanciamiento simplemente retoma una tradición filosófica que ha recibido una de sus formulaciones más precisas con Hegel. El carácter fundamental de esta tradición de pensamiento muestra que la visibilización, la fenomenalización de la fenomenicidad y, por ende, de los fenómenos, se realiza en este afuera, condición de toda visibilidad. La mesa no ve nada porque no puede proyectarse sobre aquello que la rodea, mientras que nosotros, a través de esta dehiscencia primordial, creamos esta nada del ente: su horizonte de visibilidad. El pensamiento que subyace a esta concepción de la fenomenicidad es aquel que se suscribe al mundo. Ciertamente el mundo no se identifica con la totalidad de los entes: constituye este horizonte de visibilidad que se encuentra más allá de ellos. Esta concepción de la fenomenicidad concierne tanto a lo inteligible como a lo sensible. A este respecto, uno de los grandes logros de Husserl ha sido mostrar que incluso relaciones lógicas, como, por ejemplo, "más grande que", u objetividades geométricas, como el círculo y el triángulo, pueden ser percibidas mediante la intuición. De esta manera, existe una mirada del espíritu que no se limita exclusivamente al mundo sensible.

La formulación más radical de esta concepción se encuentra en la segunda sección de *Sein und Zeit*. En ella, se sostiene que esta especie de "vacío de luz" que percibimos al prestar atención únicamente a las cosas que se nos muestran, es, en realidad, la temporalidad. Para Heidegger, se da una especie de temporalización de la temporalidad. Ante mí que estoy ahí, sin comprender el significado de mi existencia ahí, se abre constantemente un vacío, que es un futuro, pero también mi muerte futura. Este vacío, a partir del cual la temporalidad se profundiza, es el éxtasis del futuro que transcurre en un éxtasis del presente, donde las cosas suceden abruptamente y se deslizan hacia el pasado en la retención, de manera similar a cómo se produce el paso de mi palabra.

Esta concepción nos lleva a cuestionarnos sobre la conciencia que hace que todo se vea en esta proyección. ¿Cómo se da la proyección misma?, ¿cómo se hace presente el tiempo que temporaliza? Husserl sólo pudo resolver esta dificultad suponiendo la existencia de unas síntesis pasivas originales, todas ellas intencionales. Esto significa que, para Husserl, la vida de la conciencia no puede ser para sí misma, no puede aparecerse a sí misma, a menos que se relacione intencionalmente consigo misma. De este modo, ideó unas intencionalidades fundamentales, que, en cada instante, tienden a repetir esta estructura tridimensional; una estructura que Heidegger sacará a la luz a propósito del mundo.

La *auto-donación* surge así como la cuestión central desde este momento: ¿qué es lo que se da a sí mismo sin mundo, sin que su donación consista en un mundo? Mi respuesta es: la vida. Me gustaría ahora hacer útil su planteamiento para las ciencias humanas. Por eso, voy a proceder a su explicación. Pero, para proceder a su explicación, es necesario comprender cómo se da la vida. Ciertamente la vida no puede darse en un mundo. De lo contrario, dejaría de ser una auto-donación. La vida es algo que se experimenta, se prueba a sí misma. Sin embargo, ni el mundo ni la intencionalidad puede llevar a cabo la tarea más original de experimentarse a sí misma, probarse a sí misma, asunto de la vida. Así, por ejemplo, el sentido del tacto toca lo que es tocado, la vista ve lo que es visto, el oído escucha lo que es escuchado. Pero ¿cuál es la relación del ver consigo mismo, de la audición consigo misma, y, más radicalmente, de la vida consigo misma? Esta relación implica una revelación *a-cósmica*. La vida no puede existir en un mundo. La vida no puede llevar en su interior un mundo, ya que en ese momento dejaría de experimentarse a sí misma, de probarse a sí misma. Si la vida contuviera en su interior un mundo, cabría decir: "Yo soy otro". ¡Observen que esto se ha dicho! Pero si queremos captar lo que es el fenómeno de la vida en cuanto experimentándose a sí misma, probándose a sí misma, debemos descartar esta concepción de la fenomenicidad. Descartes hizo precisamente esto.

Tomemos una modalidad de la vida, por ejemplo, el temor. Lo que define al temor como una *cogitatio* en Descartes es que este se experimenta a sí mismo, se prueba a sí mismo de forma inmediata, sin posibilidad de distanciamiento alguno y sin necesidad de verse en el mundo. Si la angustia se viera en el mundo y pudiera distanciarse de sí misma, el psicoanálisis resultaría inútil. Sin embargo, el hecho de que los psicoanalistas sólo puedan deshacerse de ella a partir de una toma de conciencia, esto es, de una puesta a distancia que uno puede superar, dificulta su comprensión. A este respecto, lo que no puede distanciarse de sí mismo nunca puede vincularse con un hacer-ver, una intencionalidad o un éxtasis. La vida se experimenta a sí misma fuera del mundo, de manera a-cósmica, dándose a sí misma al margen del mundo. Sólo lo que se da a sí misma de esta manera, lo que es invisible, es verdadero. Y, en este punto, Descartes señala de manera radical que sólo es cierta aquella cosa que no está o no es parte del mundo.

Por otra parte, es preciso subrayar, sin pasar por alto, que las *Méditations métaphysiques*, que se encuentran en el origen de la filosofía moderna y actúan como fundamento del racionalismo, son en realidad meditaciones con una temática profundamente cristiana. La demostración del carácter netamente cristiano de esas meditaciones se realiza en la segunda meditación, donde Descartes retoma la problemática del *cogito*. Recordemos que esta temática del *cogito* consiste en dudar de todo. A través de ella, Descartes duda de las realidades sensibles, las realidades inteligibles, y de que 2+3=5. Y, al existir la posibilidad de un Genio Maligno que podría inducir al error, duda lógicamente de todas las evidencias. Sin embargo, el *cogito* es una evidencia. Constituye la evidencia primera: Pienso, luego existo (10), porque es cierto que, si pienso, es necesario que yo sea. Ese *cogito* también es objeto de crítica por parte de la evidencia. Sin duda, es un pensamiento, excepto en el caso de que un Genio Maligno pudiera engañarme o hacerme incurrir en un error al creer que para pensar sería preciso que yo existiera, o al formarme la idea de que en un círculo todos los radios son iguales. Además, Descartes sostiene que, si bien las verdades eternas han sido creadas por Dios, Él también podría haber creado otras verdades. En los albores del racionalismo, esto abre la posibilidad abismal de otros mundos, tal como lo considera Leibniz y lo lleva a cabo Kandinsky tanto en el plano teórico como artístico. Ahora bien, ¿en qué estriba el ser de aquello que puede resistir a la crítica de toda evidencia, de todo ver y de todo mundo? En algo que es dado a sí, en otro lugar y de manera diferente. Si lo experimento, lo pruebo, no solamente existe, sino que existe tal y como lo experimento, tal y como lo pruebo. En cambio, para dudar del mundo, bastan los argumentos escéptico-tradicionales que lo equiparan a un sueño. Si el mundo es una alucinación o un sueño, puedo ver lo que veo, pero eso no significa que exista.

Supongamos que esta noche he soñado que me invadía la ansiedad ante la idea de tener que hablar sin notas ante un público ignorante del contenido de mi intervención. Dado que se trataría de un sueño, todo sería evidentemente falso: yo no sería el objeto de las miradas que convergen sobre mí y tampoco sería rehén de otro. Sin embargo, yo sentiría angustia en ese sueño. E incluso experimentaría esa angustia de una manera absoluta e inesperada aun cuando tuviera lugar en un sueño en el que todo se considerara falso. Ello significa que la angustia me es dada al margen del mundo o su visibilidad, pues ella es invisible.

Existe así una auto-donación fundamental cuya realidad fenomenológica es un *pathos*, una afectividad que yo llamo trascendental, tal y como se ha denominado trascendental a aquella conciencia que hace posibles el mundo y los objetos. Esta afectividad es un *pathos* cuya esencia es la Vida y cuya carne fenomenológica se halla entreverada por una especie de oscilación o vaivén entre el sufrimiento y la alegría. La vida es, así, patética, lo cual tiene unas consecuencias fenomenológicas decisivas para su comprensión. Este carácter patético de la vida suscita problemas absolutamente nuevos. La modernidad ha tratado de sostener el discurso de la vida, pero lo ha hecho de una manera aberrante, en unas obras literarias también aberrantes, conducentes todas ellas al nihilismo. Ahora bien, el nihilismo supone el acontecimiento de una vida que ya no sabe hablar más de sí misma. No es que la vida se suprima a sí misma en el nihilismo, dado el carácter insuprimible de esta primera, sino que se expresa en él de una forma confusa, al ya no saber determinar lo que es. Es esto lo que proporciona al mundo actual esa tonalidad de nihilismo absoluto: nihilismo que constituye el desconocimiento constante de la vida por la vida misma. Ruego que me permitan pasar ahora a tratar las ciencias humanas.

Partamos de este hecho: el problema de la vida está inevitablemente vinculado con el problema del viviente. Sólo puede haber vida en relación con el viviente y no hay viviente que no lleve en sí la vida. En el momento en el que uno ya no define al hombre de manera tradicional, como un animal dotado de razón o un animal político, sino como un viviente, nos encontramos ante el problema de la vida y del viviente. Y este problema concierne de un modo necesario a las ciencias humanas. Marx constituye el caso de un pensador muy raro que define al hombre por la vida. Por eso, admiro a Marx como uno de los más grandes pensadores de todos los tiempos, aun cuando haya sostenido la peor de las opiniones acerca del marxismo, al que considero como una serie de contrasentidos o despropósitos si se comparan con el pensamiento de Marx. Marx define la vida en relación con la conciencia, aunque él no la haya tematizado desde un punto de vista fenomenológico. Para él no es precisamente la conciencia la que establece la vida, pues ello significaría sentar de un modo hegeliano que la conciencia es más que la vida. Así, se daría una reflexión acerca de la vida que permitiría dominarla y saber lo que ella es. Pero Marx señala todo lo contrario. No es la conciencia la que determina la vida. Es la vida la que determina la conciencia. Su punto de partida son los individuos vivientes, tomando, para ellos, los rasgos que hemos concedido a la vida: *invisible*, *individual* y *subjetiva*.

Procederé ahora a mostrar cómo toda la problemática de Marx se basa en tales presuposiciones. Evidentemente no me refiero aquí a sus textos secundarios, obras escritas para periódicos o manifiestos políticos, sino que hablo, más bien, de sus textos fundamentales y, sobre todo, de sus últimos manuscritos económicos. En síntesis, Marx identificó el problema de la vida con la forma de lo que él denomina el "trabajo viviente". A partir de las *Grundrisse* (11) y de los manuscritos que siguen a "El Capital", este trabajo viviente presenta unos caracteres precisos: es viviente, es subjetivo, es real y es individual. Para Marx, la realidad fundamental es el trabajador, y este se define en los términos de un ser viviente, es decir, subjetivo. Pero se trata de una subjetividad absolutamente radical, una *subjetividad patética*. Y en la medida en que el trabajador es viviente, individual y real, el trabajo no es sino un *esfuerzo sufriente*. Una vez admitidos estos presupuestos, Marx los confrontará con el problema crucial de la economía, entendiendo por economía dos cosas. Por una parte, esta ciencia humana llamada economía política; por otra parte, la realidad estudiada por esta ciencia: la realidad de los objetos económicos.

Este problema al que voy a dedicar mis análisis subsiguientes concierne al intercambio de productos. Merece la pena señalar que el intercambio de productos constituye una de las cuestiones más difíciles que ha tenido que resolver la humanidad desde su origen. Nótese que el comienzo de la humanidad tuvo lugar cuando las tribus, en lugar de eliminarse sistemáticamente, empezaron a intercambiar sus productos. Fueron ellas las que resolvieron de una manera práctica este problema esencial. El intercambio de mercancías obedece a una explicación muy sencilla. Una tribu situada a orillas del mar logra extraer sal de las salinas. Al lado de ella, en el bosque, otra tribu mata animales y confecciona vestidos con sus pieles. Un día, en lugar de masacrarse, estas tribus se miran y, en vez de examinar sus armas, comienzan a prestar atención a lo que tienen entre manos. Desde entonces empiezan a intercambiar sal por pieles de animales. Ahora bien, el problema que plantea este intercambio es *quasi* insoluble. ¿Cuál es la proporción que permite intercambiar este montón de pieles de animales por este montón de sal? No es relevante la época histórica de este intercambio. No hablamos de un problema histórico, sino de un problema filosófico, que remite al hecho de la consideración de su *posibilidad interna* en cuanto fenómeno. Repito que no importa el hecho de que el intercambio tuviera lugar hace cien mil años o doscientos mil años, sino la consideración de la posibilidad misma de este. En este intercambio unos ofrecieron un montón de sal y, los otros, un montón de pieles de animales. Los dos jefes trataron de calcular las proporciones, añadiendo o sustrayendo algo a cada parte. Pero ¿qué se encontraban sopesando ellos? Productos que, al convertirse en mercancías, resultan cualitativa y cuantitativamente diferentes. Productos entre los que no existe ningún denominador. ¿Cuál sería su medida? No la hay. No obstante, proceden a evaluarlos por medio de su mirada: ¿cuánto trabajo han costado estos productos? Es decir, ¿cuánto sufrimiento? El intercambio pasa a ser realizado a partir de la valoración del trabajo viviente exigido para la obtención de dichos productos.

Esta es la solución que proporciona la economía política a comienzos del siglo XVIII. El intercambio de mercancías, o lo que llega a ser mercancía en el intercambio, consiste, en realidad, en el intercambio de trabajos que han producido estas mercancías. Justo ahí emerge el carácter genial de los grandes pensadores. Es así como Marx apunta que esta solución supone una aporía que sólo contribuye a crear otra dificultad. ¿Por qué motivo? Por la razón de que resulta más difícil intercambiar trabajos que productos concretos. ¿Cómo es esto posible?

Se pueden calificar mercancías: así uno puede encontrarse con pieles de animales de calidad mediocre o de muy buena calidad. En la medida en que la economía política considera el trabajo como algo objetivo, que se puede medir y cuantificar, no puede sino apuntarse que a tanta cantidad de trabajo de tal calidad de un lado se le ha de contraponer tanta cantidad de trabajo de tal calidad del otro lado. En cierto sentido esto es así, pero, para Marx, el trabajo no se reduce a esta contraposición. Es real, viviente, subjetivo e individual. Y yo añado que es invisible, no medible, incalificable e incuantificable. Marx lo acabará afirmando hasta en sus textos políticos en el momento de plantearse la cuestión de saber cómo se puede dar el mismo salario a unos trabajadores que no realizaron la misma actividad. Puesto que, de entre los trabajadores, unos serían fuertes y los otros serían débiles, no llegaron a hacer lo mismo, ya que los fuertes hicieron su trabajo con placer mientras que los débiles lo hicieron con sufrimiento. ¿Cómo se puede intercambiar placer por sufrimiento? Resulta absolutamente imposible comparar la realidad de los trabajos vivientes, es decir, lo que es la realidad de estas vidas invisibles, indeterminadas, incalificables, incuantificables, cada una en su carácter único e incomparable con el resto. Nos encontramos así ante una especie de aporía.

Marx demuestra que los economistas no saben, en el fondo, lo que es el trabajo. Mediante el uso de un concepto existente, por ejemplo, un trabajo cuantificado de una categoría determinada con una duración de ocho horas, no logran resolver el problema al operar al nivel de los objetos económicos. Los economistas no ven que, en realidad, no existe el trabajo como objeto explicado por la economía. Hay algo de abismático en Marx: él entendió, de una forma clarividente, que los objetos de las ciencias no existen en la realidad y que, por consiguiente, debe procederse a una consideración de la génesis trascendental de su posibilidad, al modo en que el origen de la geometría en cuanto tal remite a la consideración de la posibilidad lógica de constitución de un objeto ideal no existente en la naturaleza. Por eso, Marx resolverá el problema del intercambio apelando a una realidad de otro orden: la del trabajo viviente real, subjetivo, incalificable, invisible.

Esta es la tarea de la filosofía: servir de fundamento a una ciencia para buscar el sustrato previo de los objetos sobre los cuales reflexiona. Y este sustrato previo alude a la consideración de la génesis trascendental de estos objetos. En opinión de los fenomenólogos, las ciencias son ingenuas, porque consideran sus objetos como unas realidades en sí. No se dan cuenta de que estos objetos sólo adquieren sentido bajo el presupuesto de una especie de ruta trascendental muy compleja y extraordinaria. Si no se establece esta genealogía trascendental de objetos, ya no sabemos de qué se está hablando. Por eso, Marx dirá que hablamos del trabajo en la oscuridad.

Para Marx, en la economía política, esta génesis trascendental viene referida por el trabajo viviente. Supone un tema recurrente en su pensamiento la idea de que la realidad no es económica. Tocar el piano, correr, movilizar el propio cuerpo no son realidades económicas. Para Marx, ni la realidad de la naturaleza, ni la realidad de los cuerpos vivientes, ni siquiera la realidad de los objetos son asuntos económicos. Incluso la realidad de la sociedad no es más económica que geométrica o matemática. Hemos llegado a creernos el absurdo de una realidad económica de la sociedad a fuerza de erigir modelos matemáticos. Repito que existe una fractura muy clara entre el pensamiento de Marx y lo que se le hace decir. Es así como en el marxismo, pero también en otras disciplinas influenciadas por el marxismo, sobre todo, la sociología, se llega a afirmar que la realidad es la realidad social y que el individuo se encuentra determinado por esta realidad socio-cultural. Sin embargo, Marx se burlaría radicalmente de esta tesis. ¿Habéis visto alguna vez a la sociedad haciendo algo?, ¿quién es esta tercera persona que llamamos sociedad? Para que haya una sociedad, tiene que haber seres humanos. Para Marx, estos seres humanos son individuos vivientes, concretos.

Referencias bibliográficas

(1) Emmanuel Kant, *Critique de la raison pure*, París, PUF, 1993, p. 58: "El espacio no es otra cosa sino la forma de todos los fenómenos de los sentidos externos, es decir, la condición subjetiva de la sensibilidad bajo la que únicamente nos es posible una intuición exterior".

(2) Edmund Husserl, *Leçons pour une phénoménologie de la conscience intime du temps*, París, PUF, 1964.

(3) *Ibidem*, p. 157.

(4) Edmund Husserl, *Méditations cartésiennes et Les Conférences de París*, París, PUF, 1994, &46, p. 152.

(5) Martin Heidegger, *Être et Temps*, París, Gallimard, 1986, &6, pp. 50-51.

(6) René Descartes, *Les Principes de la philosophie. Première partie et Lettre préface*, París, Vrin, 1999, p. 47: "Que no podemos dudar sin ser y que este es el primer conocimiento que podemos adquirir".

(7) Edmund Husserl, *Idées directrices pour une phénoménologie et une philosophie phénoménologique pures.* Tome I: Introduction générale à la phénoménologie pure, París, Gallimard, 1950, pp. 63-64: "Juzgar las cosas de manera racional y científica es ajustarse a las cosas mismas o volver de los discursos y opiniones a las *cosas mismas*, interrogarlas en la medida en que ellas se dan a sí mismas y rechazar todos los prejuicios ajenos a la cosa misma".

(8) Michel Henry, "Quatre principes de la phénoménologie", en *Revue de métaphysique et de morale*, 96 *année, n° 1, janvier-mars* 1991, pp. 3-26.

(9) Edmund Husserl, *Idées directrices pour une phénoménologie et une philosophie phénoménologique pures.* Tome I: Introduction générale à la phénoménologie pure, París, Gallimard, 1950, p. 78: "Todo lo que se ofrece a nosotros en la 'intuición' de manera originaria (en su realidad corporal por así decir) debe ser recibido simplemente por lo que se da, pero sin sobrepasar los límites dentro de los cuales se da".

(10) René Descartes, *Méditations métaphysiques*, París, PUF, 1996, p. 41: "Yo soy, yo existo: esto es cierto; pero ¿cuánto tiempo? A saber: tanto tiempo como yo piense; porque tal vez incluso podría ocurrir que, si dejara de pensar, dejaría de ser o de existir al mismo tiempo".

(11) Karl Marx, *Manuscrits de 1857-1858 ("Grundisse")*, Tome II, París, Éditions sociales, 1980.

II. Fenomenología de la vida

Conferencia pronunciada en la Academia de Bellas Artes
de Múnich el 14 de noviembre del año 2000

La fenomenología de la vida se inscribe dentro de la gran corriente filosófica que nació en Alemania a finales del siglo XIX con Edmund Husserl y que continuó con reputados pensadores como Martin Heidegger y Max Scheler a través de todo el siglo XX, llegando incluso a permanecer viva en la actualidad, especialmente en Francia. Quisiera mostrar en qué aspectos la fenomenología de la vida depende de esta corriente de pensamiento, una de las más importantes de nuestra cultura, y en qué aspectos se aleja de ella también.

La originalidad de la fenomenología debe comprenderse a partir del establecimiento de su objeto. Mientras que otras ciencias estudian fenómenos específicos —físicos, químicos, biológicos, históricos, jurídicos, sociales, económicos, etc.—, la fenomenología se cuestiona acerca de lo que permite a un fenómeno ser un fenómeno, es decir, la fenomenicidad pura en cuanto tal. Esta fenomenicidad pura puede recibir diversos nombres: aparecer, revelación o, incluso (una denominación de corte más tradicional), verdad. En cuanto se diferencia el objeto de la fenomenología del resto de las ciencias, emerge la conveniencia de una distinción: por una parte, la del fenómeno considerado en su contenido particular y, por otra parte, la del fenómeno referida a su fenomenicidad. Con otras palabras, la distinción entre lo que se muestra, lo que aparece y el hecho de aparecer, el aparecer puro en cuanto tal. Es esta la diferencia que Heidegger formula a su manera en el parágrafo 44 de *Sein und Zeit* cuando distingue, por un lado, la verdad en sentido segundo, lo que es verdad, lo que es desvelado, y, por otro lado, el desvelamiento en cuanto tal, el "fenómeno más originario de la verdad" (*Das ursprünglichste Phänomen der Wahrheit*) (1).

Otra intuición preliminar de la fenomenología se basa en el hecho de que el aparecer se considera más esencial que el ser: sólo una cosa puede ser porque aparece. Husserl expresa esta misma idea con una fórmula tomada de la Escuela de Marburg que yo modifico ligeramente: "tanto aparecer, tanto ser". Voy a radicalizar esta preeminencia de la fenomenología sobre la ontología: sólo si el aparecer aparece en sí mismo como tal, entonces cualquier cosa puede aparecer a su vez, mostrársenos. Pese a las precisiones precedentes, sigue sin esclarecerse el presupuesto fenomenológico de la fenomenología. Pues, al fin y al cabo, ¿qué significan los principios mismos de la fenomenología, tales como "tanto aparecer, tanto ser", o su lema: "directo a las cosas mismas" (*Zu den Sachen Selbst*), si aún no se ha definido con claridad en qué consiste el hecho de aparecer, su modo fenomenológico concreto, en el que este aparecer puro (la materia fenomenológica pura) aparece contribuyendo a la fenomenalización de la fenomenicidad en cuanto tal? Si interrogamos a la fenomenología histórica sobre esta cuestión, caemos en la cuenta de que, tras la indeterminación fenomenológica de los principios de la fenomenología y a causa de esta indeterminación, se acaba deslizando una cierta concepción de la fenomenicidad atribuible, en primer lugar, al pensamiento ordinario. Tal concepción de la fenomenicidad constituye a la vez el prejuicio más antiguo y menos sometido a crítica por parte de la filosofía tradicional. Se trata de aquella concepción de la fenomenicidad que se toma prestada de la percepción de los objetos del mundo; en resumen, el aparecer del mundo mismo.

Puede que no sea fácil el hecho de aceptar que el fundador de la fenomenología, Husserl, respondiera a la cuestión explícitamente planteada acerca del "cómo" de la donación de los objetos (*Gegenstände im Wie*-"objetos en el cómo") (2) con el aparecer del mundo. En un sentido más tradicional, ¿no refiere Husserl el principio de la fenomenicidad a la conciencia y a una especie de "interioridad"? Sin embargo, no es posible olvidar su definición esencial de la conciencia como *intencionalidad*. Entendida como intencional, la conciencia sólo consiste en el movimiento por el cual se lanza, se arroja hacia afuera; su "sustancia" se agota así en esa venida afuera que produce la fenomenicidad. La revelación que tiene lugar en esa venida afuera, en ese distanciamiento, supone un "hacer ver". La posibilidad misma de la visión reside en el distanciamiento de lo que se coloca ante el ver y es visto por él. Esta es la definición fenomenológica del objeto: aquello que se hace visible al ponerse delante. El aparecer consiste aquí en el aparecer del objeto en un doble sentido: por un lado, lo que aparece es el objeto, pero, por otro lado, lo que aparece también es el modo de aparecer específico del objeto que lo hace visible: aquel distanciamiento por el cual emerge la visibilidad de todo lo que puede llegar a ser visible para nosotros. No hay manera alguna, entonces, de eludir la siguiente cuestión: ¿cómo se revela a sí misma la intencionalidad que hace ver todo? ¿Dirigiendo sobre ella misma una nueva intencionalidad? ¿Puede la fenomenología evitar el amargo destino de la filosofía clásica de la conciencia que se ve arrastrada a una regresión sin fin y obligada a suponer una segunda conciencia detrás de aquella que conoce, es decir, una segunda intencionalidad detrás de aquella que se trata de extraer de la oscuridad? O ¿existe otro modo de revelación diverso del hacer-ver de la intencionalidad, con una fenomenicidad distinta de la del afuera? No encontramos respuesta a esta cuestión en la fenomenología. Así se origina en ella una crisis aporética extremadamente grave. El problema radica en la posibilidad misma de esa fenomenicidad elusiva. Como sabemos, Husserl tuvo que entregar el ego constituyente al *anonimato*.

En Heidegger, el aparecer del mundo alcanza su grado más alto de articulación. Desde el parágrafo 7 de *Sein und Zeit*, el fenómeno se entiende en su sentido griego —*phainomenon*— a partir de la raíz del término, *pha*, *phos*, que significa luz; así, aparecer significa venir a la luz, la claridad: es decir, "aquello dentro de lo cual algo puede volverse visible, manifestarse por sí mismo" (*d.h. das worin etwas offenbar, an ihm selbst sichtbar werden kann*). El mundo es este horizonte extático de visibilización dentro del cual todo puede hacerse visible. La segunda parte de *Sein und Zeit* declara explícitamente que ese "horizonte" coincide con la exterioridad, con el "afuera de sí" como tal. En ella, se identifica el mundo con la temporalidad y la temporalidad se llega a considerar como "el afuera de sí originario en sí y para sí" ("*Zeitlichkeit ist das ursprüngliche 'Aussersich' an und für sich selbst*") (3).

Al aparecer del mundo pertenecen tres rasgos decisivos. Su enumeración sucinta servirá de introducción para una fenomenología de la vida cuya primera tesis consistirá en aseverar que ninguna vida puede aparecer en el aparecer del mundo:

1) En la medida en que el aparecer del mundo consiste en el "afuera de sí", en la venida afuera de un Afuera, entonces todo lo que se muestra en él, se muestra en el afuera: como externo, como otro, como diferente. Externo, porque la estructura en la que se muestra es la de la exterioridad; otro, porque esta estructura extática es la de una alteridad primordial por la cual todo lo que se encuentra fuera de mí es distinto de mí y todo lo que se encuentra fuera de uno mismo (*soi*) resulta distinto de uno mismo (*soi*); diferente, porque este Éxtasis se identifica con una Diferencia, es decir, con la operación que, al profundizar la distancia, vuelve diferente todo lo que se da a aparecer en virtud de este distanciamiento, que tiene lugar en el horizonte del mundo. Este aparecer desvía la atención de sí con tal violencia, lanza hacia fuera con tal fuerza que, no consistiendo sino en la expulsión originaria de un Afuera (*Dehors*), todo aquello a lo que le otorga aparecer sólo puede ser lo exterior, es decir, lo que, excluido, expulsado de su verdadero Hogar o Patria de Origen y privado de sus bienes más propios, se encuentra, desde entonces, abandonado, sin apoyo, perdido; presa de este desamparo al que Heidegger tuvo que entregar al hombre por haber hecho de él, como "ser en el mundo", nada más que un ser de este mundo.

2) El aparecer que desvela la Diferencia del mundo no solamente vuelve diferente todo lo que se revela de este modo, sino que se muestra ya

de inicio indiferente con respecto a aquello que revela. Ni lo ama, ni lo desea. No lo protege de ninguna manera. No mantiene ninguna afinidad con ello. Al aparecer del mundo le trae sin cuidado aquello que se muestra, ya sea el cielo que se cubre o la igualdad de los radios de un círculo, ya sea una cabra o un hidroavión, ya sea una imagen o una cosa real, o incluso que se trate de la fórmula misma que contendrá el secreto del universo. Como la Luz de la que habla la Escritura y que brilla sobre justos e injustos, el aparecer del mundo ilumina todo lo que alumbra sin hacer acepción de cosas o personas, en una neutralidad terrorífica. En él, se nos presentan de la misma manera víctimas y verdugos, actos caritativos y genocidios, reglas y excepciones, el viento, el agua, la tierra..., bajo esta modalidad última del ser que, en su carácter meramente constatativo, se limita a expresar el ser ("Esto es") de lo que, en último término, "hay" (*il y a*).

3) Nótese que esta diferencia del aparecer del mundo, con respecto a aquello que se desvela en la Diferencia, oculta una indigencia más radical que aquella que lo convierte en todo menos en un Padre para sus Hijos, en un hermano para sus hermanos, en un amigo para sus amigos: un amigo conocedor de lo que sabe su amigo; un hermano que sabe todo lo que saben sus hermanos y que actúa entre ellos como el *primus inter pares*, como el Hijo Primogénito. *El aparecer del mundo no sólo es indiferente a todo lo que desvela, sino que se muestra incapaz de concederle la existencia.* Sin duda, la incapacidad del aparecer del mundo para dar cuenta de lo que se desvela en él explica su indiferencia frente a ello. La indiferencia y la neutralidad significan, en este punto, impotencia, y tienen su origen en ella. Heidegger, que ha sido el primer autor en pensar el concepto de mundo en su significación fenomenológica originaria, como puro aparecer, no desconocía ni esta indiferencia (la angustia en la cual todo llega a ser indiferente), ni esta impotencia. El desvelamiento desvela, descubre, abre, pero no crea (*macht nicht, öffnet*). Así se descubre la indigencia ontológica del aparecer del mundo, incapaz de plantear por sí mismo la realidad.

No obstante, esta indigencia ontológica del aparecer del mundo no es el resultado de una tesis estrictamente heideggeriana. La encontramos ya en la *Crítica de la razón pura* de Kant (4). Kant entendió la cuestión del mundo desde un punto de vista fenomenológico. Por eso, la *Crítica de la razón pura* consiste en una descripción extremadamente rigurosa de la estructura fenomenológica del mundo. Esta estructura aparece co-constituida por las formas *a priori* de las intuiciones puras del espacio y del tiempo, así como por las categorías del entendimiento. Con "formas de intuición pura" nos referimos a puras maneras de hacer-ver, consideradas en sí mismas, al margen del contenido particular y contingente (designado como empírico) de lo que ellas muestran a cada momento. Con "*a priori*" aludimos a la precedencia en toda experiencia efectiva de estas puras maneras de hacer-ver. Por su parte, las categorías del entendimiento, más allá de su especificidad (sustancia, causalidad, acción recíproca), mantienen esta misma significación fenomenológica fundamental: la de pertenecer al hacer-ver y hacerlo posible, asegurando su unidad. Aun así, ese poder unificante de las categorías del entendimiento cuenta con la misma estructura fenomenológica que las intuiciones puras. Se trata de un hacer-ver que consiste en el acto de poner hacia afuera lo que se vuelve visible de esta manera. Por eso, Kant afirma que son representaciones tanto las formas de la intuición como las categorías del entendimiento. La consideración de la representación en tales términos encuentra su traducción más adecuada en el significado del verbo alemán *vor-stellen*: "poner-delante" (*poser-devant*). Sin embargo, sólo nos importa subrayar aquí una tesis reiterada en la *Crítica de la razón pura*: la tesis de que la acción conjunta y coherente de estos diversos "hacer-ver", que contribuyen a la formación fenomenológica del mundo, no puede plantear por sí misma la realidad de este mundo en su contenido concreto; realidad que Kant tuvo que solicitar a la sensación.

Pero el recurso a la sensación, en cuanto única depositaria de realidad, esconde en su interior una apelación a la vida, es decir, una apelación a un modo de aparecer radicalmente diferente. La vida es, de principio a fin, fenomenológica. No es ni un ente ni un modo de ser del ente. No nos referimos a la vida de la que trata la biología. De hecho, la biología ya no habla de la vida. Desde la revolución galileana, su objeto se ha visto reducido a unos procesos materiales homogéneos a aquellos que estudia la física. De hecho, la vida fenomenológica trascendental que define el modo originario de la fenomenicidad pura es la única vida que existe. A esta vida nos referiremos en lo sucesivo con el nombre de *revelación*, en aras de lograr una mayor claridad expositiva. La revelación propia de la vida se contrapone rotundamente al aparecer del mundo. Mientras que este último, el aparecer del mundo, desvela en el "afuera de sí", no consistiendo sino en este "afuera" como tal, que sólo desvela lo que es externo, distinto, diferente, la revelación de la vida se caracteriza por no revelar nunca nada más que a sí misma, ya que en ella no hay ninguna distancia y jamás difiere de sí. *La vida se revela*. La vida es una autorrevelación. Con autorrevelación, cuando se trata de la vida, estamos queriendo decir dos cosas: por una parte, es la vida la que realiza la obra de la revelación. Ella es todo, salvo una cosa. Por otra parte, el contenido de su revelación es ella misma. Así, en el caso de la vida, desaparece la oposición entre lo que aparece y el aparecer puro, ya presente en el pensamiento clásico y puesta en primer plano por la fenomenología. La revelación de la vida y lo que se revela en ella son una y la misma realidad.

Allí donde hay vida encontramos esta situación extraordinaria que se puede reconocer en cada una de sus modalidades, incluso en la más humilde de las impresiones. O en un dolor. Nótese que en la aprehensión ordinaria tiende a confundirse, de entrada, un dolor con un *dolor físico*, referido a una parte del cuerpo objetivo. Realicemos sobre ese dolor una reducción fenomenológica para retener de él tan sólo su carácter doloroso: lo "doloroso como tal", el elemento puramente afectivo del sufrimiento. Este sufrimiento *puro* "se revela a sí mismo". Esto significa que sólo el sufrimiento nos puede ayudar a saber lo que es el sufrimiento y que el contenido de esta revelación, que se obtiene a través del sufrimiento, es precisamente el sufrimiento mismo. Ninguna distancia separa al sufrimiento de sí mismo. Por eso, en esta modalidad de nuestra vida el "afuera de sí" se encuentra ausente. Atrapado en sí, aplastado por su propio peso, el sufrimiento no es capaz de establecer frente a sí mismo ninguna clase de retirada; aquella dimensión de huida por la cual podría escapar de sí mismo, de su ser opresivo. La ausencia de toda distancia al interior del sufrimiento excluye la posibilidad de dirigir la mirada sobre él. Nadie ha visto nunca su sufrimiento, su angustia o su alegría. El sufrimiento, así como cualquier modalidad de la vida, es *invisible*.

Con invisible no nos referimos a una dimensión de irrealidad o de ilusión, un fantástico mundo subterráneo, sino precisamente a todo lo contrario. Es el aparecer del mundo, como hemos visto, el que, arrojando las cosas fuera de sí, ha contribuido a despojarlas de su realidad. De hecho, las ha acabado reduciendo a una serie de apariencias exteriores en las que ya no es posible penetrar por no haber en ellas ningún *interior*: tan sólo el ejercicio vacío y privado de contenido de la pura remitencia de unas a otras. Dicho ejercicio constituye aquel juego de referencias entrecruzadas: el mundo. Tal y como reconoce el propio Heidegger, el aparecer del mundo no puede, como ya hemos visto, crear lo que se desvela en él. Por el contrario, en la vida cada una de sus modalidades constituye una realidad; una realidad abrupta, inmediata, indiscutible, invencible. Ahora bien, desde el momento en que me forjo la pretensión de ver su realidad, esta se desvanece. Aunque pueda formarme la imagen de mi sufrimiento y representármela, la realidad del sufrimiento nunca es externa a sí misma. En la representación del sufrimiento únicamente me encuentro en presencia de una irrealidad noemática, del significado del *sufrimiento*. Sólo cuando se llega a abolir toda distancia, cuando el sufrimiento se experimenta, se prueba en su puro sufrir, y la alegría, en su puro gozar, nos encontramos ante un sufrimiento o una alegría efectivos, en el que su revelación y su realidad se vuelven indisociables.

Pasemos al tercer rasgo por el cual se contraponen la revelación de la vida y el aparecer del mundo: mientras que este último difiere, en su indiferencia, de todo lo que aparece como tal, la vida, por el contrario, guarda en su interior el contenido de lo que revela, habita en dicho contenido y en cada viviente como aquello a lo que vivifica y nunca abandona mientras vive. Así pues, resulta preciso considerar ahora una nueva relación, tanto ajena al mundo como propia e interior a la vida: la relación hasta ahora inconcebible de la vida con el viviente; relación sin la cual no se puede comprender nada de nuestra propia condición. *La relación de la vida con el viviente es una relación de inmanencia absoluta*, ajena al mundo, acósmica e invisible. Pues ¿cómo se puede llegar a concebir un viviente que no porte en sí la vida? Ahora bien, la cuestión fundamental podría formularse así: ¿por qué hay un viviente en la vida?, ¿por qué no es posible una vida anónima, impersonal, ajena a toda individualidad? Nótese que, al igual que la cuestión relativa a la consideración de la inmanencia, la cuestión que atañe a la relación de la vida con el viviente no se corresponde con un asunto metafísico, que deba ser objeto de construcciones especulativas o debates entrecruzados. Tal relación no sólo forma parte de la fenomenología, sino que también constituye el tema central de una fenomenología de la vida. Igualmente, esta relación, la de la vida con el viviente, pone de manifiesto una cuestión originaria que nos obliga a regresar a la consideración de una vida absoluta, de la Vida de la que habla Juan.

La Vida absoluta es la vida que tiene el poder de traerse a sí misma a la vida. La vida no es; sucede y no deja de suceder. Esta venida de la vida es su eterna llegada a sí misma, el proceso por el cual ella se da a sí misma, se estrella contra sí misma, se experimenta a sí misma, y goza de sí, al producir constantemente su propia esencia, que no consiste sino en esta experimentación, prueba y en este disfrute de sí misma. Sin embargo, no hay ninguna prueba de sí que no tenga como resultado la generación de una Ipseidad en la que experimentarse y gozar de sí. La eficacia fenomenológica de esta Ipseidad en la que la vida viene a experimentarse a sí misma reside en su tratamiento no como mero concepto, sino como vida real, fenomenológicamente efectiva. La Ipseidad se corresponde con un Sí mismo (*Soi*) real, el Primer Sí mismo Viviente (*Premier Soi Vivant*) en el que la Vida se revela en su probarse a sí misma: en su *Verbo*. Así tienen lugar al mismo tiempo el proceso de auto-generación de la Vida y su proceso de autorrevelación. A este respecto, el Verbo no viene al final de este proceso, sino que forma parte constitutiva y consustancial de él, como condición inmanente de su efectuación. "En el principio era el Verbo". Que toda vida, al experimentarse, probarse a sí misma, lleve en su interior un Sí mismo quiere decir que no hay vida sin viviente. Pero tampoco puede haber ningún Sí mismo sin esta Vida que se da a él. En consecuencia, no puede darse ningún Sí mismo al margen de la vida. Pero ¿no nos aleja este análisis de la Vida absoluta de una fenomenología restringida al estudio de los fenómenos concretos que experimentamos?, ¿no nos conduce a la especulación, al dogma o a la creencia?, ¿no hemos sucumbido ante el "giro teológico de la fenomenología francesa" (5), denunciado por Dominique Janicaud?

Pero ¿acaso no somos, nosotros también, unos vivientes? Somos vivientes en la medida en que la vida se experimenta a sí misma y no consiste en una mezcla de procesos materiales de carácter ciego. Somos vivientes en nuestra condición de Sí mismos vivientes. Ahora bien, se da una extraña analogía entre el proceso interno de la Vida absoluta que se prueba a sí misma en el Sí mismo del Primer Viviente y nuestra propia vida que se revela a sí misma ya para siempre en este Sí mismo singular que somos. Su carácter extraordinario se reduce si procedemos a su distinción.

Nuestra vida es finita, en el sentido de que es incapaz de traerse a sí misma a la vida. Un Sí mismo finito es el Sí mismo que lleva esta vida en su interior. "Yo (*moi*), apunta Husserl en un manuscrito de los años treinta, no soy sólo para mí mismo, yo soy yo (*moi*)" (*Ich bin nicht nur für mich aber Ich bin Ich*). Yo no soy sólo para mí, es decir, yo no soy este individuo que aparece en el mundo, cosa entre las cosas, hombre entre los hombres, constantemente volcado en su propia representación, siempre preocupado por sí mismo, y que sólo se ocupa de las cosas y de los otros en vista de su propia conveniencia. Y es que, en primer lugar, para relacionarlo todo con uno mismo, hay que ser este Sí mismo que está en relación con todo. Se tiene que poder decir "*Ich bin Ich*". Pero este "*Ich bin Ich*" no es algo originario. Yo (*Moi*) soy yo mismo, pero no me he traído a mí mismo en este yo (*moi*) que soy. Yo soy dado a mí mismo, pero no soy yo el que me he dado a mí mismo. Yo no me he dado a mí mismo, mi vida sólo me es dada como Sí mismo que soy en la auto-donación de la Vida absoluta, tal y como tiene lugar en su Verbo. Sólo hay un Sí mismo como el del hombre, un Sí mismo trascendental viviente, en el "Verbo de la vida" de la primera carta de San Juan. Pablo se refiere a este Verbo como "el primogénito de una multitud de hermanos" (Rom 8,29) (6). Y ello, porque nosotros también nacemos de la Vida absoluta. *Nacer* no significa venir al mundo. Sólo las cosas aparecen un instante en la luz del mundo para luego desaparecer de él. Las cosas no *nacen*. Nacer atañe sólo a los vivientes. Y nacer para los vivientes significa llegar a ser uno de estos Sí mismos trascendentales vivientes que somos. De hecho, sólo podemos venir al mundo, porque hemos venido a la vida.

De este modo tiene lugar la aclaración de nuestro nacimiento trascendental. ¿Cómo venimos a la vida? Venimos a la vida cuando la vida viene a sí misma de la manera en que lo hace. Todo hombre, en cuanto Sí mismo trascendental viviente, viene a sí mismo en la ipseidad del Primer Sí mismo Viviente, su Verbo, por la sencilla razón de que la Vida absoluta viene a experimentarse, probarse a sí misma en esta ipseidad. Por este motivo, toda vida fenomenológica trascendental está marcada en su núcleo por una radical e insuperable individualidad.

En este punto, es precisa una observación histórica de consecuencias trascendentales para nuestro tiempo. La vida ha sido la gran temática ausente de la filosofía occidental, que tiene sus raíces en Grecia, donde al hombre se lo define por el pensamiento. Cuando, a comienzos del siglo xix, la vida regresa de la mano de Schopenhauer a la escena europea, se instaura, sobre la filosofía y la cultura entera, el reinado trágico y absurdo de una vida desprovista de individualidad, anónima, impersonal y salvaje, que allana el camino de la fuerza bruta, la violencia y el nihilismo.

Por eso, la fenomenología de la vida se enfrenta a una última cuestión. Antes decíamos que la vida acontece en todo viviente como un Sí mismo, que pertenece a esta —la vida— en cuanto determinación suya. Así, no existe ningún sufrimiento que pueda ser el sufrimiento de nadie. Ya que Dios es Vida, la afirmación insondable de Meister Eckhart: "Dios se engendra como yo mismo" (7) es suficiente para desestimar cualquiera de las "crisis del sujeto", atribuidas al nihilismo contemporáneo. Ahora bien, el hecho de que la modernidad haya sido incapaz de captar lo invisible en su propia positividad fenomenológica es la causa de que el nihilismo contemporáneo —engañado aquí, de nuevo, por el *phainomenon* griego, que reserva la manifestación a la luz de la exterioridad— haya sostenido que la vida no sólo es anónima, sino también inconsciente. Pero ¿en qué consistiría la positividad fenomenológica de lo invisible?

Consideremos, una vez más, el sufrimiento. Antes decíamos que el sufrimiento revela al sufrimiento; sin embargo, esta propuesta debe corregirse. Si es cierto que la autorrevelación del sufrimiento que tiene lugar en el sufrimiento se produce también en medio de la alegría, del aburrimiento, de la angustia o del esfuerzo, dicha autorrevelación no puede considerarse como el resultado del contenido particular de un sufrimiento. De hecho, la angustia se revela a sí misma en su afectividad, en esta *auto-impresividad patética* que constituye la carne tanto de este sufrimiento como de cualquier otra modalidad de la vida. Motivo por el cual cualquiera de dichas modalidades resulta ser afectiva. Según la intuición genial de Maine de Biran, existe un "sentimiento de esfuerzo", cuya sola persistencia o satisfacción hace posible cualquier forma de acción, entendiendo esta no como un desplazamiento objetivo, en sí mismo inconsciente, sino como un "Yo puedo" (*Je peux*) experimentándose, probándose a sí mismo, en su afectividad y por ella. Así pues, la afectividad no designa ninguna esfera particular de nuestra vida. Ella penetra y fundamenta, en última instancia, el dominio completo de la acción: el *trabajo*, así como los fenómenos económicos. Dichos fenómenos no pueden considerarse al margen de la existencia humana, según la creencia habitual de nuestros días.

Igualmente, podemos preguntarnos si hay un *pathos* del pensamiento que explique el privilegio que la filosofía clásica ha concedido a la evidencia. Detrás de este privilegio de la evidencia, no resulta difícil reconocer la prerrogativa otorgada al reinado de lo visible, que domina el desarrollo de nuestra cultura, todavía prisionera de la *theoria* griega. Ahora bien, debe notarse que todo pensamiento, incluido el pensamiento racional, sólo es dado a sí mismo en la autorrevelación patética de la vida, algo que fue reconocido por el propio Husserl, quien, pese a sus esfuerzos por fundamentar el método fenomenológico en el ver de la evidencia, se vio obligado a poner por escrito lo siguiente: "La conciencia que juzga un 'estado de cosas matemático' es una impresión" (8).

Así pues, frente al ver de la evidencia, nos encontramos con el hecho decisivo de que, en el fondo, todas las modalidades de la vida, incluidas las del pensamiento teórico y cognitivo, son afectivas. Y ello es así, porque la materia fenomenológica, por la cual se fenomenaliza originariamente la fenomenicidad pura, es una Archi-pasibilidad donde sólo puede tener lugar el "experimentarse a sí mismo, el probarse a sí mismo". Según san Juan, Dios no es sólo Vida, sino también *Amor*. Así, queda establecida la conexión esencial entre el puro hecho de vivir y la *afectividad*.

Del hecho de que nuestras diversas tonalidades afectivas encuentren su posibilidad última en la esencia de la vida se deduce, en primer lugar, que su explicación no puede reducirse a acontecimientos mundanos que tendemos a interpretar como sus *motivos* o *causas*. "Ha ocurrido algo malo", solemos decir. Esto significa que un acontecimiento objetivo-accidental, la enfermedad o el duelo, se ha convertido en ocasión de un sufrimiento. Pero ese acontecimiento, más allá de su dramaticidad, sólo puede engendrar una sensación de sufrimiento en un ser capaz de sufrir, esto es, en un viviente dado a sí mismo en una vida, cuya esencia es la Archi-pasibilidad. Sin embargo, ¿por qué ese sentimiento adopta la forma específica de esta tonalidad afectiva? Todas las modalidades de nuestra vida se hallan afectadas por una dicotomía decisiva, que las divide entre aquellas modalidades vividas como positivas (las impresiones de placer o de felicidad) y aquellas otras consideradas como negativas (las impresiones de dolor o de tristeza). En consecuencia, toda nuestra existencia aparece inmersa en un devenir real con una determinación clara, que oscila, sin cesar, entre el malestar y la satisfacción, entre el sufrimiento y la alegría..., constituyendo el aburrimiento y la indiferencia, en cuanto tonalidades neutras, una especie de neutralización de esta oscilación primitiva. Ahora bien, ¿cómo explicar esta dicotomía que tiene lugar en nosotros mismos, como su condición última, al margen de los acontecimientos del mundo?

Ya hemos respondido a esta pregunta. En la medida en que la esencia del vivir consiste en el "experimentarse a sí mismo, el probarse a sí mismo" en la inmanencia de una auto-afección patética, sin diferencia ni distancia con respecto a sí misma, la vida aparece caracterizada como una pasividad radical con respecto a sí misma. Ella es un "sufrirse a sí misma", un "soportarse a sí misma", más fuerte que toda libertad. De ella se reconoce su presencia en el más modesto de los sufrimientos, que es incapaz de escapar de sí, por hallarse atrapado en aquella pasión primordial, propia de toda vida y de todo viviente. De hecho, la posibilidad misma de un "sufrimiento" reside en este "sufrir" primitivo, el cual forma parte de todo "experimentarse a sí mismo, probarse a sí mismo", en cuanto modo fenomenológico de su realización concreta.

Sin embargo, en la realización de este "sufrirse a sí mismo", la vida se experimenta, llega a sí, crece a partir de su propio contenido, goza de sí. Ella es el gozo, es la alegría. Uno puede constatar, así, cómo *dos tonalidades fenomenológicas originarias, un sufrir puro y un gozar puro*, se encuentran arraigadas *a priori* en el "experimentarse a sí mismo, probarse a sí mismo", que constituye la esencia de toda vida concebible. La dicotomía patente en todas nuestras tonalidades afectivas encuentra su origen o fundamento en la división de estas dos tonalidades fenomenológicas fundamentales. Pero tal división, además de abrirnos al descubrimiento de la esencia profunda de la vida, nos proporciona la posibilidad apriórica y trascendental de considerar el paso de unas tonalidades a otras en el proceso de su intercambio mutuo. Este cambio continuo de nuestras tonalidades afectivas, ya se trate de una variación ininterrumpida o de un cambio brusco, un "salto", también puede observarse en el devenir concreto de nuestra existencia cotidiana. A veces, este devenir puede parecer absurdo o incomprensible, por hallarse sometido a las vicisitudes de una historia contingente o al juego de pulsiones inconscientes. Así lo era para el poeta Verlaine quien, al arrojar una mirada sobre el conjunto de su existencia pasada, se decidió a poner por escrito estos versos desencantados: "Viejas alegrías, viejas penas, como una fila de gansos..." (9).

Pese a ello, la superficialidad de esta impresión se hace patente en el momento en que llegamos a entender la posibilidad originaria de la modificación potencial de nuestras múltiples modalidades afectivas en su pertenencia a la esencia de la vida. En ella tiene lugar el paso de unas tonalidades fenomenológicas a otras. Y ello, porque el sufrir puro es el modo fenomenológico concreto en el que tiene lugar la posibilidad de la venida de la vida a sí misma, su abrazo consigo misma en el gozar puro y, con ello, la posibilidad de toda forma concebible de felicidad y de alegría; alegría que, a fin de cuentas, no consiste sino en la alegría de vivir, la alegría ilimitada de existir.

Desde el punto de vista de su contenido fenomenológico específico, el sufrimiento y la alegría son indudablemente diferentes, como también lo son el malestar y la satisfacción, el deseo y la gratificación. Es la realidad misma de esta diferencia, marcada por la voluntad de sustituir aquellas modalidades afectivas negativas por otras positivas, la que, con más frecuencia, dispone la acción, desde sus formas más elementales, entre las que aparece el impulso inmediato de satisfacer cualquier necesidad. Sin embargo, pese a su diferencia y, en ocasiones, oposición violenta, el sufrimiento y la alegría, en sus múltiples modalizaciones, se unen en una identidad más originaria que la del sufrir y la del gozar co-constitutivos de la esencia de la vida y de su ipseidad. No obstante, la captación de esta identidad más originaria supone no perder de vista la finitud de nuestra vida, lo cual implica, a su vez, el hecho de que nosotros lleguemos a vislumbrarla en su Fondo, no allí donde nos parece que ella se experimenta a sí misma en una especie de facticidad psicológica, siempre incapaz de dar cuenta de sí misma, sino allí donde es dada a sí misma en la auto-donación de la Vida absoluta, en el lugar de nuestro nacimiento trascendental. Esta fue la intuición genial de Kierkegaard quien entendió que es en el culmen del sufrimiento, en el límite mismo de la desesperación, donde este —el sufrimiento— se invierte en beatitud, cuando, como él mismo señala, "el yo se adentra, por su propia transparencia, en el poder que lo ha planteado" (10).

De hecho, de la Archi-pasibilidad de la Vida absoluta resulta el carácter más singular de la condición humana: el hecho de ser una *existencia encarnada*. Debido a la interpretación inmediata de la condición humana como una existencia en un cuerpo, la existencia humana misma remite a la cuestión del cuerpo. Esta, como toda cuestión fundamental, remite, a su vez, a su fundamento fenomenológico, esto es, al modo de su aparecer. Ahora bien, el aparecer del mundo se suele presentar aquí como el modo de aparecer evidente para el cuerpo, y ello en un doble sentido. Por una parte, todo cuerpo, ya se trate del nuestro o del cuerpo de cualquiera, se nos muestra en el mundo, tomando sus propiedades fenomenológicas de las propiedades fenomenológicas del mundo, de su exterioridad. No obstante, las propiedades de este cuerpo mundano no son sólo externas o exteriores, sino que también apuntan hacia un cuerpo provisto de múltiples cualidades sensibles. En otras palabras, este cuerpo que se ve, se toca, se oye, etc. presupone un segundo cuerpo, un cuerpo trascendental que lo siente, lo ve, lo toca, lo oye, etc. en virtud de los poderes de los diferentes sentidos. En la fenomenología del siglo XX, estos poderes se entienden como intencionalidades, dado que el cuerpo trascendental que constituye el universo resulta ser un cuerpo intencional. Nuestro cuerpo es un cuerpo del mundo en esta segunda acepción, en el sentido preciso de que nos abre a este mundo. El aparecer en el que se basa esta apertura al mundo se identifica con aquel en el que se nos muestra el cuerpo-objeto de la tradición filosófica: constituye, en ambos casos, el "afuera de sí" en cuanto tal. Pero, como ya hemos visto, la intencionalidad que hace ver toda cosa es incapaz de traerse a ella misma en su fenomenicidad. A este respecto, la reducción de toda consideración del cuerpo a un cuerpo intencional ha provocado que la fenomenología husserliana se haya precipitado en la aporía. Pues cada una de las prestaciones de este cuerpo trascendental no puede darnos lo que nos da —ver, tocar, escuchar...— si ellas no se dan originariamente a sí mismas en el cumplimiento de su propia donación. No obstante, una auto-donación inmanente de este género sólo acontece en la vida, en su autorrevelación patética.

Sólo entonces tiene lugar la transformación de nuestra concepción del cuerpo: cuando ya no se confía su aparecer al del mundo, sino precisamente al de la vida. Y esta transformación consiste precisamente en el hecho de que este cuerpo nuestro se diferencia radicalmente de otros cuerpos que pueblan el universo. No se trata, ya más, de un cuerpo visible, sino de una *carne invisible*. En la medida en que la carne encuentra su fundamento fenomenológico en la vida, ella extrae el conjunto de sus propiedades fenomenológicas de la vida misma: además de su carácter acósmico y su invisibilidad —propiedades suficientes para diferenciarla radicalmente del "cuerpo" atribuido a la tradición—, el hecho, este pequeño hecho de que toda carne pertenece a alguien. Esta pertenencia no tiene lugar por el efecto o la intermediación de una unión de carácter contingente, sino por la razón esencial de que la edificación de toda carne acontece de forma simultánea a la edificación de todo Sí mismo, implícito en toda autorrevelación de la vida, y en el acontecimiento que lo entrega a sí: su nacimiento trascendental. Al depender de la vida, la carne extrae de ella su realidad misma: esta materia fenomenológica pura de la auto-impresividad, idéntica a la de la auto-afección patética. Más precisamente, la materia fenomenológica pura de toda auto-afección verdadera, esto es, radicalmente inmanente, es la carne, en la cual y por la cual la vida se experimenta patéticamente a sí misma. Ella adquiere su posibilidad misma de la auto-afección de la vida y constituye la realidad del conjunto de nuestras impresiones.

No obstante, nuestra vida es una vida finita. Sólo es comprensible a partir de aquella vida finita en la que es dada a sí misma. Así como nuestro Sí mismo, incapaz de traerse a sí mismo en sí, remite al Primer Sí mismo Viviente, al Verbo, en el cual la Vida absoluta se revela a sí misma, de la misma manera, la auto-impresividad, que hace posible toda impresión y toda carne, presupone la Archi-pasibilidad de la Vida absoluta, a saber: la capacidad originaria de esta para traerse a sí misma a sí en el modo de una efectuación fenomenológica patética. Es sólo en esta Archi-pasibilidad que toda carne es *pasible* y a la vez posible; esta carne que consiste sino en la pasibilidad de una vida finita que extrae su posibilidad de la Archi-pasibilidad de la Vida infinita.

Es aquí donde la fenomenología de la vida puede reivindicar su derecho a no permanecer cautiva o sometida al dominio de la filosofía tradicional. ¿No es, además, esta fenomenología de la vida capaz de alumbrar ciertos aspectos decisivos de nuestra cultura, perteneciente a su fuente no griega, sobre todo, la espiritualidad judeo-cristiana?

En efecto, en la medida en que toda carne sólo es dada a sí misma en la Archi-pasibilidad de la vida, la fenomenología de la vida desvela el vínculo singular que se establece entre las dos palabras iniciales que enmarcan el famoso Prólogo de san Juan: "En el Principio era el Verbo", "Y el Verbo se hizo carne" (Jn 1,1.14). De la primera palabra ya dimos cuenta al señalar que la posibilidad de la vida implica en sí el Sí mismo en el cual esta se experimenta. En este sentido, la única pasibilidad posible de la carne en la Archi-pasibilidad de la vida en su Verbo priva a la Encarnación del Verbo del carácter absurdo atribuido a esta por parte de la visión griega. Es más, es preciso reconocer entre el Verbo y la carne algo más que una afinidad: una *identidad de esencia* entre la carne misma y la Vida absoluta. Al remitir la carne a la vida, esta —la carne— deja de considerarse este cuerpo objetivo, con sus formas extrañas, su determinación sexual incomprensible, su proclividad a suscitar en nosotros la angustia, por su entrega al mundo, por la cual se encuentra sometido de forma indefinida al cuestionamiento: "¿por qué?". Pero, como ya vio Meister Eckhart, la vida es sin un porqué. En este sentido, la aclaración de la carne no se lleva a cabo a expensas de otra instancia, pues la carne misma lleva en su interior el principio de su propia revelación. Es más, cuando, en su inocencia, cada modalidad de nuestra carne se experimenta a sí misma, cuando el sufrimiento expresa el sufrimiento y la alegría expresa la alegría, la Vida habla en la carne y nada puede ejercer un poder contrario a su palabra.

¿Cómo llamar a esta Archi-pasibilidad, más allá de toda pasibilidad, pero presente en ella, inmanente a toda carne dada a sí misma, más allá de toda evidencia sensible o inteligible? ¿No se trata de una Archi-inteligibilidad, una Archi-gnosis como aquella de la cual Juan describió su esencia en los términos de una venida de la Vida absoluta a su Verbo, antes de la venida del Verbo a una carne semejante a la nuestra? Así, la Archi-inteligibilidad joánica queda incluida en la vida. Ella se extiende hasta nosotros, estos seres de carne, al tomar en su Parusía incandescente nuestros sufrimientos irrisorios y nuestras heridas ocultas, tal y como hizo a través de las llagas de Cristo en la Cruz. Cuanto más puramente, reducido a sí misma, a su cuerpo fenomenológico de carne, suceden en nosotros cada uno de nuestros sufrimientos, tanto más fuertemente experimentamos el poder sin límites que la otorga a sí misma. Y cuando este sufrimiento alcanza su punto culminante en la desesperación, entonces, como dice Kierkegaard "en su relación consigo mismo, el yo, al querer ser él mismo, se adentra, por su propia transparencia, en el poder que lo ha planteado" (11), favoreciendo nuestro sumergirnos en la embriaguez de la vida. Bienaventurados los que sufren. En el Fondo de su Noche, nuestra carne es Dios. La Archi-gnosis es la gnosis de los sencillos.

Referencias bibliográficas

(1) Martin Heidegger, *Sein und Zeit*, Halle, Max Niemeyer, 1941, pp. 220-221.

(2) Edmund Husserl, *Leçons pour une phénoménologie de la conscience intime du temps*, París, PUF, 1964, p. 157.

(3) Martin Heidegger, *op. cit.*, p. 329.

(4) Emmanuel Kant, *Critique de la raison pure*, París, PUF, 1993.

(5) Dominique Janicaud, *Le Tournant théologique de la phénoménologie française*, Combas, Éditions de l'Éclat, 1990.

(6) Todas las citas de La Biblia publicadas en este fragmento están tomadas de *La Bible de Jérusalem*, París, Desclée de Brouwer, 1975.

(7) Maître Eckhart, "Sermon n° 6", en *Traités et sermon*, París, Aubier, 1942, p. 146.

(8) Edmund Husserl, *Leçons pour une phénoménologie de la conscience intime du temps*, París, PUF, 1964, p. 124.

(9) Paul Verlaine, "Sagesse" (I, VI), en *Sagesse, Amour, Bonheur*, París, Gallimard, 2001, p. 57.

(10) Soren Kierkegaard, *Traité du désespoir*, París, Gallimard, 1994, p. 63.

(11) *Ibidem*, p. 251.

III. El tiempo fenomenológico
y el presente viviente[1]

Conferencia pronunciada en la Universidad Paul-Valéry-Montpellier III en 1990

Quisiera intentar un análisis fenomenológico del tiempo a fin de verificar si, desde este enfoque específico, podrían obtenerse unos resultados convenientes. La primera cuestión que se plantea es la siguiente: ¿qué significa proceder a un análisis fenomenológico del tiempo? Ya se sabe que el lema de la fenomenología es el siguiente: "a las cosas mismas" —*Zu den Sachen Selbst*—. Se trata de ir a aquello que se da con una evidencia indiscutible, o lo que puede darse con tal evidencia, al recusarse, de manera absoluta, toda interferencia, toda interpretación y toda teoría. Según Husserl, la filosofía puede considerarse un discurso científico sólo bajo esta condición.

Abordar, entonces, la cuestión del tiempo bajo este presupuesto supone nada menos que poner fuera de juego lo que el sentido común, las ciencias y la mayor parte de las filosofías consideran como el tiempo: el tiempo del mundo. Pues este tiempo objetivo no es, en sentido fenomenológico, un fenómeno: no es dado en sí mismo. No se trata de un dato intuitivo, cierto, constatable. Consideremos, por ejemplo, este trozo de tiza puesto sobre la mesa. Yo lo veo, cierro los ojos, luego miro hacia un lado, y, finalmente, miro de nuevo. En el plano del dato fenomenológico, este trozo de tiza se me aparece en una sucesión de *apariciones sensibles*. Pero estas apariciones temporales son discontinuas, separadas. Y, en el momento en que cierro los ojos, ustedes que me miran creen que este trozo de tiza continúa estando ahí, cuando ya no es un dato fenomenológico para mí, pues yo ya no lo veo.

El tiempo objetivo, el tiempo real, el tiempo del mundo se constituye a partir de estas apariciones sensibles que son los únicos datos fenomenológicos temporales. Sin embargo, sería erróneo creer que hay una correlación entre el tiempo objetivo y la temporalidad subjetiva. Esto es, sería un error pensar que a una sucesión obje-

---

1   N. del T.: si bien en este y otros casos la traducción castellana más adecuada del término francés *vivant* hubiera sido el adjetivo *vivo*, dado el contexto poético-literario que inspira la filosofía del propio Michel Henry y la aplicación del adjetivo *vivo* a estados biológicos propios de los seres naturales, de los seres del mundo, he optado por traducir dicho término por el adjetivo *viviente* para referirme, con ello, a la condición, en este caso, del presente de encontrarse no en la vida natural (*véase* el término griego *bios*), sino en la vida tal y como es experimentada por el viviente (lo más cercano al término griego *zoé*) . Dicha elección se verá reflejada a lo largo de toda la traducción.

tiva le correspondería una sucesión subjetiva. Acabamos de mostrar justamente lo contrario, puesto que a la sucesión subjetiva de apariencias sensibles del trozo de tiza corresponde, en el objeto, no una sucesión, sino la coexistencia. Igualmente, si yo visito una casa, tengo una sucesión de apariciones sensibles que se suceden mientras que, en el objeto, hay coexistencia (1). Si, en consecuencia, nosotros queremos hacer un análisis fenomenológico del tiempo, debemos describir, no la temporalidad de los objetos del mundo, sino la temporalidad de las apariencias sensibles, subjetivas.

Tomemos el ejemplo elegido por Husserl: el de un sonido que dura. Un sonido que dura no podría reducirse a las cualificaciones "ruido del mar" o "ruido del coche que pasa por la carretera". Para recoger la percepción de un sonido que dura, nosotros debemos, de entrada, proceder a una reducción a lo realmente escuchado, al puro dato sonoro impersonal, haciendo abstracción de toda construcción trascendente, de toda captación de un objeto real a través de estas impresiones —en este caso, el mar, la carretera, el coche—. Tomemos ahora un sonido cualquiera en su duración: escucho, en primer lugar, el sonido. Dicho de otra manera, una sensación sonora se produce. A continuación, el sonido dura, es decir, que se da a mí como un sonido continuo. A lo largo de toda esta audición, puedo decir que yo percibo el sonido, que lo escucho, aunque, hablando con propiedad, esto no resulte exacto. Pues, en realidad, yo escucho la primera fase impresiva del sonido, un primer ahora en el presente; luego, esta fase sonora desaparece, y una segunda fase sonora comienza allí donde todavía tengo conciencia del sonido durante un cierto tiempo.

Resulta preciso, entonces, analizar estas diferentes fases. En la primera fase de la impresión sonora, se produce el surgimiento del sonido. Husserl dice "el punto-fuente", la fuente originaria, la impresión originaria. Sin embargo, esta impresión pasa. Dicho de otra manera, desde el momento en que se manifiesta, ella está *recién pasada*, mientras que una nueva impresión sonora se actualiza. Pero mientras yo escucho la segunda fase sonora de la impresión, la primera, sin embargo, no ha desaparecido. Todavía está ahí, retenida por lo que Husserl llama una "retención" de la conciencia que la guarda, que la conserva tal y como acaba de pasar. Este segundo ahora se desliza él mismo hacia el pasado para dejar espacio a un tercer ahora, el cual contiene la fase actual del sonido escuchado, la tercera fase sonora impresiva y también la retención de la fase precedente que está aún ahí como recién pasada. Esta retención de la fase precedente es a la vez la retención de la segunda fase sonora impresiva y también la retención de la retención de la primera fase impresiva. Así, todas las fases del sonido que dura tienen estructura, se deslizan todas hacia el pasado, pero son cada vez dadas en una retención que retiene la fase impresiva y la serie de retenciones anteriores.

Supongamos, ahora, que el sonido cesa. Se trata todavía de una fase sonora del sonido. Pero en ese momento preciso, el sonido ya no es dado en una impresión y, en consecuencia, ya no se escucha. Se convierte en un contenido muerto que, sin embargo, no se hunde en la medida en que es retenido, a su vez, por una nueva retención que lo guarda como un sonido sin vida. Se trata del sonido escuchado en todo su flujo, pero que, a partir de ahora, es pasivo. Esta retención es, entonces, retenida, a su vez, por otra retención de tal manera que el objeto —nombrado por Husserl "el objeto temporal inmanente", puesto que ya no hay captación trascendente del objeto real— recula poco a poco en el pasado, se aleja cada vez más y, finalmente, se hunde en la oscuridad.

No obstante, para describir verdaderamente el fenómeno, debemos añadir que en cada ahora no hay sólo la impresión viviente y la retención de las fases pasadas, sino también un movimiento por el cual la vida misma se arroja hacia delante. Cada ahora va así por delante de un nuevo ahora y la vida también sigue este movimiento. Ella va de un ahora actual hacia un nuevo ahora esperado. Pero las protenciones —que Husserl entiende como este movimiento por el cual la conciencia se rebasa inmediatamente hacia un futuro, hacia algo que viene hacia ella—, así como las retenciones, no son actos que impliquen una forma de actividad de la conciencia. Se producen, por el contrario, en una *síntesis pasiva originaria*. Si en la vida yo puedo mirar hacia delante o detrás de mí, no es esta mirada la que crea el futuro o el pasado. Todo lo contrario, si puedo arrojar mi mirada en estas direcciones es porque un pasado ya se ha excavado detrás de mí y un futuro se alza ante mí. Este es el análisis que hace Husserl del modo de donación de un objeto temporal inmanente en cuanto objeto fenomenológico. Y el tiempo en el que se constituye este objeto es el tiempo fenomenológico. En diálogo con Husserl, lo llamaremos, de momento, tiempo inmanente.

Sin embargo, la descripción del tiempo fenomenológico de las apariciones sensibles remite a otro problema: el de la temporalidad de los actos que constituyen este tiempo fenoménológico. Estos actos pueden calificarse de trascendentales, porque constituyen la condición de posibilidad del tiempo fenomenológico en la medida en que hacen aparecer la impresión sensible como actual, recién pasada o futura. A partir de ese momento, *constituir* quiere decir "hacer aparecer según el modo de este aparecer", es decir, "dar como". La retención "da como" recién pasado; la conciencia actual "da como" presente; la protención "da como" futuro. Ahora bien, estos actos, sin los cuales nunca sabríamos lo que es el tiempo, son ellos mismos temporales: fluyen de forma continua, y la subjetividad absoluta que los constituye es, ella también, un flujo.

Henos aquí ante la primera dificultad, pues debemos distinguir los actos *constituyentes* que nos dan el ahora, el pasado y el futuro, y lo que es *constituido* por ellos, a saber: el ahora, el pasado, y el futuro en sí mismos. De hecho, la conciencia que constituye el ahora no pertenece a ese ahora; la conciencia que constituye lo recién pasado no pertenece a este pasado; finalmente, la conciencia que constituye el futuro no pertenece a este futuro. Se trata de una conciencia presente. Afirmar que la conciencia trascendental que constituye originalmente el tiempo es temporal, ¿no significa, pues, que ella comporta en sí misma fases actuales, pasadas, etc.? En consecuencia, ¿no resulta necesario decir que ella también está constituida, que hay un segundo flujo detrás del primero que la constituye?

Husserl va, entonces, a preguntarse por este flujo de la conciencia trascendental: ¿no es una sucesión?, ¿no comprende un ahora y una continuidad de fases retencionales? La respuesta que él proporciona delata su desconcierto. Este flujo de la subjetividad absoluta no tiene nada de temporalmente objetivo, ya que posee las propiedades de una realidad de la cual sólo podemos decir, metafóricamente, que es un flujo, que nace en un punto actual, originario, en un ahora.

Que no podamos hablar más que analógicamente de la subjetividad absoluta indica, sin duda alguna, un punto oscuro, pero no significa que esta subjetividad escape al tiempo. De hecho, Husserl afirma explícitamente que "por principio, en el flujo no puede aparecer ningún fragmento de no flujo"; y que "ningún fragmento del flujo puede transformarse en un no flujo. Lo que queda por encima de todo lo demás es la estructura formal del flujo, la forma del flujo" (2). A partir de ese momento, "en principio encontramos necesariamente un flujo de 'cambio' continuo y este cambio presenta el carácter absurdo de fluir exactamente como fluye, y de no poder fluir ni 'más rápido' ni 'más lento'" (3). Pero si la conciencia que constituye el tiempo es temporalizada y presenta, ella misma, unas fases temporales, ¿no se nos conduce con ello a una regresión al infinito?, ¿no debemos colocar un nuevo flujo constituyente tras el primero? He aquí la respuesta gloriosa de Husserl a este problema: "La aparición en persona del flujo no exige un segundo flujo, sino que, en cuanto fenómeno, se constituye en sí mismo" (4).

De hecho, como ya se ha dicho, la conciencia constituye las fases del sonido, puesto que, durante la segunda fase, retiene la fase inicial como recién pasada; durante la tercera fase, retiene la segunda fase, reteniendo también la retención de la primera fase. En consecuencia, es la conciencia misma la que, a la vez que constituye las fases sonoras del sonido, constituye sus propios actos al retenerlos, y cada retención es, a su vez, retenida. Dicho de otra manera, la nueva retención no sólo retiene la fase sonora, sino que retiene también el acto constituyente presonoro. El flujo constituyente, entonces, no constituye sólo las fases sonoras, sino que también se constituye a sí mismo. Para Husserl, es en un solo y único flujo en el que se constituyen, a la vez, la unidad temporal inmanente del sonido y la unidad del flujo de la conciencia en sí misma. Desde ese momento, la conciencia que constituye el tiempo posee una *doble intencionalidad*: por una parte, una intencionalidad que constituye las fases sonoras del sonido y, por otra parte, una "intencionalidad longitudinal" que constituye constantemente las fases constituyentes anteriores del flujo y que se recubre continuamente a sí misma en el curso del flujo. Tal y como escribió Husserl, "el flujo de la conciencia inmanente constitutiva del tiempo no sólo *es*, sino que también se organiza de una manera tan llamativa y, no obstante, tan comprensible, que en él debe tener lugar necesariamente una apariencia en persona del flujo y, por consiguiente, el flujo debe necesariamente captarse en su fluencia" (5).

En la medida en que el flujo se relaciona intencionalmente consigo mismo, es auto-manifestación, es decir, auto-constitución. En sus textos tardíos, Husserl recuerda, de un modo habitual, que la vida fluye y se constituye *en* sí misma, *para* sí misma. El "ser para sí de la vida" consiste, entonces, en el hecho de que la vida se relaciona intencionalmente consigo misma. Pero el último "ser para sí de la vida", su posibilidad última, reside *in fine* en el hecho de que la vida es un flujo. La vida fluye y no deja de pasar al instante y de ser así retenida. En esta retención, ella llega a ser para sí misma. Es entonces la temporalidad de la conciencia la que parece constituir, en este punto, su posibilidad misma.

Ahora voy a recordar el método de la reducción fenomenológica, pues sólo él nos permite adquirir este saber. En la medida en que el mundo es un mundo para mí y que todo lo que puede ser sólo extrae su ser de su ser posible para mí, la elucidación del sentido de todo ser posible implica la elucidación de su ser para mí, es decir, la elucidación de las maneras en las que se muestra a mí o, si se prefiere, las maneras en las que yo me relaciono con él. Antes he citado el lema de la fenomenología: "A las cosas mismas". Es evidente que dicho lema no entrañaría una actitud ingenua que nos incitaría a atenernos a lo que nosotros vemos en el plano de la percepción inmediata. Por el contrario, este lema implica una conversión de la mirada: dejar de mirar el objeto para dirigir nuestra mirada sobre los actos que lo constituyen, sobre su ser posible, sobre aquello sin lo cual no sería. En consecuencia, dirijo mi mirada sobre su ser para mí; dicho de otra manera, sobre mi propia vida en cuanto que yo hago experiencia de este objeto y del mundo. Llamamos a esta vida: vida trascendental, en la medida en que constituye el ser posible de todo lo que es. La reducción fenomenológica no consiste aquí simplemente en devolver los objetos trascendentes reales del mundo real a las apariciones subjetivas en las que ellos se dan, sino en remitir lo dado mismo a los actos que lo hacen posible y lo constituyen. La reflexión fenomenológica es, en este sentido, reflexión de la vida sobre sí misma.

Cuando hemos analizado fenomenológicamente el sonido que dura, tan sólo hemos puesto en evidencia las retenciones y las protenciones sin las cuales este sonido no sería posible y sin las cuales no existiría esta conciencia inmediata. Ahora conviene preguntarse cómo es posible esta reflexión fenomenológica de la vida constituyente sobre sí misma. Puesto que esta posibilidad descansa en la estructura interna de la vida trascendental, ¿cómo puede la vida trascendental reflexionar sobre sí misma?

De entrada, es preciso señalar que, previa a toda reflexión, la vida trascendental ya se encuentra relacionada consigo misma en la retención. La retención, en cuanto primer ser para sí, hace así posible la reflexión trascendental. Pero, de nuevo, esta retención sólo es consecuencia del flujo de la vida. Sin cesar, ella se pone a distancia con respecto a sí misma de tal manera que se da a sí misma en esta distancia. La vida trascendental que soy y que constituye el mundo se desarrolla la mayor parte de las veces en el anonimato. En ella nosotros miramos constantemente los objetos que hace posibles, pero jamás reflexionamos sobre esta vida que nos da precisamente acceso a dichos objetos. Sin embargo, esta reflexión es, pese a todo, posible porque la vida es un flujo, fluye y es constantemente para sí en esta fluencia.

En sentido fenomenológico, la vida trascendental se encuentra, en primera instancia, oculta. Así, el lema clásico "a los fenómenos" resulta menos ingenuo de lo que pensamos, ya que significa que hacer ver concierne, en primer lugar, a lo que no se encuentra aún en el estado de fenómeno. De hecho, es la vida trascendental misma la que debe ser traída a la luz por la reflexión fenomenológica, la cual, al partir del objeto, retorna sobre esta vida y la hace manifiesta. Por esta operación parece alcanzarse el objetivo de la fenomenología. Nada más lejos de la realidad. El pasaje en el que Husserl muestra que esta vida trascendental se relaciona intencionalmente consigo misma —implicando con ello la existencia de un ser para sí de esta vida, una auto-manifestación del flujo— prosigue así: "Lo constituyente y lo constituido coinciden, y, sin embargo, no pueden naturalmente coincidir en todos los sentidos" (6). De hecho, el flujo se da a sí mismo en cuanto constituido, retenido en su aspecto retencional, pero no se da a sí mismo en cuanto constituyente. Las fases constituyentes y temporalizantes (es decir, las que crean el ahora, el pasado y el futuro) se aparecen a sí mismas, pero sólo en la medida en que son retenidas. En consecuencia, pueden aparecerse porque son temporalizadas en el tiempo fenomenológico como actuales y recién pasadas. En cuanto constituyentes, ellas conforman la aparición, pero no se muestran nunca en sí mismas: el constituyente último del flujo permanece siempre en el anonimato.

Sin embargo, hay dos clases de anonimato: un primer anonimato que puede ser superado, el de la vida intencional que es conducida a la apariencia en cuanto constituida; y un segundo anonimato que nunca está superado, el del naturante último, el del constituyente último, que temporaliza el campo temporal en el que él mismo nunca se muestra. Un cierto número de manuscritos tardíos de Husserl muestra precisamente que el Yo (*Je*) es no-temporal, supra-temporal, pre-temporal. El Yo, en su originariedad más originaria, no se encuentra en el tiempo. Es sin extensión, sin duración. En el flujo, en la medida en que el flujo se constituye en sí mismo y llega a ser para sí, el Yo es para sí mismo. Yo no soy, pues, sólo para mí, pero Yo soy Yo. Dicho de otra manera, en la medida en que Yo soy Yo —lo que quiere decir que Yo nunca aparezco a mí mismo en el tiempo, temporalizado en cuanto último Yo constituyente—, Yo permanezco anónimo (7). Vemos, en consecuencia, que, en la última reducción fenomenológica, cuando la vida intenta tomar posesión de sí misma y se conoce, ella se topa con este último anonimato que, en lugar de superarse, se redobla. De hecho, en el flujo temporal que dura, la reflexión de la vida sobre sí misma tropieza con una especie de núcleo oscuro en la medida que lo constituyente no está nunca ahí él mismo. La reflexión proviene, en cuanto a ella, de esta última mirada. Sólo que ella no la ve nunca.

A fin de superar estas dificultades, o para entenderlas mejor, voy a volver a las *Lecciones* de 1905 que Husserl pronunció en Gotinga. Tematizaré así varias cuestiones. La primera concierne a la "ley de la modificación" de la conciencia; ley según la cual toda fase actual se convierte inmediatamente en una fase recién pasada. Este cambio, que Husserl concibe como *lo originariamente impresivo en lo retencional*, es capital, pues atañe no sólo a las fases del flujo, sino también a los actos trascendentales, los actos constituyentes mismos. Sin embargo, este cambio de la impresión originaria en retención vuelve al flujo algo continuo, un *continuum*. Esta continuidad significa, de entrada, que este cambio es incesante. Significa también que, en este paso continuo de lo actual a lo recién pasado, de lo originariamente impresivo a lo retencional, es lo actual, lo que es originariamente impresivo, lo que pasa y es recién pasado. Dicho de otra manera, hay una continuidad de contenido a través de todas las fases temporales que atraviesa: un mismo contenido se da a nosotros como futuro, como actual o como recién pasado. Cuando yo escucho, por ejemplo, una sinfonía, es la misma fase impresiva del sonido la que ha sido escuchada, la que es actual ahora y la que es recién pasada. Pero este *continuum* no concierne al contenido que circula a través de estas fases temporales. Hay, según Husserl, una "degradación retencional" continua que hace que lo que era actualmente viviente llegue a ser recién pasado, cada vez más pasado, y así sucesivamente. Esta degradación de la donación supone un *continuum* que concierne a las fases mismas. No es sólo lo que está dado en estas fases temporales, sino que son las fases temporales las que se deslizan continuamente las unas en las otras bajo "la forma de una serie de degradados" (8). Esta continuidad de las fases del flujo significa entonces que cada fase se convierte de inmediato en otra fase que constituye una especie de límite ideal para la primera, puesto que procede de la fase que la precede y se transforma inmediatamente en la fase siguiente. Ninguna fase cuenta con una especie de existencia autónoma, sólo existe en el flujo al que pertenece.

Estas *lecciones* sobre el tiempo son tributarias, al parecer, de la teoría de todos y partes, desarrollada en las *Investigaciones lógicas* (9). Las partes, que llamamos partes de un todo, no pueden subsistir en cuanto partes, sino únicamente en este todo. Del mismo estilo son también las relaciones de las fases temporales en el flujo: el flujo es aquí el todo en el que las fases temporales son posibles y concretas. Como dice Husserl, el ahora sólo es un punto límite, en el límite justamente de una continuidad temporal. A partir de este momento, no hay un ahora concreto ni tampoco hay ya un presente concreto que no incluya en sí mismo las fases protencionales y las fases retencionales. En consecuencia, toda presencia efectiva debe constituirse por una especie de extensión temporal que incluye en sí las fases que vienen, el presente, y las fases que se van. Hay, entonces, una estructura fija del flujo que está constituida por tres fases: la dirigida hacia el futuro, la de la actualidad, y la de lo recién pasado. Ahora bien, estas tres fases son contemporáneas. Es en la presencia misma donde coexisten el ver venir, el ver y el ver pasar. Husserl expresa esto mismo al decir que es en este "al mismo tiempo" en el que son conscientes el ahora, la continuidad de las fases pasadas y la continuidad de las fases por venir; es en este "al mismo tiempo" que yo escucho esta fase del sonido, que espero la fase siguiente y que retengo la fase pasada. Este "al mismo tiempo" fluye de tal manera que la fijación de la estructura del flujo no detiene al flujo en absoluto. La forma del flujo nos indica, por el contrario, la manera en que este se realiza y no deja de realizarse al fluir y deslizarse sin cesar hacia el pasado. El presente viviente que fluye es, subraya Husserl, la actualidad siempre presente de un movimiento continuo a través de la continuidad de las retenciones y de las protenciones (10).

Quisiera impugnar ahora la validez de la descripción husserliana en la medida en que afirma la continuidad entre lo actual y lo recién pasado. Me parece, por el contrario, que entre lo actual y lo recién pasado hay una *discontinuidad ontológica radical* en el sentido de que lo actual es real, mientras que el pasado ya no lo es; el pasado es una *irrealidad esencial.*

Esto es lo que se desprende del análisis que Husserl hace de la retención, a saber, aquello que, tras la primera fase del flujo, retiene la impresión en la conciencia y le confiere el carácter de "recién pasado". Cuando escucho un sonido que dura, puede ocurrir que se apague, que haya un debilitamiento de la intensidad del sonido o una especie de resonancia, pero se trata al menos de una impresión y de algo actual. Durante la retención ya no resuena nada, no hay ya impresión, se trata de un pasado, de algo que ya no es. De hecho, para Husserl, la retención no contiene ningún contenido sensible real. Así se abre un abismo entre la actualidad que parece contener el ser y el pasado que lo ha reducido a no ser ya. Sin embargo, no podemos olvidar que sólo el presente constituye el ser, mientras que el pasado constituye una irrealidad. Esta era la tesis de Franz Brentano, según la cual, en una sucesión, sólo es real la fase actual, al no ser las otras fases más que representaciones imaginarias. Supongamos que yo me represento una moneda que no poseo. Puedo imaginarla cuando está ausente. Ocurre lo mismo en el caso de la representación del futuro y del pasado: me represento algo en su ausencia. Mañana, por ejemplo, podría reproducir, en mi recuerdo, la duración de esta conferencia, pero lo que caracteriza a esta representación imaginaria en el recuerdo es que podría imaginar su desarrollo al albur de mi elección, en virtud del carácter rápido o lento de mi propia representación. En todo caso, nadie confundirá esta sucesión con la que vivimos ahora, que fluye realmente como fluye, ni más rápida ni más lentamente.

No obstante, podemos volver, en efecto, sobre esta magnífica argumentación de Husserl. Reconocemos, en efecto, la diferencia entre una sucesión reproducida en el recuerdo o en la imaginación de un suceso real inmediatamente vivido. Pero, precisamente, la sucesión es real porque consiste en un paso real en el pasado, es decir, en aquello que ya no es. Entonces, si el deslizamiento continuo de lo actual a lo recién pasado significa este derrumbe ontológico permanente, es preciso, para que haya aún ser, que en cada instante renazca y surja sin cesar un nuevo ahora.

Esto es lo que describe Husserl en un cierto número de escritos inéditos que se cuentan entre los más bellos textos líricos de expresión cuasi mística. De hecho, Husserl muestra, a la par que esta continua aniquilación del ser, el surgimiento de la nueva impresión, de la nueva fase del sonido que dura y, de este modo, de la nueva fase de la vida. A ojos de ciertos comentadores alemanes, el enigma del presente-viviente es la unidad en el flujo de lo que ellos llaman el *Stehen im Strömen*, es decir, el hecho de que todo recomienza sin solución de continuidad, que aparece sin cesar un ahora viviente y que, sin embargo, todo fluye constantemente. Pero el flujo aparece como una especie de creación continua del ser en su ahora siempre recomenzado, porque su propio transcurrir ha precipitado este ser en la nada. El texto de las *Lecciones* de 1905 va a añadir un argumento adicional a esta heterogeneidad radical entre la actualidad, el surgimiento del ahora, y el pasado, puesto que, para Husserl, la ley de la modificación —que consiste en la transformación permanente de la actualidad en el pasado— es producida por la conciencia, en tanto que la conciencia es totalmente pasiva frente a la impresión que surge a cada instante.

Intentaré mostrar ahora que la tesis de Husserl sobre el ahora, sobre esta especie de eclosión ontológica que se repite indefinidamente, resulta ambigua. Husserl propone, en efecto, una doble definición del ahora. La primera definición concibe el ahora como *la conciencia del ahora* donde el presente es el objeto de una percepción y la percepción es precisamente el acto ontológico de la conciencia que le da el ser, puesto que ella lo da en orden al presente, al ahora. La segunda concibe el ahora como la *impresión originaria*. Voy a descartar la primera definición del ahora como la conciencia del ahora, pues ese ahora está constituido por la conciencia exactamente como lo recién pasado o como el futuro y esto no es lo que nosotros buscamos, que es el presente viviente, constituyente. Es más, puesto que este presente está constituido, podemos verlo venir y verlo pasar, puede tener lugar entre el futuro y el pasado, y parecer homogéneo a ellos. La segunda definición del ahora como la impresión originaria me parece más importante a condición de distinguir entre lo que yo llamaría, por un lado, el ser constituido de la impresión y, por otra parte, su ser en sí, su ser originario.

Cuando, en su análisis del sonido que dura, Husserl habla de la impresión sonora, se trata de una impresión constituida: ella es actual; luego, pasada; y después, cada vez más pasada. No obstante, es cierto que sólo captamos las impresiones bajo esta forma: vemos la blancura en el trozo de tiza, vemos el tiempo en las cosas y el sonido en las cosas. Creer que las cosas son blancas, sonoras o —por qué no— dolorosas, nos enfrenta, en cierto modo, al desafío de Descartes, que nos reta a señalar qué es precisamente esta impresión en la cosa. De hecho, quizá nosotros podamos referir una impresión a la cosa, pero ninguna cosa ha conocido hasta ahora impresión alguna. Más aún, la impresión sólo y exclusivamente se produce en el lugar donde se experimenta a sí misma, y este lugar donde la sensación se experimenta a sí misma, donde ella es auto-impresión, es precisamente la subjetividad absoluta. Este es, a fin de cuentas, el presupuesto inadvertido de las *Lecciones* de 1905.

Es, de hecho, en estas *Lecciones* donde, para gran sorpresa de los comentadores, el término de impresión designa, a la vez, la impresión del sonido que dura y la conciencia pura misma, la conciencia trascendental en su pureza, es decir, el constituyente último. La percepción, por ejemplo, es descrita como lo que siempre presenta algo, un objeto o un proceso. Pero en sí misma, en tanto que ella está presente a sí misma como percepción, es una impresión y, en tanto que conciencia, se trata de una impresión originaria. Con el método fenomenológico, puedo representarme esta percepción, pero la representación misma por la cual me represento la percepción continúa siendo una impresión. A partir de este momento, toda representación está, ella misma, presente a su vez en virtud de una *conciencia impresiva*. En cierto sentido, tenemos conciencia de todas las vivencias por impresiones. Ahora bien, no nos referimos aquí sólo a las vivencias sensibles.

También es una impresión, subraya Husserl, la conciencia que juzga un estado de cosas matemático (2+2=4), si tomamos como ejemplo el juicio matemático, tal y como él lo hace.

Husserl no ha ampliado estas ideas que parecían, en todo caso, fecundas; por esto, voy ahora a intentar dar algunos pasos en esta dirección. Ya se sabe que en fenomenología de lo que se trata siempre es de la manera en que las cosas se nos dan, se nos muestran: su *Gegebenheit*. La conciencia interna del tiempo con su triple estructuración protencional, actual y retencional es el modo de donación originaria según el cual se nos da todo lo que nos es dado. Ella es, entonces, la condición que hace posible todo ser para nosotros. Este tiempo inmanente, tal y como lo define Husserl, es en realidad una primera trascendencia, la apertura de un horizonte de pre-objetividad. Semejante concepción del tiempo es, por otra parte, constante en la fenomenología, tanto en los escritos de Husserl como en los de Heidegger, quien escribirá en *Sein und Zeit* que la temporalidad es la exterioridad original en sí y para sí (11). Ella es el rebasamiento extático que hace que haya un futuro, un presente y un pasado. Pero la conciencia interna del tiempo no se presenta, ella misma, en la apertura de este campo temporal de tres dimensiones. Ciertamente, ella es para sí en este campo, pero el Yo no es sólo para sí: en tanto que él se temporaliza y aparece constantemente en sus actos, el Yo es Yo, es no temporal, pre-temporal, supra-temporal.

¿Qué es el Yo en cuanto tal? A partir de las *Lecciones* de 1905, puede proponerse una respuesta gracias a la idea de que el modo de donación de la conciencia interna que constituye el tiempo es la impresión. Este término es, aquí, una manera de designar su esencia. Es decir, lo que permite a toda impresión ser impresión, la auto-impresión, el hecho de que ella se experimenta a sí misma, en una palabra, que ella es la vida. Pues la vida fenomenológica es precisamente lo que se auto-impresiona antes de presentarse a sí en el tiempo fenomenológico. Es el presente originario, el presente viviente. Esta auto-impresión es así la esencia de la ipseidad. De ahora en adelante, estamos en condiciones de comprender en qué sentido el presente es igualmente designado por este Yo soy Yo.

¿Cuál es ahora la relación entre el presente viviente y el tiempo fenomenológico que el presente viviente constituye en cuanto que él se auto-constituye, es decir, en cuanto que él se temporaliza? El Yo, en tanto que se temporaliza, se presenta a sí mismo en el tiempo fenomenológico. ¿Es este Yo que aparece idéntico al Yo del presente viviente que constituye el tiempo fenomenológico? Se trata del mismo y, sin embargo, difiere de él profundamente. De hecho, difiere de él, debido a que, en relación con el presente viviente, el proceso de temporalización es un *proceso de irrealización*, de igual modo que la recaída retencional constante en el pasado significa una irrealidad en relación con el ser: es decir, en relación con el ser y con el Yo que en sí mismo, en cuanto que es viviente, no se temporaliza.

Quisiera poner en evidencia esta irrealidad del tiempo ilustrándola con un apólogo de Kafka titulado "La aldea más cercana" (12). Kafka cuenta la historia de un hombre viejo que, sentado a la puerta de su casa, observa a las gentes pasar. Este hombre viejo se dice a sí mismo que, si la gente tuviera conciencia de la brevedad de la vida, no marcharía a ninguna parte, ni siquiera a la aldea más cercana, ya que comprendería que no cuenta ni siquiera con tiempo alguno para llegar a ella. He aquí la irrealidad del tiempo. Si miro ante mí la distancia que me separa de mi muerte o tras de mí la distancia que me separa de mi nacimiento, es decir, el flujo de mi representación, caigo en la cuenta de que todo esto es nada y que no hay más que yo en este instante. De hecho, si, pese a la advertencia de Kafka, nosotros quisiéramos reencontrarnos, es decir, encontrarnos verdaderamente en este tiempo fenomenológico, retornando, por ejemplo, a la aldea de nuestra infancia, o incluso a tal lugar donde nos encontramos con aquella persona, no encontraríamos estrictamente nada. Seríamos como los Cruzados que fueron a buscar desde muy lejos la tumba vacía de Cristo y la encontraron vacía. Ello significa que el presente viviente no puede representarse a sí mismo en el tiempo. Es lo que subraya también Kierkegaard cuando, al tratar de la desesperación como auto-negación de sí, denuncia la tentación de la gente mayor de vivir en el pasado (el "recuerdo") y de los jóvenes de vivir en el futuro (la "esperanza"), contradiciendo de este modo la esencia del presente viviente (13).

Declarar que el movimiento de temporalización consiste en una irrealización significa afirmar que este no puede afectar a la realidad de la vida en sí misma puesto que esta realidad no es una irrealidad. Y quiere decir también que no hay, pese al tiempo, un trozo de nosotros mismos que, separándose de nosotros, se va en el tiempo y que nos esforzamos por atrapar. Así, hemos de recusar los textos patéticos de Husserl que vinculan este derrumbe y este renacimiento ontológicos, ya que este excedente ininterrumpido de emoción nos pondría a todos cardíacos. En la medida en que la vida se auto-impresiona en un movimiento incesante, en que se abraza a sí misma en todos los puntos de su ser y no se separa nunca de sí, la vida es el presente viviente. Así, pues, considero que las concepciones que hacen del ahora un nacimiento y una muerte a cada instante sólo son la representación, en el lugar de la muerte, de lo que es la vida.

Responderé, para concluir, a una cuestión que podría plantearse: los actos que esta vida ha llevado a cabo, ¿no son pasado ellos también?, ¿no se han deslizado al instante en el pasado?, ¿no han huido de nosotros inexorablemente?

Hay un templo budista en Kioto, el Sanjusangendo. Se trata de una vasta estructura, muy alargada, sobre la que aparecen dispuestas mil y una estatuas de Kannon, la diosa de la compasión. Cada una de estas efigies cuenta con mil brazos, pero sólo se representan en ellas veinticuatro pares dispuestos en círculo alrededor de su cabeza y de su tronco. Ahora bien, estos cuarenta y ocho brazos simbolizan mil brazos, ya que cada uno salva, por sí solo, ochenta mundos. Si se añade que Kannon puede revestir treinta y tres figuras, la suma de las mil y una estatuas acumuladas sobre esta estructura tiene como resultado, en total, treinta y tres mil treinta y tres Kannon. Sin embargo, en cada figura, se trata de la misma diosa a la que admiramos, puesto que Kannon es el presente viviente de la compasión. Ella es la potencia, es ella quien da a cada uno, porque sólo ella *puede* dar. Así, los múltiples actos de esta potencia, de este poder, sólo suponen la representación, por la imaginación, de la esencia de la vida.

Consideremos ahora el atributo principal de Kannon, es decir, su mano. Contemplémosla, no según su apariencia objetiva, sino en lo que ella es, en su *poder radicalmente subjetivo de prensión*, en su capacidad indefinida de tomar o dar, que encuentra su figuración arcaica en la imagen de decenas de miles de manos. Señalemos, por otra parte, que el mundo mismo nos es siempre dado gracias a este poder indefinido de tomar o de dar. Él es lo que yo puedo ver, lo que puedo tomar, lo que puedo tocar tan a menudo como quiera dado que yo soy esta posibilidad permanente de tomar, de ver y de tocar. Desde mi nacimiento, este poder de prensión ha llevado a cabo un número considerable de actos y de movimientos de los que hoy decimos que son pasado. Pero ¿dónde se encuentran?, ¿han huido lejos de nosotros como la impresión sonora de la que habla Husserl?, ¿se han deslizado ininterrumpidamente desde la actualidad hacia un ahora recién pasado, y luego hacia un ahora cada vez más y más pasado para finalmente perderse en una oscuridad creciente, en el límite de lo inconsciente? Y si estos actos deben repetirse, si debemos reproducirlos, ¿sólo volverán ellos bajo la forma de recuerdos, de representaciones irreales?, ¿acaso veo venir hacia mí desde el futuro estos actos, acercándose suavemente, para saltar de golpe en ellos, para después ser expulsado y verlos fluir de nuevo hacia el pasado?

Todos estos actos de tomar, de ver y de tocar, los que hemos llevado a cabo y los que llevaremos a cabo, ¿no están siempre ahí?, ¿acaso no son ellos otra cosa que la auto-afección del poder de esta posibilidad permanente de prensión que es mi propio cuerpo?, ¿no son otra cosa, en esta corporeidad originaria, que su presente viviente?

La fenomenología contemporánea ha contribuido a que el conocimiento de nuestro tiempo haga inmensos progresos. Pero quizás estos han quedado truncados por una especie de prejuicio en el que esta se ha venido apoyando. Dicho prejuicio no es otro sino la interpretación tradicional del tiempo como tiempo de la representación, como tiempo del mundo; tiempo que, según algunas de estas interpretaciones, se identifica con el mundo mismo. Quizás, al dar una significación radical a los presupuestos de la fenomenología, podamos penetrar, de manera más aguda, en el enigma del presente viviente.

Referencias bibliográficas

(1) Edmund Husserl, *Leçons pour une phénoménologie de la conscience intime du temps*, París, PUF, 1964, p. 13: "Aquí tenemos, por lo tanto, contenidos temporales separados y podemos notar claramente una distinción fenomenológica temporal, una separación, pero en el objeto no hay separación, él es el mismo: en el objeto, duración; en el fenómeno, cambio. De este modo, también podemos experimentar subjetivamente una sucesión temporal, mientras que objetivamente es una coexistencia lo que es preciso constatar".

(2) *Ibidem*, p. 152.

(3) *Ibidem*, p. 98.

(4) *Ibidem*, p. 109.

(5) *Idem*.

(6) *Idem*.

(7) *Cfr.* Edmund Husserl, *Sur l´ intersubjectivité, Tome* I, París, PUF, 2001, p. 188: "El flujo de la conciencia en su originalidad originaria resulta impensable sin el polo egoico originariamente original. También reside en la vivencia anónima de la conciencia". Ver también Tome II, section V: "Individuation", pp. 457-570.

(8) Edmund Husserl, *Leçons pour une phénoménologie de la conscience intime du temps*, París, PUF, 1964, p. 44.

(9) Edmund Husserl, *Recherches logiques, Tome* II: *Recherches pour la phénoménologie et la théorie de la connaissance. Deuxième partie: Recherches* III, IV, *et* V, París, PUF, 1961, pp. 5-81.

(10) Edmund Husserl, *Leçons pour une phénoménologie de la conscience intime du temps*, París, PUF, 1964, p. 152: "La forma (del flujo) consiste en el hecho de que un ahora se constituye por una impresión y de que a esto le siga una cola de retenciones y un horizonte de protenciones".

(11) Martin Heidegger, *Sein und Zeit*, Halle, Max Niemeyer, 1941.

(12) Franz Kafka, "Le plus proche village", en *Oeuvres complètes, Tome* II: *Récits et fragments narratifs*, París, Gallimard, 1997, p. 439.

(13) Soren Kierkegaard, *Traité du désespoir*, París, Gallimard, 1994, en particular, la sección correspondiente a la "Désespoir du temporel ou d'une chose temporelle", pp. 122-137.

IV. El estatus fenomenológico de la vida

Entrevista realizada por Thibaut Dhermy en Montpellier en 1992

Usted escribe a la vez novelas y textos filosóficos. ¿Cuáles son los puntos en común y cuáles son las diferencias entre la filosofía y la literatura que justifican este doble uso de la escritura?

Sólo puedo responder a esta pregunta desde el punto de vista de mi propia filosofía. Su tema propio, del cual hablaremos, hace que, para mí, la filosofía y la literatura, pero también la pintura, la música y toda forma de arte o cultura en general tengan un mismo "objeto". La única diferencia entre ellas estriba en el modo de tratar dicho objeto. En el caso de la filosofía, se procede por vía de análisis intelectual; en el caso de la literatura, se hace uso de la imaginación. Esta diferencia se difumina en la medida en que una filosofía esencialista coloca la "libre ficción" en el centro del análisis filosófico transformado en análisis eidético, pero también allí donde, a la inversa, la creación literaria recurre al método de las variaciones, en la invención de, por ejemplo, "situaciones", que tienen como objetivo revelar componentes, hasta ahora inadvertidos, de la "naturaleza" humana. En cuanto a la problemática referida al doble uso de la escritura, esta debería examinarse a la luz de una nueva concepción de la "Palabra", de cuyo carácter propio se encontrarán indicaciones en mis últimos textos. Convendría desarrollar con más amplitud esta problemática, pero esto no me es posible aquí.

En el origen de su filosofía, existe la elección de una pregunta o problema primero que da lugar a un modo de cuestionamiento muy específico, ignorado o rechazado por una gran parte de la filosofía tradicional y contemporánea: la vida. Antes que nada, ¿podría contarnos cómo llegó a optar por esta elección al comienzo de su carrera filosófica? Y, luego, por una parte, ¿cómo se explica esta resistencia de la filosofía tradicional en general a la cuestión de la vida? Y, por otra parte, ¿cómo se explica la falta de comprensión de los fenomenólogos de hoy a propósito de esta elección, con todo, fenomenológica?

La cuestión de la vida, que ha determinado y sigue determinando mi pensamiento, hoy más que nunca, no es el resultado de una "elección" propiamente dicha. Irrumpió ante mí debido a los problemas planteados por la fenomenología, los cuales consideraba necesario replantear por completo. El problema último de la fenomenología es el de saber cómo se me dan los fenómenos. Se trata del problema de la donación, del aparecer o, mejor dicho, de la fenomenicidad de los fenómenos considerada en cuanto tal. Sin embargo, en la delimitación de esta cuestión, uno se da cuenta de que un mismo concepto de fenomenicidad ha dominado casi todo el desarrollo de la filosofía occidental y de que la fenomenología, lejos de cuestionar este presupuesto fenomenológico, lo ha llevado hasta el final, consiguiendo de él una formulación más rigurosa y adecuada, pero, en ningún caso, procediendo a su inversión. Por eso, la fenomenología, en vez de oponerse a la filosofía tradicional, la continúa. E igualmente, por esta misma razón, ante la emergencia de otro concepto de fenomenicidad, tiende a suscitarse la incomprensión de los fenomenólogos y los partidarios del pensamiento clásico —ya se trate de la filosofía del conocimiento, la epistemología, la filosofía política, la estética o las ciencias humanas—.

Pero ¿cuál es el motivo real para presentar otro concepto de la fenomenicidad? No se trata de una decisión personal. La fenomenicidad se fenomenaliza desde ella misma, según una *manera* que depende de ella, anterior a todo esfuerzo del pensamiento por captarla e incluso al margen de este. Sin embargo, la manera según la cual se fenomenaliza originariamente la fenomenicidad es la vida. Este modo de fenomenalización no tiene nada que ver con aquel que domina el pensamiento occidental. El pensamiento occidental ha comprendido tradicionalmente la fenomenicidad a partir del fenómeno "mundo", en su identidad para con él. Naturalmente, a lo largo del desarrollo de esta tradición, dentro de la cual siguen situándose —pese a su carácter revolucionario— la mayor parte de las problemáticas actuales, la interpretación espontánea o explícita del "fenómeno" que define el horizonte de todo cuestionamiento ha sufrido grandes modificaciones. Pero estas modificaciones no han puesto nunca en cuestión el concepto tradicional de fenomenicidad, salvo en el caso de algunos pensadores marginales, que han resultado ser los más importantes. Desde Grecia hasta Heidegger, la fenomenicidad ha seguido entendiéndose como la apertura de un primer "Afuera" en el que se nos muestra, en el horizonte de visibilización abierto por esta especie de Exteriorización o de Éxtasis, todo lo que puede mostrársenos, en calidad de exterior, de otro, de "en-frente", de "objeto".

No obstante, lo propio de la vida es que ella nunca se da como distinta o exterior a sí misma, sino que se experimenta a sí misma en una auto-afección en sentido estricto, de manera que el contenido de esta afección sufrida por la vida es ella misma. Sólo *en y como* este experimentarse, probarse inmediato, insuperable e invencible es posible algo así como el "vivir". Por decirlo de otra manera, en su fenomenalización original, el aparecer no se aleja de sí mismo. No es ni trascendencia ni intencionalidad, sino precisamente un auto-aparecer donde lo que aparece es el aparecer mismo. Pero el auto-aparecer como excluyente de toda alteridad es la vida, la cual sólo es posible como auto-aparecer y no como aparecer de otra cosa. En la actualidad, la cuestión última de la fenomenología estriba en saber qué fenomenicidad concreta, qué materia fenomenológica hace posible al aparecer como auto-aparecer y, así, como vida. Ya mostré que se trata como tal de un *pathos* inextático, de una Afectividad trascendental, que constituye efectivamente la sustancia afectiva pura, la "carne" de este abrazo de sí que encontramos en todo sentimiento, incluso el más sencillo.

Pasemos ahora a la parte más difícil de su pregunta: de lo que se fenomenaliza como lo más antiguo en su fenomenicidad, de aquello que se da antes de cualquier cosa, ¿cómo es posible que la fenomenología y la filosofía tradicional en general no sepan nada?, ¿cómo explicar la incomprensión de una fenomenología de la vida por parte no sólo de los filósofos en general, sino de aquellos cuyo oficio es tratar el asunto del fenómeno de manera fenomenológica, a saber: tematizándolo según su manera de darse? Para esta situación paradójica, veo al menos tres motivos.

El primero reside en la naturaleza misma de la fenomenalización propia de la vida. En resumidas cuentas, su carácter inextático, "invisible". Uno de los motivos que explican la incomprensión de la vida por parte de la filosofía es que, desde siempre, y según la ingenuidad de la concepción natural, la comprensión del "fenómeno" ha tenido lugar desde lo que se muestra haciéndose visible; por consiguiente, en un espacio de claridad. Es en este espacio donde se mueve la mirada del pensamiento. Es en este espacio donde el pensamiento investiga y descubre todo lo que encuentra: en este "Afuera", donde la vida nunca se muestra. En la vida misma existe una esencia fenomenológica irreductible al pensamiento. A este respecto, no es sorprendente que la filosofía carezca de vida en su principio, por tratarse de un modo del pensar y del conocer. El conocimiento de la vida a través del pensamiento implica un método extraordinario del cual he presentado la teoría en un texto reciente sobre el *método fenomenológico* (1). Conocer de manera indirecta la vida, ya que la vida sólo puede "conocerse" directamente a sí misma, no es sólo la tarea de un método fenomenológico que intenta comprender o construir a partir de su propia imposibilidad. El conocimiento de la vida es un conocimiento práctico que la humanidad ha implementado desde sus orígenes y al cual volveremos en un momento. A pesar de estos modos de conocimiento, todos ellos basados en una sustitución fenomenológica preliminar y decisiva, la verdad es que el modo de revelación de la vida se escapa tanto del fenómeno griego como de los sistemas de conceptualización fundamentados en él, y aquí radica precisamente la razón de esta sustitución. En su esencia, ajena a todo horizonte extático de visibilización y sin relacionarse consigo misma a través de este horizonte, la vida es una Noche sin cuartel, el recuerdo Inmemorial de un Olvido absoluto. En dicho olvido no se pierde nada del abrazo patético de la vida. Sin embargo, este *pathos*, que el conocimiento no puede ignorar del todo ya que siempre lo precede como el tejido del que está hecho, el pensamiento lo interpreta como un contenido opaco que sólo se aclara gracias a él. Es, entonces, este carácter inmemorial de la vida el que da cuenta no sólo del Olvido constitutivo de su propia esencia, sino también del olvido del pensamiento con respecto a ella, ya se trate del pensamiento y del conocimiento en general, o del pensamiento filosófico en concreto.

El segundo motivo reside en la incapacidad de la fenomenología para romper con la tradición, es decir, en su tendencia a repetir, a pesar de sus críticas, la ocultación esencial de la vida. A propósito de esta tradición, se puede añadir lo siguiente: dado que la vida continúa ininterrumpidamente su obra en nosotros, no se la puede descartar por completo. De esta manera, observamos cómo esta tradición, justo cuando su objetivismo alcanza su punto álgido en una metafísica de la representación, se desintegra ante la irrupción del querer-vivir schopenhaueriano, cuya oposición a la representación no significa otra cosa que la incapacidad de reducir la vida a las condiciones de la fenomenicidad establecidas por la estética trascendental kantiana. A partir de este momento, a pesar del menosprecio del que será objeto Schopenhauer por parte de los filósofos, el retorno clandestino de la vida evidencia simultáneamente tanto su carácter irreductible como la ruinosa carencia fenomenológica de la filosofía occidental.

El tercer motivo, que se suma al primero y lo convierte en un prejuicio casi insuperable, es lo que yo refiero como el Archi-hecho galileano, es decir, la eliminación metodológica de la subjetividad en aras de un proyecto racional del conocimiento científico del universo material. A Husserl le debemos el haber reconocido las consecuencias decisivas de este proyecto en la constitución de la modernidad. Sin embargo, Husserl entiende esta deshabilitación de la subjetividad como la de la subjetividad intencional, no como la de la vida en el sentido radical en el que nosotros la concebimos. Que la filosofía y la fenomenología misma, por no hablar de la ciencia galileana, puedan olvidar nuestra esencia verdadera nos insta a regresar a esta Archi-revelación que la fenomenicidad occidental no fomenta ni incluye. Así, el peso de la tradición, la apertura galileana de la modernidad y, más aún, la esencia misma de la fenomenicidad original son los motivos que explican el aislamiento, en el plano teórico, de cualquier investigación centrada en la vida.

La vida es, entonces, un a priori afectivo. Usted escribe, a este respecto, que ella "se auto-afecta inmediatamente sin la distancia de ninguna Diferencia, fuera de la representación y fuera del mundo" (2). Se cierra el círculo: la vida no habla de otra cosa sino de ella misma y no habla de otra manera sino a partir de sí misma. Por lo tanto, usted relativiza el interés y la pertinencia de una gran parte de la filosofía. Sin embargo, si la vida se comprende a partir de la vida, ¿cómo hacer de ella una cuestión filosófica?, ¿desde qué punto de partida podemos empezar?

Su declaración: "La vida no habla de otra cosa sino de ella misma y no habla de otra manera sino a partir de sí misma" resume perfectamente mi pensamiento. En su primera parte, implica un nuevo concepto de la Palabra que bastaría, como lo has dicho, para "relativizar el interés y la pertinencia de una gran parte de la filosofía". En particular, me refiero a estas teorías del lenguaje que han proliferado sin reconocer el lenguaje arcaico de la vida, sin el cual el lenguaje ordinario carecería de significado, y cuya ideología, como lo vio admirablemente Marx, no es más que la "lengua". Pero, si en su Archi-revelación patética, la vida es una Palabra y, si toda palabra humana, a fin de cuentas, sólo cobra sentido en relación con esta Palabra, entonces la cuestión que usted plantea: "¿cómo hacer de la vida una cuestión filosófica? y ¿desde qué punto de partida podemos empezar?" adquiere una importancia mucho mayor y exige algo más que una simple respuesta inicial. La manera en que la vida viene a sí misma, su auto-donación como auto-aparecer, consistente en el ya mencionado *pathos*, se halla determinada en su efectuación fenomenológica como una singularidad absolutamente concreta: es este dolor, este sufrimiento, este deseo, con todo lo que cada una de estas tonalidades implica de invencible e insuperable, y que está intrínsecamente relacionado con el modo en que se fenomenaliza. Este hecho se debe a que, al estar aplastada contra sí misma en su inmediatez afectiva y, especialmente, en su singularidad concreta, la vida no puede permitirse el lujo de negarse a sí misma, ni de crear una distancia entre ella y ella misma, gracias a la cual le fuera posible huir o escapar de sí misma. Esta condición radical de la inmediatez patética, donde cada tonalidad se encuentra impregnada de sí misma y se muestra incapaz de sustraerse al "peso" de su propio ser, no pertenece sólo a cada modalidad de nuestra vida como una determinación esencial. Es más, esta condición define cada modalidad en su particularidad misma. Por ejemplo, la angustia no constituye más que la experiencia que la vida hace de su propia condición; esta carga de la cual no puede librarse. Como la angustia nace de la propia esencia de la vida, de manera similar, la pulsión emerge de la angustia como un movimiento de la vida para transformarse desde adentro, al no poder escapar de sí misma. Pero la angustia sólo es una forma del Sufrimiento original de la vida en su proceso de "experimentarse a sí misma"; es un "soportarse a sí misma" y un "sufrirse" y, finalmente, este último "sufrir" en el que, sin embargo, la vida se alcanza a sí misma. El sufrir, que es idéntico al gozar, copertenece a la vida, y, junto con él, define las tonalidades fenomenológicas y, por lo tanto, ontológicas originales de nuestro "ser", en cuanto que este encuentra su fundamento en la vida.

Pero su pregunta se centra en el desafío de cómo es posible articular todo esto. El sufrimiento, la angustia, la pulsión y la alegría son los "puntos de partida" para hacer de la vida una cuestión filosófica. Estos puntos de partida presentan dos caracteres esenciales: no son precisamente objetos que la mirada pueda tener a la vista para analizar sus propiedades, sino que nos sumergen y nos envuelven en una indistinción que ninguna distancia podrá romper. De ello se deduce como segundo rasgo que, dado que el aplastamiento inextático y la inmersión en sí mismos de pulsiones y afectos nunca cesan, los puntos de partida de un cuestionamiento filosófico de la vida están siempre presentes. No en el "Ahí" donde la mirada se dirige de manera contingente, sino allí donde en esta venida silenciosa a sí misma de la vida, no deja de auto-impresionarse en un abrazo que no tiene fin. Así, los motivos trascendentales que no dejan de poner en cuestión filosófica la vida son inherentes al despliegue de su propia esencia y son idénticos a ella.

Sin embargo, si el sufrimiento es en cada viviente el punto de partida anterior a él, que lo entrega a su vida y a sus determinaciones esenciales, resulta necesario, para que exista filosofía, que, además del sufrimiento que la motiva, este sea retomado en la visión de una mirada, para ofrecerse a su elucidación temática. Esto se debe a que la filosofía, en cuanto fenomenología, es una elucidación de esta clase y sólo se realiza de esta manera. No obstante, ¿cómo podría llevarse a cabo esta elucidación si la vida se sustrae a la mirada de cualquier intencionalidad, como, por ejemplo, la teórica? En primer lugar, la vida posee la capacidad de representarse a sí, es decir, de producir imágenes a partir de sí misma y, mediante la variación de estas imágenes, construir el *eidos* de su propia esencia, así como la diversidad de sus determinaciones esenciales. Esto implica la creación de esencias noemáticas a través de la ficción en la visión eidética, que en su totalidad constituye una fenomenología racional de nuestra vida trascendental. Para la que, como se puede constatar, se requieren dos condiciones: en primer lugar, la contribución en la vida y por parte de la vida de lo que el pensamiento querrá entonces conocer, a saber: el sufrir mismo, la pulsión y su destino inmanente. En segundo lugar, la duplicidad del aparecer, el *Archi-hecho fenomenológico*, que implica que la fenomenicidad, que se fenomenaliza patéticamente como vida, también se abre a un mundo. Aun cuando esta fenomenicidad nunca se muestre en él, se representa en él y puede ser representada como imagen o esencia de una irrealidad noemática de principio, aunque sólo se revele en su carne patética. Pero nunca esta representación de la vida sería posible si la vida no se abrazara a sí misma desde el principio y de manera constante, y si esta apertura misma a un mundo no se auto-afectara a sí misma en cuanto tal. Por lo tanto, la intencionalidad sólo existe como vida intencional y únicamente bajo esta forma.

Su fenomenología permite reconsiderar las relaciones humanas en la sociedad. Usted explica, por ejemplo, cómo la noción de trabajo viviente ha sido marginada en el sistema de producción actual; o cómo, con la pintura abstracta, ha surgido (o quizás surgió) un retorno a lo humano en contraposición al enfoque objetivista del mundo galileano. ¿Podría hablarnos de esta dicotomía y de su actualidad?

En mi opinión, la fenomenología de la vida ofrece la oportunidad de reconsiderar las relaciones humanas en la sociedad. Esto se debe a que el contenido de esta sociedad es, en última instancia, la vida misma, más allá de su aparente objetividad. Consideremos brevemente dos ejemplos destacados. Dado que el trabajo viviente, como modo de la vida, es inobjetivable, incuantificable e incomparable, y dado que el intercambio de bienes en una sociedad se reduce simplemente al intercambio de trabajos que los han producido, lo cual resulta imposible de medir, los seres humanos, para hacer posible el intercambio, han sustituido este trabajo por un conjunto de equivalentes objetivos, ideales y abstractos. Su entramado delimita el universo económico, una especie de doble fantástico de la vida que, sin embargo, tiene sus propias leyes y su propio devenir, y en el cual, de hecho, la vida misma parece haberse disuelto. Así, el destino del mundo se vuelve transparente para un pensamiento que puede fijar de manera rigurosa el estatuto fenomenológico de la vida y comprender, a partir de él, el conjunto de los fenómenos sociales. Hoy en día, este destino reviste una forma trágica, tanto en Occidente como en Oriente, y esto se debe a una razón común: la proliferación de abstracciones que suplantan a la vida y carecen de su propia vitalidad. Las abstracciones de la teoría marxista, con su infravaloración de los "individuos vivientes", han provocado la ruina de los regímenes construidos sobre esta teoría. Asimismo, las abstracciones de la técnica —representadas por la invasión del proceso real de producción por parte de las súper máquinas y los ordenadores, unos dispositivos objetivos extraños a la vida— están conduciendo al capitalismo a su ruina en Occidente. Dado que sólo el trabajo viviente produce valor de cambio, la expulsión de los individuos fuera del proceso real de producción de valores de uso implica igualmente su incapacidad para generar valor de cambio, es decir, dinero y por lo tanto intercambiar sus productos. Esta incapacidad creciente se traduce en una crisis, crisis que observamos por doquier en nuestro entorno actual. Resulta sorprendente el hecho de constatar cómo una investigación puramente filosófica, en este caso, una fenomenología de la vida —y es importante notar que el descubrimiento de Marx sobre el trabajo real, como trabajo subjetivo y viviente, en contraposición al trabajo abstracto de los economistas, fue su principal hallazgo— hace comprensible el terrible destino que se cierne sobre nuestro mundo y amenaza la vida misma de los seres humanos, en el sentido más simple y riguroso del término.

Su segundo ejemplo, el de la pintura abstracta, no es menos significativo. Aborda también el estatuto fenomenológico de la vida y es la razón por la cual me ha interesado mucho. ¿No resulta extraordinario conceder a la pintura, el arte visual por excelencia, el propósito de expresar nuestra vida invisible en lugar de simplemente reflejar el mundo? Sin embargo, para llevar a cabo este proyecto, explícitamente formulado por Kandinsky, era necesario dotarse de los medios adecuados para su realización, los cuales, en este caso, son los propios de la pintura: las formas y los colores. Aun así, resultaba necesario establecer las raíces y, en última instancia, la pertenencia de estos medios a esta vida invisible que define el "contenido abstracto" del arte. Este es el resultado de la teoría de Kandinsky acerca del carácter dual de los elementos pictóricos: que son simultáneamente "exteriores", visibles en calidad de formas y colores, pero también "interiores", invisibles en tanto que cada forma representa una fuerza y cada color una condición del mundo. Así, el mundo debe ser reconsiderado como un cosmos cuya esencia última no proviene de un "Afuera" cualquiera, sino de la vida misma. Y es así como el arte adquiere un valor que en otras circunstancias podríamos denominar metafísico: la capacidad de conducirnos al corazón de las "cosas". La actualidad más candente responde a esta significación radical e intemporal del arte, del "arte eterno", como decía Kandinsky. Esta coincidencia no es meramente casual, ya que, en la era del modelo galileano, que se impone por doquier como ideal del saber, la actualidad se define por la exclusión de la vida de un saber que retiene como constitutivo del verdadero ser de las cosas —más allá de sus apariencias sensibles, singulares, contingentes y subjetivas— únicamente el ser material y sus propias determinaciones. En la medida en que el proyecto galileano se inscribe en el horizonte preliminar de un conocimiento del mundo, el cual implica el prejuicio tradicional de una fenomenicidad definida por la Exterioridad, es toda la modernidad, tanto en su teoría como en su esencia técnica, la que contribuye a pervertir el saber de arriba abajo. Sucumbe bajo el prejuicio de que, en última instancia, no hay vida en ninguna parte, ni en la biología ni en la fenomenología. De esta manera, la modernidad se presenta como un universo de muerte, a pesar de que la vida prosigue incansablemente su obra de sufrimiento y de alegría, su esfuerzo por "perseverar en el ser".

Después de Marx, usted replantea el psicoanálisis a partir de su fenomenología. ¿Qué motivó su interés por el psicoanálisis y qué aporta su reflexión al psicoanálisis y a la relación entre la filosofía y el psicoanálisis?

El interés del psicoanálisis radica en que habla de todo aquello que este mundo de la modernidad preferiría que olvidáramos: nuestra propia realidad. Y el psicoanálisis aborda esta temática porque nuestra realidad, este "nosotros mismos", esta fulguración de la vida en nosotros, aunque se realice en lo invisible, no deja de abrazarnos y de impulsarnos en cada momento. Pero ¿cómo el psicoanálisis habla de la vida?, ¿qué estatus fenomenológico le reconoce? Ahí está el punto más interesante. El alejamiento del psicoanálisis de la filosofía de la conciencia y la ubicación en el corazón del "psiquismo" de un inconsciente investido que desempeña una doble función al definir su realidad y constituir el principio de su explicación, todo esto implica, como Freud afirmó de forma explícita y reiterada, que en su Fondo el psiquismo escapa a toda representación objetiva posible. Es la definición preliminar y tradicional de la conciencia como representación, incluso antes de considerar su fenomenicidad como exterioridad, la que rechaza el concepto de inconsciente. Por lo tanto, debemos entender el concepto de inconsciente, no como una pura negatividad fenomenológica, sino en su referencia a una fenomenicidad más original, aunque oculta. El inconsciente se revela, entonces, con el nombre de vida. Sus determinaciones esenciales son, además, las de la vida en un sentido radical, ya que sólo podemos comprenderlas a partir de la vida y, aún más profundamente, desde su estatuto fenomenológico. Lo mismo ocurre con las pulsiones, las pasiones y el binomio fundamental de Fuerza y Afecto, que constituyen tanto el núcleo principal de la terapia analítica como el "contenido abstracto" del arte.

La relación entre filosofía y psicoanálisis es interesante, porque este último —el psicoanálisis— es una de las pocas disciplinas dentro de las ciencias humanas que acoge a la filosofía en lugar de rechazarla. Sin embargo, si nos fijamos en la filosofía a la que se ha dirigido el psicoanálisis o que se le ha impuesto, nos encontramos con que se trata de la filosofía dominante de este siglo: la filosofía del lenguaje. Esto conlleva una interpretación tanto teórica como práctica del psicoanálisis desde una perspectiva lingüística, la segunda de las cuales parece estar alineada con la línea terapéutica inaugurada por Freud. No obstante, se suscita el interrogante de si esta filosofía es realmente adecuada para el psicoanálisis. En última instancia, si consideramos que la "cosa misma", la esencia, del psicoanálisis no es otra que la vida, podemos cuestionarlo. Sólo una fenomenología de la vida puede fundar la paradoja de una fenomenología del inconsciente que, no obstante, coincide notablemente con las determinaciones arcaicas de este: la pulsión, el afecto, la intemporalidad, entre otras. ¿No resulta significativo hoy en día observar cómo los filósofos que se interesan por el psicoanálisis fuera de su ámbito institucional rechazan la interpretación lingüística lacaniana, promovida por Kojève, en favor de una comprensión más centrada en lo pulsional y patético? En el fondo, se decantan por esta última por ser más coherente con la doctrina y por ampliar los horizontes terapéuticos. Asimismo, en este terreno, y siempre en contra de los presupuestos dominantes, una fenomenología de la vida puede expandir su capacidad de renovación mucho más allá de la fenomenología misma.

Referencias bibliográficas

(1) Michel Henry, *Phénoménologie matérielle*, París, PUF, 1990.
(2) *Ibidem*, p. 166.

V. La subjetividad originaria: crítica del objetivismo

Entrevista realizada por Roland Vaschalde, Montpellier en noviembre de 1986

¿No sigue siendo abstracta una teoría ontológica del sujeto? ¿No es necesario recurrir a la psicología y a la sociología para concretarla? Sólo la inmanencia parece dar cuenta del carácter monádico del sujeto, pero ¿no nos entrega un sujeto anónimo? ¿No deberíamos buscar las características particulares que nos parecen definir la personalidad individual en el ámbito de la trascendencia y del mundo, e incluso en un análisis perteneciente al ámbito de las ciencias humanas?

Su pregunta es de suma relevancia. Es innegable que, en el caso de los fenomenólogos, quienes se sitúan, de hecho, en una situación similar a la kantiana, nos enfrentamos a una subjetividad simultáneamente anónima e impersonal. Mi postura difiere absolutamente: considero que estamos tratando con una subjetividad que no es ni universal, ni impersonal, ni general y cuya estructura es tal que necesariamente es individual. De hecho, al abandonar la noción clásica de un sujeto para el cual existen objetos y el mundo, y que puede ser perfectamente impersonal, como en el caso del sujeto kantiano, y reemplazarla por la concepción de una subjetividad inmanente que abarca la definición misma de la vida, nos topamos con un "experimentarse a sí mismo". Sólo este experimentarse a sí mismo, probarse a sí mismo es fenomenológicamente efectivo y constituye esta experiencia, esta vida. Por eso, me abstendré a partir de ahora de usar el concepto de sujeto para evitar todo equívoco con la acepción kantiana. En consecuencia, no existe posibilidad alguna de subjetividad que no sea individual. Un campo trascendental impersonal —como en el caso de Kant, Sartre y, en algunos aspectos, incluso Husserl, quien aspiraba a lo contrario, pero no pudo fundamentarlo— me resulta una noción absolutamente ajena. En este sentido, tanto la filosofía clásica como la fenomenología comparten el mismo fracaso en relación con su adhesión a la intencionalidad y a la apertura al mundo.

Esto no implica que mi concepción de la subjetividad pueda equipararse con la noción tradicional de "persona". De hecho, en la perspectiva clásica, esta comparece como una realidad autónoma. Mientras tanto, según mi visión, la subjetividad, siendo ciertamente una *ipseidad*, este yo (*moi*) se me presenta fundado en la vida; esto se debe a que esta subjetividad se experimenta a sí misma, se prueba a sí misma como un yo que puede aparecer en cualquier momento, basándose en un acontecimiento que la supera. No soy una especie de mónada que constituya su propio origen, sino más bien un nadador en el mar. La vida me arrastra. Este punto resulta difícil de concebir. Es cierto que todo lo que experimento tiene que ver conmigo mismo, pero la pasividad con la que me experimento a mí mismo implica necesariamente la presencia de un Fondo (1) que me impulsa. La idea de Deidad en Meister Eckhart podría arrojar luz sobre este punto. Una especie de presencia me hace ser yo, y esa presencia no puede realizarse sin que yo exista: Eckhart afirmaba que, si yo no fuera, Dios tampoco sería. La estructura misma de esa presencia me engendra y me guía. El yo (*moi*) no es un naturante, sino un naturado.[1] O, más bien, está en el proceso de transición de ser un naturante a ser un naturado, y es por eso que se experimenta a sí mismo. Verdaderamente, su pregunta se sitúa en el centro de las cuestiones que me hago en la actualidad.

Pero ¿no podría entenderse la realidad de la persona como una "mezcla" óntico-onto-lógica, un complejo inseparable de inmanencia y elementos trascendentes?

Siempre que se profundice debidamente en lo que usted llama el elemento onto-lógico. Creo que lo que llamamos persona, en el sentido habitual del término, es una suerte de auto-objetivación. Nunca reflexionamos sobre este acontecimiento trascendental de la subjetividad, en el que nace a cada momento una experiencia individual, simultáneamente determinada y particular. En su lugar, solemos sustituirlo por su objetivación. En el fondo, cada vez que utilizamos los términos de "persona psíquica", de "cualidad psíquica", sustituimos este acontecimiento de la venida a sí de la vida, que constituye la estructura original del ser, por una simple representación contaminada. No es casualidad que, en este punto, vengan inmediatamente a la mente las relaciones sociales, las pulsiones, etc. Porque se trata entonces de un acontecimiento inserto en el mundo, que se convierte en una persona más entre las otras, es decir, en un individuo empírico, sustituto de la subjetividad viviente originaria en cuanto auto-afección del éxtasis, que no puede estar absolutamente sometida al horizonte del mundo. Sin embargo, cuando hacemos psicología, obramos necesariamente así y pervertimos profundamente la esencia original del yo (*ego*) viviente. Ya cuando hablamos del yo (*ego*), del yo (*ego*) tras-cendental, inevitablemente nos referimos al yo (*ego*) en cuanto sujeto. Esto se ve claramente en Kant, por ejemplo, cuando alude a la "intuición intelectual del yo

---

1   N. del T.: expresión tomada de la filosofía de Spinoza. Básicamente, quiere decir que el yo no es un agente que genera, sino más bien algo que está siendo generado.

pienso", que en realidad no constituye más que su representación. Incluso en el plano trascendental, esta sustitución ya ha entrado en juego y Husserl, al hablar del "sujeto anónimo", del "constituyente en última instancia", intenta regresar al acontecimiento primordial. No obstante, no puede lograrlo debido a la falta de una teoría de la auto-afección, que él constantemente reemplaza por una teoría de la constitución de la que no puede concebir la parte constituyente. Nos encontramos entonces frente a un anonimato del cual no sabemos qué más decir. Por ello, resulta imperativo volver constantemente a la vida trascendental, regresar al acontecimiento mismo y partir de lo que experimentamos originariamente, aunque sólo aparezca en el pensamiento. Esta es la razón de mi reticencia con respecto a la psicología, ya que constantemente ha llevado a cabo, sin darse cuenta, esta sustitución. Nosotros, los filósofos, también hemos de hacer un esfuerzo de rectificación para pensar lo que es anterior al pensamiento, en contraposición a las ciencias humanas que consideran ingenuamente al individuo en este estadio empírico. Estas disciplinas siempre han confundido al individuo ya objetivado con lo que realmente somos, es decir, el *acontecimiento originario* que es siempre inobjetivo. Por lo tanto, ¡lo que ellas dicen sobre el hombre es falso! Y cuanto más se reafirman y dan una apariencia científica a sus afirmaciones, ¡más se extravían y se convierten en pseudociencias!

Más específicamente, ¿esta falsificación proviene de la confusión de dos "fuentes": óntica y ontológica?

Sí, las ciencias humanas confunden inextricablemente esas dos fuentes. Es cierto que el hecho mismo de hablar de "persona", de "individuo empírico" supone lo trascendental. Sin ello, no podríamos distinguir al ser humano del resto de la realidad óntica, natural, ni hablar precisamente de este en cuanto "individuo". Así la persona psicológica, aunque se vea envuelta en la objetivación, nunca lo está totalmente, pues conserva la sombra de la realidad originaria, sin la cual ¡nunca podríamos designarla desde el exterior e ingenuamente como persona! En este sentido, a pesar de que hablemos de ella de manera inadecuada, resulta imposible ocultar su ineludible referencia al origen. De esta forma, se establece una especie de paralelismo entre el discurso de las ciencias humanas y la reflexión filosófica. Esta disociación también explica por qué el hombre y su cuerpo, considerados como objetos, se nos aparecen bajo una luz muy extraña, entre otras cosas, porque no podemos ignorar su verdadera condición.

¿Puede su pensamiento situarse dentro del humanismo o se encontraría más allá de él?

Mi pensamiento se encuentra más allá del humanismo. Si quisiéramos definirlo como humanismo en un sentido estricto, deberíamos recurrir a la fórmula de Marx de la época en que aún seguía siendo feuerbachiano: "La raíz del hombre para el hombre mismo es el hombre". Sin embargo, esta tesis se aparta de mi pensamiento, precisamente porque toda subjetividad está determinada de arriba abajo por una pasividad radical que la convierte en vida: el hombre, en cuanto ipseidad original, es una especie de naturado. Se forma en la vaguedad de la vida y sólo llega a ser mediante la experimentación de sí mismo, la prueba de sí mismo, en ella. Según mi visión, esta concepción constituye el verdadero humanismo, ya que pensar la verdadera naturaleza del hombre exige regresar a este acontecimiento absoluto que puede ser calificado como trascendental u ontológico y, por consiguiente, considerarse como no empírico y no natural. Preservar la verdadera naturaleza del hombre es, así, reconocer en él una esencia que, de alguna manera, no es exclusivamente suya, sino del Absoluto como Vida en la cual nacen los individuos que somos nosotros.

¿Esta naturaleza verdadera es únicamente propia del hombre o constituye la esencia de toda forma de vida?

¿De toda forma de vida? Sí, tal vez deberíamos decirlo así...

¿Conduce esto a una visión particular del hombre en el cosmos?

Sí. Se trata de un lugar crucial, ya que llego al extremo de creer que el cosmos no existiría si no hubiera subjetividad.

¿Es el papel propio de la subjetividad desvelar al cosmos?

Sí. No creo que exista un cosmos al margen de este desvelamiento. Y en el centro de todo, está la vida. Ya sea la del hombre o la de Dios, no creo que podamos hablar del cosmos sin referirnos a la subjetividad de la vida. Considero que la idea de un mundo que pudiera existir al margen de su desvelamiento, como ente natural puro, procede de una abstracción: el espacio galileano de la ciencia. Para abordar esta problemática, es necesario otorgar realidad a este mundo y creer que se trata del mundo real. Mi posición actual respecto a estas cuestiones es que la noción de una naturaleza autónoma, cuyo desvelamiento supondría una mera contingencia adicional, es una idea secundaria, que tiene sus raíces históricas en Galileo, y que yo personalmente rechazo. Para mí, el ser de la naturaleza radica en la auto-afección del éxtasis y, por ende, en la ipseidad de la vida. En este punto coincido con Husserl, quien sostiene que esta auto-afección siempre se origina en el mundo de la vida. Esto es lo que Descartes ha demostrado claramente en relación con la sensación, y lo que yo intentaré hacer al referirme a la pintura en un libro sobre Kandinsky (2). Así, la obra de arte no es algo externo. Parece estar en el mundo, pero su verdadero lugar se constituye a través del crecimiento de la sensibilidad. En esencia, la barbarie consiste en la negación de todo lo que acabamos de decir: es el objetivismo. Sin embargo, dado que este objetivismo no suprime la vida que ignora, y la vida persiste, se ve obligado a recurrir a las drogas, es decir, a favorecer todo lo que implica una evasión de la vida. Ahora bien, la primera de estas evasiones es la ciencia, y la segunda es el mundo de los medios de comunicación. La conexión entre ambas está dada por la técnica. En otras palabras, la idea de un ente, en el sentido de Heidegger, al que se añadiría el ser como su manifestación, presupone una condición previa que implica la hipóstasis del mundo y de la ciencia.

¿Cómo podemos concebir el nacimiento, el advenimiento de la vida a sí misma? ¿La ciencia nos ofrece alguna respuesta al respecto? ¿Los elementos genéticos pertenecen al cuerpo objetivo o al cuerpo subjetivo?

¡Al cuerpo objetivo! En este punto coincido con Descartes al señalar que no son los padres quienes dan la vida a sus hijos. La vida trascendental siempre se presupone cuando abordamos estas cuestiones. Surge a partir del absoluto de la vida, y no de elementos ónticos. Desde esta perspectiva, lo que ocurre en el campo de la biología sería simplemente una causa ocasional, e incluso más que eso: la biología no proporciona una explicación completa. No podemos deducir un rasgo de carácter específico de un gen, del mismo modo que no podemos comprender el color a partir de ciertos procesos materiales. Si bien la teoría física establece muchas correspondencias entre un sonido y un color y procesos materiales definidos, cuando se trata de la experiencia subjetiva de un sonido o de un color rojo, damos un salto que la ciencia no puede explicar.

¿Y la muerte?

¿Qué es la muerte? No lo sé. En la medida en que el yo (*moi*) es llevado por la vida, existe en todo momento. En este sentido, también concedo razón a Descartes y a la profunda teoría de la creación continua: dicha teoría sostiene que es en el

Pliegue (3) incesante de la vida donde mi ego se forma ininterrumpidamente. Por lo tanto, no depende de mí el hecho de que este Pliegue cese y deje de formarme o seguir formándome. De hecho, he llegado a creer que estamos en las manos del ser o de Dios, por decirlo así.

Así, debido a la falta de experiencia directa, la muerte es una idea que encuentra su fundamento en la vida. Es en la medida en que experimento en cada instante que no soy el fundamento de mi ser que, en última instancia, hago la experimentación, la prueba, la experiencia de que puedo morir, de que estoy al albur de ese poder. La idea de la muerte es la proyección hacia el futuro de la condición de un ser que no es fundamento de sí mismo. Sin embargo, esta percepción no necesariamente debe entenderse de manera negativa. Al contrario, esta condición implica la experiencia misma de la vida como experimentación, prueba, de lo que me acontece, de lo que fluye en mi interior y de lo cual no soy la fuente. Es de esa experiencia o de su relación con ella de donde surge la idea de que este advenimiento podría dejar de suceder. Por otro lado, resulta una conexión muy extraña la que existe entre la fealdad de la muerte y la experiencia de la profusión de la vida, esa vida que se desborda dentro mí, sin mí, pero que me constituye como yo mismo de una manera tan profunda que gracias a este fenómeno yo soy enteramente yo mismo (*moi-même*). Es un aspecto que estoy entendiendo cada vez más, pese a su carácter misterioso y enigmático. Especialmente, porque no hay que olvidar que todo esto tiene un carácter patético, no objetivo, y que nunca puede ser definido de la misma manera que un cuadrado o un triángulo. Sólo podemos hacer referencia a algo invisible en su propia presencia, en un *pathos*.

¿Podemos decir que la muerte es un retorno al anonimato del ser?

No diría eso. Dudo que exista un anonimato del ser. Desconozco lo que sería un ser anónimo en el sentido de la filosofía clásica, la fenomenología o la bioevolución. Para mí, semejante expresión es contradictoria. Si hay un ser, es viviente, y la vida es lo opuesto al anonimato. Es la extrema singularidad, la extrema individualidad, la intensidad, el sentimiento. ¡Y nada hay menos anónimo que un sentimiento! En realidad, la idea del anonimato me es ajena.

¿Podríamos decir, entonces, que la muerte nos devuelve a la objetividad del mundo?

Moléculas, átomos... al menos así es como la vemos. Sin embargo, representamos la muerte en la representación misma, y su idea aparece impregnada de todas sus categorías: el espacio (donde estará el cadáver) y el tiempo (será tal o cual día). Por lo tanto, resulta muy difícil pensar en la muerte dado que se halla saturada de aspectos que son ajenos a la vida. Pero yo tiendo a descartar esos problemas porque son generados por la representación. Al igual que los relacionados con la continuidad del alma: ¿qué ocurre durante el sueño? Estos problemas sólo tienen sentido dentro de la representación, ya que fuera de ella no hay interrupción; se requiere un tiempo objetivo para que haya interrupción. Así pues, no constituyen objeciones verdaderas, sino indeterminaciones, sin duda. El ser es lo verdaderamente desconocido cuando se capta objetivamente. Por eso, se sustituye por el saber científico que se considera imperial y el único verdadero. Esto es positivismo, cientificismo. ¡Así que es necesario elegir! Pero esto no implica que nosotros sepamos. Y no podemos responder a ello basándonos en lo que revela el saber científico. En todo caso, desde el punto de vista científico, sólo quedarán moléculas...

¿No son la ipseidad, por un lado, y la presencia del ente, por otro lado, fundamentalmente enigmáticas, los límites últimos del pensamiento?

Sí, así lo creo, ciertamente.

La idea de misterio es muy fuerte...

Sí. No obstante, restringir nuestra expresión a la experiencia de la vida tiene un significado profundo, ya que, como mínimo, le estamos haciendo justicia. Y dado que somos vivientes, este reconocimiento me parece esencial. Por otra parte, cualquier discurso que se aparte de esta experiencia, especialmente el del mundo abstracto de la ciencia, nos desvía del camino correcto, y debe ser denunciado como una fuente de error, una aberración completa. Lo que critico en *La Barbarie* es la idea de equiparar el saber con el saber científico. Existe otra fuente de saber a la que el saber científico mismo hace alusión constantemente. Por ejemplo, los psicólogos o los sociólogos hablan constantemente de algo diferente a lo que expresan explícitamente en sus discursos. Ellos presuponen constantemente el yo (*moi*) trascendental.

Algunos de sus comentaristas leen su obra como una invitación a vivir lo más posible en el terreno de la inmanencia. ¿Cuál es el sentido práctico de esta recomendación? ¿Es válido oponer de forma tan radical la inmanencia y la trascendencia?

Lo que podemos afirmar desde el principio es que, si la vida es una experimentación de sí misma, una prueba de sí misma, que es lo que es en cuanto acontecimiento ontológico, tal vez se le conceda al ser humano la capacidad de percibirla como tal en su interior. Este es claramente el caso de los místicos. Sería entonces posible experimentar esta experimentación de sí mismo. No obstante, existe una manera de desviar nuestra atención de todas las actividades y preocupaciones mundanas que nos alejan de esta experimentación, prueba. En cualquier caso, no se trata simplemente de volver a dicha experimentación utilizando este método, ni de prestarle atención únicamente en el plano de la reflexión, que sólo puede servir como una guía intelectual, sino de vivirla más intensamente en el propio plano de la vida, haciendo que esta se sienta más a sí misma. Yo considero que los fenómenos culturales representan tal realización. Son procesos que, independientemente de las rutas tomadas, persiguen una misma finalidad o, más bien, una misma realidad: permitir la expansión de la vida. Este es el significado de *La Barbarie* (4), que resulta ser un libro menos simple de lo que parece.

Entonces podríamos afirmar que las diversas formas de ascesis desarrolladas por los místicos constituyen intentos de intensificar esta experiencia de la vida consigo mismas...

Sí, supongo que sí. No he estudiado la mística en particular, pero, desde un punto de vista filosófico, esto me parece probable.

Referencias bibliográficas

(1) Esta grafía corresponde al uso constante que Michel Henry realiza de este término a lo largo de toda su obra. La mayúscula está ahí para indicar que se trata menos de una especie de punto límite que de una fuente ontológica (nota del editor del original francés de *Auto-donation*).

(2) Michel Henry, *Voir l'invisible. Sur Kandinsky*, París, François Bourin, 1988.

(3) La mayúscula se justifica por el uso establecido por Michel Henry en "*L'Essence de la manifestation*", París, PUF, 1963, por ejemplo, p. 688 (nota del editor del original francés de *Auto-donation*).

(4) Michel Henry, *La Barbarie*, París, Grasset, 1987 (reedición en París, PUF, 2001).

VI. Significado del concepto de inconsciente para el conocimiento del hombre

Conferencia pronunciada en Academia de las Ciencias de Moscú
(el 31 de mayo de 1986)

La cuestión del conocimiento del hombre es muy específica y, a la vez, solidaria y diferente de la cuestión del conocimiento en general. El conocimiento, en la mayoría de los casos, se refiere a algo que es en sí ajeno al propio acto de conocer; algo opaco y ciego que parece preceder a la mirada que el conocimiento dirigirá hacia él. Gracias a este proceso, el objeto de conocimiento es sacado de su lugar natural y llevado hacia la luz, permitiendo así que sea percibido y comprendido por la conciencia. De esta manera, entidades naturales, como la piedra, el átomo o la molécula, se encuentran inmersas en una especie de noche original y cósmica, apenas concebible, de la que el conocimiento viene propiamente a arrancarlas para proyectarlas ante la mirada de la conciencia con el fin de hacerlas comprensibles.

Por el contrario, si consideramos al ser humano en lo que le hace único, es decir, en lo que lo diferencia de todos los demás entes, para acceder a la luz de la fenomenicidad, no requiere de la intervención de un principio distinto de sí que lo saque de una dimensión previa de oscuridad, ya que él mismo es esta luz; él mismo es el conocimiento; él es "conciencia".

Con Descartes, como ya sabemos, es donde entra en juego, al menos con las dos primeras *Meditaciones metafísicas*, esta definición contundente de la *Humanidad* del hombre a través de la fenomenicidad; específicamente, como la fenomenalización de la fenomenicidad pura, y, por ende, en su oposición radical a lo que, por el contrario, carece del poder para realizar la obra de la manifestación. En el caso de Descartes, esta oposición es la oposición entre el alma y el cuerpo.

Pero no es suficiente con simplemente contrastar la luz de la fenomenicidad con la oscuridad intrínseca de la cosa opaca y ciega; es necesario precisar con más detalle en qué consiste esta fenomenicidad o, si se prefiere decir así, la conciencia misma. Esta es una cuestión decisiva, ya que el inconsciente del psicoanálisis se concibe en oposición a la conciencia cartesiana. Antes del psicoanálisis, y como su inevitable precursor, el concepto de inconsciente surgirá y florecerá por doquier en la gran filosofía clásica occidental como una reacción o consecuencia directa del *cogito* de Descartes.

Entonces, ¿qué entendía Freud por conciencia? La primera indicación al respecto puede parecer decepcionante e incluso desconcertante. "No hay necesidad de explicar aquí lo que llamamos el *consciente*, que es el propio consciente de los filósofos y del público en general" (1). Sin embargo, una segunda respuesta llama la atención por su claridad. Tras refutar la identificación filosófica tradicional entre lo "psíquico" y lo "consciente", la *Nota sobre el concepto de inconsciente en psicoanálisis* de 1912 declara de manera categórica: "Llamamos, pues, 'consciente' a la representación que se presenta a nuestra conciencia y que percibimos como tal, partiendo de la base de que este es el único significado del término 'consciente'" (2).

Debemos señalar sin más dilaciones que una definición así de la conciencia nos lleva, de manera casi inevitable, a postular la existencia de un inconsciente, siendo esta inferencia la base sobre la cual Freud fundamentó su creencia de haber demostrado la existencia del inconsciente, privando así de seriedad a cualquier cuestionamiento sobre su realidad. En realidad, si consideramos que la esencia de la conciencia radica en la representación, es decir, en la manera en que se posiciona ante sí misma en forma de repetición o desdoblamiento, todo lo representado, es decir, lo puesto delante, lo que es visto y así conocido —según lo descrito por Freud en su texto, *La representación que se presenta a nuestra conciencia y que percibimos como tal*— se ve afectado por la finitud que pertenece a toda representación como tal, lo cual corresponde a la delimitación del espacio de luz que esta misma genera. En otras palabras, mi capacidad para representar mentalmente está limitada a una sola cosa a la vez con una zona de co-presentación marginal que es siempre co-dada, pero que, en cualquier caso, es estrecha y está sumida en la oscuridad. Si ser consiste en ser consciente y ser consciente consiste en ser representado, entonces gran parte de este ser queda fuera de la representación efectiva o actual. Podemos incluso expresar esta finitud ontológica radical afirmando que casi todo lo que es representado queda excluido de la representación misma. Por lo tanto, queda fuera de la representación actual, conservando, no obstante, la estructura y las formas que la representación otorga al ser como lo puesto delante y lo subsistente en cuanto tal, independientemente del acto que lo coloque en primer plano. Este es, en un primer estadio, el inconsciente freudiano: un conjunto de representaciones inconscientes consideradas como formaciones autónomas que subsisten fuera de la conciencia, es decir, fuera de la representación de la que, no obstante, retienen la estructura extática de la exposición.

Aquí está el texto en el que tiene lugar esta "demostración" de la existencia del inconsciente y su hipóstasis en un trasmundo que conserva la forma de un mundo. "Podemos ir más lejos" —escribe Freud— "y, para apoyar la teoría de un estado psíquico inconsciente, afirmar que la conciencia sólo alberga una cantidad mínima de contenido en un momento dado; por lo tanto, aparte de ese contenido, la mayor parte de lo que llamamos conocimiento se encuentra necesariamente, durante largos períodos, en estado de latencia y, por ende, en un estado de inconsciencia psíquica. Si tuviéramos en cuenta la existencia de todos nuestros recuerdos latentes, resultaría absolutamente inconcebible refutar la existencia inconsciente" (3). La demostración del inconsciente se basa en el problema, clásico en la época, de la memoria y el interrogante que esta plantea: ¿en qué se convierten los recuerdos en los que ya no pensamos? La respuesta, no sólo de Freud, sino también de Bergson y de toda la psicología de la época, es que se guardan en el inconsciente. Sin embargo, Freud y toda esa corriente filosófica y psicológica entienden la memoria como una facultad representativa. Por lo tanto, no sólo se aplica esta demostración a los recuerdos, sino también a todas las representaciones que van más allá del campo limitado de la conciencia actual, con su consecuencia correspondiente: su hipóstasis en forma de representaciones virtuales en un inconsciente crudamente realista creado para retenerlas.

No obstante, la interpretación de la conciencia como representación no se limita a una época específica, sino que parece estar absolutamente generalizada. Esta interpretación concierne tanto al *cogito* de Descartes como a toda la filosofía que le ha seguido. Sólo por mencionar alguna de las lecturas más importantes del *cogito*, nos encontramos con el nombre de Martial Gueroult en Francia (4) y en Alemania, con los aún más famosos, Husserl y Heidegger. Para Husserl, la conciencia se define por la intencionalidad, que es siempre conciencia de algo. La intencionalidad es la conciencia misma, es el acto de hacer visible un trascender hacia aquello que se presenta de una cierta manera, en una trascendencia y a través de ella, como correlato trascendental, como *cogitatum*. De las primeras *Méditations* de Descartes, el & 20 de la *Krisis* destaca el momento más significativo, aunque no completamente desarrollado, "que es la *intencionalidad*, la cual forma la esencia de la vida egológica. Otro término para referirse a ella es la '*cogitatio*', que implica *tener conciencia de algo* que, por ejemplo, yo experimento, o yo pienso, o yo siento, o yo quiero. Dado que cada *cogitatio* posee su *cogitatum*, cada una de ellas representa, en su sentido más amplio, un 'creer', e implica, por consiguiente, cualquier modo de la certeza: la certeza misma, la presunción, la verosimilitud, la duda, etc." (5).

Con Heidegger, la reducción de la esencia de la conciencia cartesiana a la de la representación se vuelve aún más explícita. "En algunos pasajes importantes, Descartes usa para *cogitare* la palabra *percipere* (*per-capio*), lo que significa tomar posesión de algo, apoderarse de ello y sobre todo aquí en el sentido de disponer de él, de la manera en que se pone algo ante así al representarlo. Si comprendemos *cogitare* como representar/poner ante sí en este sentido literal, estaremos ya en condiciones de profundizar ya más de cerca en el concepto cartesiano de la *cogitatio* y del *percipere*". Esta es la razón por la que el equivalente alemán de la *cogitatio* es *Vorstellung* (representación) en el sentido de *vorstellen* (representar) y *Vorstellung* en el sentido de *Vorgestelltes* (lo representado). Se trata del mismo doble sentido de la palabra *perceptio* en el sentido de *percipere* y de *perceptum*: el hecho de traer ante sí y lo que se ha traído ante sí y, en el sentido más amplio del término, lo que se hace "visible" (6).

Dado el papel decisivo jugado por el *cogito* en el pensamiento moderno, este, en su conjunto, se interpreta como una "metafísica de la representación", que llega a su punto culminante con Kant, donde la estructura de toda experiencia posible se reduce a una relación entre el sujeto y el objeto. Para comprender profundamente esta "relación con", es necesario captar dicha relación como la conciencia misma, la fenomenicidad; la experiencia entendida como el puro hecho de experimentar (*experimenter*) y sentir (*éprouver*), considerado en sí mismo y como tal. El sujeto no es, entonces, un ente opuesto al objeto, sino que propiamente es idéntico a él, ya que no designa, a fin de cuentas, otra cosa que la estructura de la objetividad en su pureza, mediante la cual todo ente, en sí mismo desconocido (el *noúmeno*), llega ser objeto: es decir, llega a ser representado y, por lo tanto, fenómeno para nosotros. Por esta razón, en el kantismo el análisis del sujeto no es más que el análisis de la estructura de la objetividad y de sus formas esenciales.

A esta concepción de la conciencia-representación, se asocia una situación singular que se hace evidente incluso en el pensamiento de Kant. Por una parte, esta conciencia se encuentra inherentemente vacía, ya que todo contenido de experiencia es desplazado y arrojado ante ella y hacia ella en forma de objeto. Por otra parte, esta conciencia permanece en una especie de inconsciencia, debido a que lo que se muestra, lo que llega a ser visible como fenómeno efectivo es precisamente lo que entra en la condición de objeto, de ser representado, visto y conocido. Esta es la paradoja que afecta el corazón de esta extraña filosofía de la conciencia: la ausencia de todo estatuto fenomenológico riguroso atribuible al "Yo pienso" de la conciencia pura. Es decir, la esencia de la fenomenicidad, su negación, al menos implícita, y, en última instancia, la afirmación de una inconsciencia de la conciencia misma: "la inconsciencia de la conciencia trascendental".

Ahora bien, dado que esta conciencia es el resultado de la naturaleza de la fenomenicidad en todas partes —presupuesta como posición-ante, ob-posición, ob-jeción del objeto, exteriorización original de una exterioridad trascendental y, en última instancia, éxtasis del Ser—, esta situación no sólo prevalece en el kantismo, sino que se encuentra por doquier e inmediatamente después de él en el idealismo alemán, especialmente en Schelling —quien desempeñará un papel decisivo en la introducción del inconsciente en el pensamiento moderno y cuyo primer gran trabajo, el *Sistema del idealismo trascendental*, la determina por completo—. A la conciencia entendida como ob-jeción, es decir, como producción, no le corresponde el hecho de tomar conciencia de sí, de producirse a sí misma en la luz y, por lo tanto, de aparecer únicamente en el producto, en el objeto, bajo la forma de aquel, por consiguiente, y, en ningún caso, en la conciencia, en tanto que productora o naturante. Así, la filosofía de la conciencia, al no poder establecer el principio sobre el que descansa, se invierte en su contrario —que es en verdad lo mismo—, en una filosofía de la naturaleza, es decir, del inconsciente. La "verdad" de la conciencia-representación radica en su destino como teoría del conocimiento y, en última instancia, de la ciencia; un destino en el que lo que queda es el objeto en el que se precipita y concentra la totalidad de la realidad y de la efectividad fenomenológica: el ser en el sentido de la objetividad. Y fuera de esto no hay nada: el ser y la nada.

La psicología del siglo XIX reproduce estos presupuestos y, en lo que respecta al inconsciente, asume la doble característica que toma de la propia filosofía de la conciencia: por un lado, designa toda presencia posible como presencia de un objeto retirado sobre el fondo de un horizonte oscuro que lo rodea y lo desborda por todas partes; por otro lado, deja en la sombra la conciencia, el proceso que arroja el horizonte, que pone delante, que produce, es decir, el acto de representar como tal. Con este doble inconsciente, marginal y trascendental, el pensamiento de finales del siglo XIX está preparado para acoger el naciente psicoanálisis o, más bien, lo produce como uno de sus vástagos. El interés del primer gran trabajo francés sobre Freud, *La Méthode psychanalytique et la doctrine freudienne* de Roland Dalbiez, estriba en el hecho de resaltar la afinidad histórica entre la filosofía de la conciencia, la filosofía de la naturaleza, la psicología de la época y el propio psicoanálisis.

El psicoanálisis es un sistema en el que todo es considerado como psíquico: ¿cómo puede explicarse, dentro de un sistema así, el carácter por el cual cualquier contenido psíquico, cualquier representación, por ejemplo, nos aparece impuesto como algo diferente de nosotros y, por tanto, como una realidad? Este fue el mismo problema que enfrentó el joven Schelling: ¿cómo puede la conciencia, si es creadora del mundo, descubrirlo y vivirlo como una alteridad, como "una realidad exterior"? La respuesta en ambos casos es la misma: esto sucede porque el proceso que produce, que representa, desconoce su propia acción en su producción, y, por lo tanto, se enfrenta a su producto como si fuera algo ajeno, lo que significa que en realidad *procede de él sin que lo sepa*. Esto es precisamente lo que sucede en el sueño, la asociación de ideas, la formación de síntomas psiconeuróticos, etc.

Esta es la razón por la cual, para poner en juego y legitimar la explicación psicoanalítica, Roland Dalbiez propone una teoría de la conciencia que reafirma, de diversas maneras, su inconsciencia original. Así, resulta, por ejemplo, que en nuestra percepción de un árbol "nosotros, en modo alguno, conocemos nuestra visión, sólo la captamos *a posteriori* a través de un segundo acto" (7). Y esto es cierto no sólo en el caso de la "sensación externa", es decir, de la visión, sino también en el caso de la vida psíquica en general. La concepción de un color sólo muestra ese color; la concepción inconsciente en sí misma sólo se vuelve consciente después de un nuevo acto específico de captación que la convierte también, pero sólo entonces, en un "conocimiento". La heterogeneidad del segundo acto en relación con el primero se expresa en su contingencia, en el hecho de que el primer acto de ningún modo implica su toma de conciencia, ya sea esta bajo la forma de una modalidad ulterior: "Es perfectamente concebible que la sensación o la intelección se produzcan en nosotros, pero que permanezcan en un estado inconsciente" (8).

El método psicoanalítico se presenta entonces como una ilustración de la tesis de la posterioridad de la conciencia en relación con el conocimiento inmediato del objeto (como la percepción del árbol, la concepción del color...). La asociación de ideas es precisamente esta venida incesante de cada contenido representativo hacia su contenido inherente, de tal manera que su propia venida en cuanto producción se oculta en cada momento y desaparece en su producto. Por lo tanto, este último, separado de su raíz, emerge como algo incomprendido, inesperado, sorprendente e incluso incoherente; y este es el rasgo más habitual del dato consciente según Freud: su carácter incompleto y enigmático intrínseco. La comprensión de este dato exige entonces la revelación de los procesos asociativos que lo han engendrado. La asociación constituye la producción misma; la inconsciencia de la producción estriba en la inconsciencia de la asociación. De ahí el esfuerzo constante del psicoanálisis, que define su método, por desentrañar los procesos asociativos del inconsciente al cual pertenecen originalmente, con el fin de explicar, a partir de ellos, el contenido manifiesto, aunque intrínsecamente ininteligible, de la vida consciente.

Lo que resulta llamativo en un psicoanálisis restaurado en su contexto ideológico, filosófico o psicológico, ya sea distante o cercano, es su *intrínseco objetivismo*; es decir, la concepción de lo psíquico únicamente como algo representado, en línea con una metafísica de la representación, donde lo psíquico sólo se capta como representado en calidad de *cogitatum* o de objeto. Freud reconoció la necesidad para el psicoanálisis de utilizar lo consciente como material y base para sus análisis: "el hecho de ser consciente [...] constituye el punto de partida de todas nuestras investigaciones" (9). Sin embargo, ser consciente implica ser representado y, por lo tanto, ser un objeto al igual que cualquier otro objeto de la ciencia. En definitiva, tanto lo consciente que requiere ser comprendido, como lo inconsciente, que dará cuenta de él, se encuentran dentro de un mismo círculo, donde sus componentes están ligados entre sí según la inextricable relación de Sujeto y Objeto. Esto implica también que este círculo define la *Humanidad* del hombre, que sigue siendo comprendida de manera tradicional y clásica, a través del pensamiento como pensamiento de algo. Una vez más, el freudismo no constituye, a este respecto, más que el último avatar de esta metafísica.

Ha llegado el momento para nosotros de deconstruir esta metafísica de la representación y, por consiguiente, el concepto o conceptos de inconsciente vinculados a ella como su resultado inmediato. Sin embargo, deconstruir no implica simplemente rechazar y obviar el mundo de la representación, a saber: el mundo mismo. Deconstruir significa descubrir un fundamento más profundo sobre el cual se construye la representación y sin el cual esta no existiría. No obstante, resulta que es precisamente esta deconstrucción, aún en la actualidad impensada —y esto sin duda, debido a una radicalidad sin precedentes—, la que lleva a cabo el *cogito* de Descartes. Tal radicalidad se debe a que el fundamento último de la representación y del pensamiento —en el sentido en que lo entendemos habitualmente y, en particular, en el "pienso, luego existo"— sólo puede obtenerse por la exclusión y la expulsión de la representación y, por ende, del pensamiento mismo.

Esta exclusión se manifiesta en la duda o, como preferimos llamarlo en un sentido específico y preciso, "la reducción fenomenológica". De hecho, la duda dibuja una cruz sobre el mundo, tanto sensible como inteligible, y sobre cualquier mundo posible. Y ello porque la duda no versa sobre el contenido de este mundo (los objetos sensibles o las realidades inteligibles, como las verdades racionales o matemáticas, por ejemplo), sino sobre su forma de mundo, su mundanidad, es decir, su fenomenicidad. Lo que está en cuestión es esta exteriorización original de la exterioridad trascendental en la que consiste todo mundo, este espacio primitivo de luz, este primer distanciamiento donde se funda toda "relación con", toda intencionalidad, toda conciencia en el sentido de una conciencia de algo, de un pensamiento de algo en cuanto representación.

De hecho, si consideramos el objeto sobre el cual Descartes va a llevar a cabo su trabajo de análisis, a saber: el contenido fenomenológico aprehendido bajo el famoso título "*ego cogito cogitatum*", observamos cómo la duda o a la reducción elimina directamente el *cogitatum*; no lo que es pensado, lo que es puesto-ante, lo que es representado, sino el hecho mismo de ser representado, considerado en sí mismo y como tal; no el objeto, sino la condición en virtud de la cual el ente se convierte en lo objetivado y el objeto mismo: la condición objetiva en su pura apariencia fenomenológica e incluso la objetividad misma. Así que, en primer lugar, no son el ente sensible o el ente matemático los que se consideran dudosos. Lo que se supone dudoso es esta condición en la cual se nos dan como objetos; y, en consecuencia, la donación misma, en la medida en que consiste en esta venida-ante un primer plano de luz, esta dimensión de la fenomenicidad extática donde se arraiga toda objetividad y, por ende, todo "objeto" posible, toda representación. Lejos de poder ser constituida por ella o de reducirse a ella, a su ex-posición fenomenológica, la *cogitatio* del *cogito* la excluye insuperablemente de sí misma y sólo puede ser comprendida por esta exclusión, en la medida que escapa a la duda. En el "pienso, luego existo", el pensamiento de lo que yo pienso quiere decir todo salvo el pensamiento en el sentido en el que lo entendemos en la actualidad, a saber: el pensamiento de algo, su representación, su concepción, su interpretación.

Esto se evidencia claramente cuando el proceso de la duda recibe su formulación más concisa y determinante en el artículo 26 de las *Passion de l' âme*. Descartes evoca, de nuevo, como medio para quebrantar y poner a prueba el conjunto de nuestras certezas y de nuestras creencias, la situación del durmiente. Todo lo que el durmiente cree percibir en su sueño, lo que imagina o siente en su cuerpo, todo lo que se representa, si se trata precisamente de un sueño, es falso. Sin embargo, si, en este sueño, el soñador experimenta una pasión cualquiera, un miedo, esto es exactamente lo que es, tal y como la experimenta, prueba; es absolutamente verdadera, íntegra, sin alteración alguna por el hecho de que se trate de un sueño y de que el mundo de la representación se haya desmoronado. "Así con frecuencia cuando dormimos e igualmente algunas veces cuando estamos despiertos, imaginamos con tanta fuerza ciertas cosas que pensamos verlas ante nosotros mismos o sentirlas en nuestro cuerpo, aunque no se encuentren en él en modo alguno. Pero, aun así, ya sea que estemos dormidos o que soñemos, no podríamos sentirnos tristes o emocionados por alguna otra pasión, si no es que fuera cierto que el alma tiene en sí esta pasión". Y el mismo artículo declara todavía: "Nos podemos engañar en lo tocante a las percepciones que se relacionan con objetos que están fuera de nosotros, o bien a las que se refieren a algunas partes de nuestro cuerpo; pero no nos podemos engañar de la misma manera en lo tocante a las pasiones, sobre todo, porque ellas son tan próximas y tan interiores a nuestra alma que es imposible que ella las sienta sin que sean verdaderamente tal y como son" (10). Y esto se debe a que, como se menciona en el artículo 1, "al sentirlas cada uno en sí mismo, no hay necesidad alguna de recurrir a ninguna observación ajena para descubrir su naturaleza" (11).

Es preciso comprender por qué la pasión permanece de manera absolutamente cierta en lo que es, incluso cuando el mundo de la representación haya desaparecido. Es decir, cuando la fenomenicidad extática ha sido descalificada en su pretensión de constituir por sí misma un hacer-ver, un poder de mostración y demostración; es decir, cuando ha sido descalificada en su propia fenomenicidad, entonces ¿por qué la pasión permanece ciertamente intacta? Porque lo que la revela a sí misma, su fenomenicidad, resulta diferente de la fenomenicidad de la representación, de la fenomenicidad extática en general, y no depende de ella. ¿Cuál es la fenomenicidad de la pasión en su indiferencia, en su heterogeneidad ontológica con respecto a la fenomenicidad extática del mundo? Es su afectividad, el modo fenomenológico, sin duda alguna, indiscutible e irrefutable, mediante el cual toda pasión se experimenta a sí misma. La afectiva es esta experimentación, prueba inmediata y lo que constituye la esencia de la pasión: un afecto, un sentimiento.

Esta afectividad es trascendental. No constituye un "estado psíquico" en el sentido de la psicología; tampoco es un contenido empírico de la experiencia interna, en el sentido apuntado por Kant o la filosofía clásica. Lo que caracteriza a este contenido —sensación, sentimiento, deseo, etc.— es que requiere un poder de revelación distinto de él, que lo haga manifiesto, que lo convierta en un fenómeno, un estado consciente —una "representación consciente", decía Freud—. Y este poder que hace manifiesto (que hace ver) es precisamente la conciencia-representación, la conciencia que hace consciente en el hacer-venir-delante, la presentación, bajo la forma del objeto, representado en la intuición con la ayuda de aquello que le sirve como su fundamento último: el primer éxtasis del tiempo, que es precisamente el "sentido interno" de Kant.

Así comprendida por la filosofía del pasado o la psicología del futuro, la afectividad se enfrenta a un doble desprecio. En primer lugar, ya no es ontológica, sino más óntica: en lugar de llevar a cabo, en sí misma y por sí misma, la revelación primitiva y esencial, resulta ser simplemente un contenido opaco y muerto que requiere la intervención de este poder de manifestación diferente de él. En segundo lugar, al ser este poder el de la exposición extática, se disfraza nuevamente, convirtiéndose en un contenido trascendente, un objeto de experiencia, una representación, algo que nunca es ella misma (la afectividad) en su esencia. Esta afectividad, aplastada contra sí misma y aislada en la pasividad insuperable de su pura experimentación de sí misma, prueba de sí misma y de su pasión, revela su total impotencia con respecto a su ser propio, al no poder establecer consigo misma la diferencia de un mundo, al no poder retroceder a una distancia que le permita escapar de sí misma y dejar de ser lo que es. La afectividad trascendental no es lo que comúnmente llamamos afecto, sentimiento, sufrimiento, angustia o alegría, sino lo que hace posible algo como lo afectivo en general, y despliega su esencia por todas las partes donde lleva a cabo, antes del éxtasis del mundo, la primera implosión en sí de la experiencia, el *pathos* primitivo del ser y, por tanto, de todo lo que es y será. Lo que los psicólogos llaman afecto, sentimiento, etc. no es más que la objetivación *a posteriori* de lo que se ha construido internamente, tal como se construye el primer aparecer, la esencia original de la *Psique*, a saber: el experimentarse a sí mismo, probarse a sí mismo inextático, que encuentra su efectuación fenomenológica en la afectividad de la que hablamos.

Por eso, la afectividad no constituye un dominio aparte, más o menos sospechoso, de la experiencia, sino que supone su fundamento universal, el fundamento mismo de la representación, como lo muestra brillantemente la problemática de la duda en las dos primeras *Meditaciones metafísicas* de Descartes. Al socavar toda verdad concebible, la duda, en realidad, ha puesto en cuestión el medio de visibilidad donde esta verdad se nos presenta; es el horizonte extático donde todo lo que el espíritu puede ver, ya sea con los sentidos o con el intelecto, se expone ante él, y este horizonte se ve subvertido, al no ser ya un hacer-ver y un mostrar, sino un engaño y un error. Pero ¿qué queda entonces? *Certe videre videor*, dice Descartes (12): "al menos me parece que veo". ¿No es entonces lo que queda la experiencia subjetiva de la visión? Sin embargo, la visión es engañosa; no sólo es falso lo que ve, sino que la visión misma —en sí misma, al no exhibir ya nada— constituye una distorsión y una falsificación. No obstante, engañosa o no, el ver la visión no deja de existir en la medida en que se experimenta a sí mismo en cada punto de su ser, en su afectividad y a través de ella. *Sentimus nos videre*, dice Descartes (13). Así, es importante señalar que lo que hay de cierto en el miedo —íntegro en su esencia, en la carne de su afectividad, incluso cuando el mundo de la representación se disipa en la ilusión del sueño— también está presente en la visión misma; siempre y cuando, al considerarla (la visión), hagamos abstracción en ella de todo lo que ve y del ver mismo en cuanto poder de relacionarse extáticamente con un mundo, y la consideremos sólo en sí misma, en la inmanencia de su sentirse a sí misma y de su afectividad.

De esta manera, queda al descubierto una primera dimensión de la experiencia donde lo que debe entenderse como el Fondo de la *Psique* se experimenta a sí mismo en una inmediación radical, antes de la "relación con" un "objeto", antes del surgimiento de un mundo e independientemente de él. Descartes definió esta primera dimensión arcaica de la experiencia con el nombre de idea. "Por el nombre de idea entiendo esta forma de cada uno de nuestros pensamientos, por su percepción inmediata tenemos conocimiento de estos mismos pensamientos" (14). La esencia original de la *cogitatio* no es entonces la intencionalidad o la representación, el desvelamiento —en una exterioridad primordial y a través de ella, de otra cosa, de una alteridad cualquiera— de un *cogitatum*, del objeto, sino la revelación misma de la *cogitatio*, su sentirse a sí misma más antiguo que el sentir o el representarse del objeto, y que también lo hace posible. Así pues, si se rechaza esta tesis crucial de Descartes sobre las concepciones anteriormente expuestas de Roland Dalbiez, los neorrealistas americanos y la psicología y filosofía de la época, según las cuales la visión y la concepción son en sí misma inconscientes, mientras que sólo su objeto se muestra, es "consciente", entonces vemos claramente cómo estas concepciones se oponen en todos los aspectos, pero también cómo es el concepto de inconsciente el que debe replantearse por completo.

Lo inconsciente de las representaciones latentes, de los recuerdos en los que ya no pensamos, sólo concierne al mundo de la representación. Sólo una realidad ubicada en este mundo y sujeta a la finitud inherente a toda exposición extática se encuentra irremediablemente marcada por él. Si el destino original del psiquismo fuera aparecer en un mundo y sernos dado gracias a él, habría que decir que, de la realidad psíquica así definida, casi todo escapa al ser representado efectivo y actual, que se encuentra fuera de sí mismo y, tal y como lo dice Freud, en el "inconsciente". Pero si la *Psique* se revela originariamente a sí misma en la inmediación del afecto y de su *pathos*, con independencia de la distancia de la objetividad y antes de toda representación, entonces toda esta problemática se desmorona. Por una parte, lo psíquico no está constituido en sí mismo, ontológicamente, como ser representado; ya no tiene que conservar esta estructura, que no es la suya, cuando se sitúa fuera de la actualidad fenomenológica de la conciencia, es decir, fuera del ser representado. El concepto de representación inconsciente es francamente absurdo. Por otra parte, es esta esencia interior y original de la *Psique* la que, a fin de cuentas, debe pensarse para sí misma si queremos adquirir del hombre un conocimiento nuevo y más profundo, que no lo reduzca, como en la filosofía tradicional de la conciencia o en sus vástagos positivistas, a un sujeto vacío o al contenido muerto de una representación.

Descartes ya había rechazado la objeción según la cual resultaba imposible que todas las ideas que conforman el contenido del alma estuvieran presentes al mismo tiempo (15). Lo que siempre posee el alma no es el contenido representativo de las ideas, sino el poder de formarlas. Así, el análisis, al abandonar el universo extenso e ineficiente de la presentación, ¿debe volverse hacia esas determinaciones esenciales de la Psique que son Fuerza y Poder?

El análisis interior de la esencia del Poder muestra que este no es simplemente un poder susceptible de otorgarse en cada momento, sino más bien una condición de estar inmediatamente en posesión de sí mismo, en la inmanencia radical de su sentirse a sí mismo y de su experimentarse, probarse a sí mismo. Nuestro cuerpo, por ejemplo, es el conjunto de poderes que tenemos sobre el mundo, al cual nos abre a través de todos sus sentidos y mediante su motricidad. Sin embargo, sólo es verdaderamente poderoso en la medida en que es capaz de apropiarse de cada uno de sus poderes de manera tal que coincida con ellos y los implemente. Esta coincidencia es simplemente la subjetividad original y esencial que supone la experimentación inmediata de estos poderes; su saber entonces; pero un saber que, en lugar de simplemente representarlos, se identifica con ellos y con la posibilidad principal de desplegarlos: así pues, un saber-hacer (*savoir-faire*). Así, se nos revela una subjetividad enteramente nueva, que no se agota en el pensamiento representativo de otra cosa, sino que designa esta inmersión en sí mismo de lo que se experimenta a sí mismo, y que constituye la vida como tal.

Únicamente este concepto de vida nos permite considerar el cuerpo como nuestro propio. Si el saber que tenemos de nuestro cuerpo, el que este cuerpo tiene de sí mismo, estuviera constituido por la distancia de una mera representación, nos enfrentaríamos a sus poderes como algo separado de nosotros para siempre en la distancia de una objetividad inalcanzable e inutilizable. No es coincidencia que el pensamiento clásico no haya logrado explicar la relación entre el "alma" y el "cuerpo", mientras la consideraba como una mera representación, un *cogito-cogitatum*. Se trataba entonces de entender cómo una fluctuación (deseo vago) de la conciencia podía causar una modificación objetiva en el cuerpo, tratado precisamente como objeto. Sin embargo, esta acción del espíritu sobre el cuerpo es incomprensible y se asemeja más la magia. Pero lo que realmente pasa es muy distinto. Contamos con la experiencia de una fuerza con la cual coincidimos y que, por lo tanto, podemos poner en práctica. Mi cuerpo original es este *Yo puedo que soy*; se trata de un acto inmediatamente experimentado y vivido en la praxis subjetiva corporal. Únicamente sucede que esta misma praxis puede representarse bajo la forma de un proceso objetivo en el mundo. Así pues, no hay un tránsito, ciertamente enigmático, de lo subjetivo a lo objetivo, sino un solo movimiento que se nos presenta dos veces; primero, en su realidad como esta praxis vivida, y, segundo, en la objetividad de una representación mundana.

Pero el concepto freudiano del inconsciente no es sólo una consecuencia y un avatar de la metafísica de la representación, sino que implica, más propiamente, su rechazo. Entonces, se revela su significado profundo: conducirnos fuera de la representación hacia el dominio irrepresentable de la vida, del cual acabamos de reconocer, en relación con el fenómeno del cuerpo, su primera característica: la acción, la fuerza, la praxis. Esta inflexión del concepto freudiano del inconsciente hacia las capas originales y fundamentales de la experiencia se deja ver en la *Nota sobre el concepto de inconsciente en psicoanálisis* de 1912. La prueba, la "justificación" del inconsciente por la latencia de la mayor parte de los contenidos psíquicos deja su lugar a una consideración muy diferente. Ya no es la resurgencia de estos contenidos —por ejemplo, recuerdos tras un determinado lapso de tiempo— lo que implica la hipótesis de un estado de inconsciencia psíquica correspondiente a este tiempo de latencia; es la eficiencia de estos pensamientos inconscientes en este tiempo de latencia, su actividad en cuanto actividad inconsciente: es decir, aquella actividad que se produce y se despliega *con independencia de la conciencia representativa y antes de ella*, la que ahora figura como el argumento principal. Es más, al descartar la argumentación clásica según la cual la latencia o la virtualidad de las representaciones sería sinónimo de debilidad, y afirmar, por el contrario, que los pensamientos inconscientes son tanto más fuertes cuanto presentan un carácter dinámico —hablando de un "inconsciente efectivo" (16)—, Freud adelanta la tesis radical según la cual sería preciso señalar que la acción no es sólo posible en estado de inconsciencia, sino que ella sólo se efectúa como tal, precisamente fuera de la representación, en la medida que el poder que actúa se cohesiona consigo mismo en la inmanencia radical. Y así, es en la Noche de una subjetividad primordial en la que no hay ni diferencia ni distancia con respecto a sí misma, ni intencionalidad ni objeto, donde la luz de la objetividad y de la conciencia representativa no se erija y llegue nunca.

Sin embargo, esta Noche del origen no es la de la ceguera o el caos, el asiento de los instintos irracionales cuya amenaza hay que conjurar al estar siempre al acecho del mundo luminoso de los hombres. En ella, habita, más bien, un saber primitivo y esencial, el saber de la vida, el saber de mover las manos, el saber de mover los labios, el saber de mover los ojos que precede, por ejemplo, a toda lectura, y que hace así posible la adquisición del saber científico; antecediéndolo en consecuencia y fundamentándolo en sentido propio. Este saber, en virtud del cual me levanto y camino, acompaña a la humanidad desde sus orígenes; le permite habitar la tierra. Se trata de un saber que consiste en un saber-hacer (*savoir-faire*), un saber del hacer que estriba también en este hacer mismo. Por esta razón, lo llamamos *praxis* y lo entendemos, no como lo que se trataría de reducir y eliminar progresivamente en cuanto incomprehensible e irrepresentable, y que penetra poco a poco la luz de la conciencia, sino como algo que es irrepresentable en sí mismo, irreductible al saber del conocimiento científico: lo que este presupone en todos sus pasos como la condición inadvertida pero inevitable de su acceso a todo lo que sabe y, de entrada, a todo lo que hace.

Que esto irrepresentable, a lo que llamamos el inconsciente en una metafísica de la representación, no pueda servir de argumento para ningún irracionalismo, sino que constituya, más bien, el fundamento y la condición primera de todo saber —incluido el científico— es lo que conviene precisar ahora. De hecho, no podemos olvidar la situación histórica en la que emerge el concepto de inconsciente, en el preciso momento en que Schopenhauer introduce una limitación decisiva al reino de la objetividad, cuyo desarrollo sistemático se encuentra en la metafísica kantiana. Lo que él opone al mundo ineficiente de la representación —incapaz de abarcar en sí mismo la esencia del ser verdadero de la cual no ofrece más que un aspecto exterior o evanescente— son, bajo el título de Querer y de Querer-vivir, estas determinaciones ontológicas esenciales de la fuerza y de la acción que preceden al conocimiento objetivo, el cual no constituye más que una representación *a posteriori*. Pero como, para él, así como para Kant y la filosofía clásica en general, la fenomenicidad se confunde con la objetividad de la representación, entonces la penetración fuera de ella conduce a un dominio cuyo estatuto fenomenológico permanece totalmente indeterminado, restringido a un inconsciente, y cuyo carácter opaco y, en última instancia, incomprendido va a pesar fuertemente en el destino del pensamiento moderno. Máxime cuando, en estrecha relación con esta ausencia de todo estatuto fenomenológico asignado a lo irrepresentable que designa la vida, interviene en Schopenhauer un concepto intrínsecamente pesimista de esta, identificada con un Deseo sin objeto, y así, con un sufrimiento sin fin. Nótese también que esta visión pesimista de la vida se encuentra en el freudismo, donde se entrecruzan esta vez las concepciones científicas de la época y, sobre todo, la teoría de la entropía.

Nuestro objetivo —si pretendemos establecer, al menos, el significado positivo del concepto de inconsciente para el conocimiento del hombre— es mostrar que el fondo de la Psique humana no puede ser equiparado a un inconsciente absoluto que en nada se distinguiría de un ente natural, como una piedra. Más bien, este inconsciente se refiere a una primera esfera de experiencia, que constituye la experiencia misma bajo su forma primera. Freud, en su obra *Psicopatología de la vida cotidiana*, sugiere algo similar al proponer una teoría general de las concepciones mitológicas, religiosas y metafísicas del mundo, explicándolas como una proyección exterior de la realidad psíquica, y su revelación ante la conciencia representativa. Parece ser, entonces, que esta proyección requiere de la conciencia oscura de lo que proyecta. "El conocimiento oscuro de los factores y eventos psíquicos del inconsciente, en otras palabras, la percepción endopsíquica de estos factores y hechos, se refleja en la construcción de una *realidad suprasensible*, que la ciencia transforma de nuevo en una *psicología del inconsciente*" (17).

Sin embargo, la afirmación de un inconsciente que dirige la Psique hacia su *percepción endopsíquica* (es decir, a su autorrevelación en el seno de una fenomenicidad original) no puede mantenerse en un plano simplemente especulativo; debe precisamente fundamentarse fenomenológicamente. Con otras palabras, debe indicarse una forma o especie de experiencia que, al ser ajena al éxtasis de la objetividad, no resulte ser menos una experiencia efectiva. Ahora bien, ¿existe una fenomenicidad intrínseca inextática, irreductible a la de un mundo (real, imaginario o ideal)? Y, de ser así, ¿en qué consistiría? Es precisamente el inconsciente freudiano el que nos pone sobre la pista de una respuesta, si es que este está constituido, en su Fondo, por el afecto. Como señala Freud en una proposición decisiva, "pertenece a la esencia de un sentido el hecho de ser percibido y el hecho, entonces, de ser conocido por la conciencia" (18). Y aún más: "No existen, en sentido estricto, afectos inconscientes como sí hay representaciones inconscientes" (19). Por lo tanto, a pesar de que esta afirmación paradójica puede desafiar ideas preconcebidas, hay que señalar que el fondo del inconsciente, en cuanto afecto, no es inconsciente en absoluto.

Ahora bien, no estamos tratando, en este punto, de afirmaciones tomadas al azar o privilegiadas de forma indebida. Lo que estamos cuestionando aquí es el significado profundo de su doctrina junto con el de su terapia. Consideremos, por ejemplo, la tesis crucial de la represión. ¿No implica la represión tanto a los sentimientos como a las representaciones? ¿No los excluye de un inconsciente real? Un análisis riguroso del proceso de represión muestra precisamente lo contrario. La represión siempre afecta, en realidad, a la asociación entre una representación y un sentimiento, asociación que tiene un efecto de ruptura. Es la representación, originalmente asociada fenomenológicamente con el sentimiento, la que es reprimida y devuelta al inconsciente. Separado de ella, el sentimiento se vincula a otra representación y, a partir de entonces, es percibido por la conciencia como la manifestación de esta última. Se dice entonces que es inconsciente, aunque esta denominación sólo sea apropiada para la representación a la que estaba originalmente vinculado. Como se puede ver, en este proceso de desestructuración y reestructuración propio de la represión, el sentimiento no deja de ser *conocido*; únicamente su significado, en este caso la representación a la que estaba asociado se *desvirtúa*.

> Al principio, puede suceder que se perciba una moción de afecto o sentimiento, pero que se entienda de manera incorrecta. Una vez que aquello que representa ha sido reprimido, se ve obligado a unirse a otra representación y ahora es considerado por la conciencia como la manifestación de esta última. Cuando volvemos a establecer la conexión precisa, llamamos 'inconsciente' a la moción de afecto originario, aunque este nunca haya sido realmente inconsciente y su representación haya sucumbido ante la represión (20).

El mantenimiento del afecto en su condición fenomenológica, independiente de la representación, implica que el afecto no necesariamente desaparezca al mismo tiempo que la representación, a la que inicialmente estaba ligado, desplazándose así del mundo al cual nunca ha pertenecido, al de la representación. Sin embargo, esto no significa que el afecto permanezca inalterado en sí mismo. Este constituye el rasgo más reseñable del análisis freudiano sobre el destino de las pulsiones: revelar una historia esencial de la afectividad, en la cual el afecto establece sucesivas relaciones significativas con el mundo de la representación antes de ser, de alguna manera, devuelto a su esencia propia. Esto acontece cuando se disipa la angustia, no la angustia ante el objeto (*Realangst*), sino la angustia pura o, si se prefiere, la angustia ante la pulsión.

Este es el punto crucial donde entra en juego la conexión esencial entre Fuerza y Afecto, que constituye el Fondo tanto de la Psique como del psicoanálisis, una vez que ha sido devuelto a su significación filosófica verdadera. De hecho, el Fondo de la Psique es la pulsión, pero esta sólo es psíquica propiamente como afecto, que es precisamente el *representante* del sistema bioenergético del organismo en la Psique. Este sistema bioenergético, que puede interpretarse como la causa del psiquismo o, por el contrario, como una simple figura de este —figura construida a partir de él y reveladora de su naturaleza propia— incluye dos clases de neuronas cuya afección externa e interna atañe respectivamente al individuo viviente. El punto crucial aquí es que, a diferencia de la excitación externa que se puede evitar mediante una reacción motriz apropiada (por ejemplo, la huida, que además cuenta con la ventaja de utilizar y disipar el influjo de energía proporcionado por la excitación), no es posible, en cambio, escapar de la excitación y su influjo de energía en el caso de la afección endógena o interna. Sin embargo, la afección o excitación no es otra cosa que la pulsión —"la excitación pulsional no proviene del mundo exterior, sino del interior del organismo mismo" (21)—, por lo que esta afección del yo por sí mismo o su auto-afección es constante; por un lado, la pulsión "nunca obra como una *fuerza de impacto momentáneo, sino siempre como una fuerza constante*"(22); y, por otro lado, no deja al yo ninguna posibilidad de huir o escapar de ella, "no hay escapatoria que pueda servirle frente a ella" (23). Escapar de la excitación, de la afección, de la impresión consistiría en poner a distancia, desplegar entre el yo y esta impresión abrumadora un vacío, que permita no volver ya a experimentarla, sustraerse a su impacto y, de esta manera, huir y escapar de ella. Pero el yo se revela por principio incapaz de ello en la medida en que se experimenta constituido en sí mismo como esta auto-afección de la cual la pulsión no es más que un nombre: "En el caso de la pulsión, la huida no sirve para nada, *ya que el yo no puede escapar de sí mismo*" (24).

En última instancia, para Freud, la pulsión no se refiere a una moción, impulso particular, sino al hecho de auto-impresionarse a sí misma sin posibilidad alguna de escapar de sí misma, lo que conlleva el peso y la carga de esa auto-impresión. Sólo esa auto-impresión o auto-afección constituye la esencia de la afectividad, que a su vez constituye la esencia de la pulsión, es decir, de la fuerza y su última condición de posibilidad. Lo que se experimenta se prueba a sí mismo en una inmediación de la cual no hay escapatoria alguna, en la angustia de ser sí mismo, lo que lleva su propia carga, en un sufrir que puede llegar al extremo; quiere, en primer lugar, huir de sí mismo, huir de su propio sufrimiento; quiere, en todo caso, transformarse a sí mismo, convertirse en algo más soportable; quiere actuar y obrar para liberarse de esta carga demasiado pesada que supone ser uno mismo.

La pulsión freudiana es lo que actúa en este sentido y de esta manera. La pulsión es lo que es, basada en el afecto y en la esencia de la afectividad en ella, en la esencia de la vida. A partir de esta esencia de la vida que es pulsión, no sólo se comprenden fácilmente el conjunto de los fenómenos de la Psique, sino también los fenómenos relacionados con la cultura y la civilización en general, ya que las diversas culturas y civilizaciones que han existido sobre la faz de la tierra representan los diferentes caminos trazados y abiertos por la necesidad con vistas a su satisfacción.

El significado del concepto de inconsciente en el conocimiento del ser humano radica en situar su existencia en un dominio más profundo que el de la conciencia clásica, es decir, del pensamiento entendido como conocimiento objetivo, como representación. Pues este mundo de la representación y sus determinaciones sólo es comprensible a partir de una instancia que le es irreductible: la de las pulsiones, los deseos, la necesidad, la acción y el trabajo; que le confieren una forma, una forma más primordial que la del pensamiento, y que este último sólo puede redescubrir *a posteriori*. Así, la reflexión sobre el afecto y las pulsiones no tiene como efecto alejarnos de este mundo en el que viven los hombres, sino que, por el contrario, nos devuelve a sus raíces para exhibir su naturante verdadero, la auténtica *ratio*.

Referencias bibliográficas

(1) Sigmund Freud, *Abrégé de psychanalyse*, París, PUF, 1973, p. 22.

(2) Sigmund Freud, "Note sur l'inconscient en psychanalyse (1912)", en *Métapsychologie*, París, Gallimard, 1968, p. 177.

(3) Sigmund Freud, "L'inconscient", en *Métapsychologie*, París, Gallimard, 1968, p. 67.

(4) Martial Gueroult, *Descartes selon l'ordre des raisons*, París, Aubier-Montaigne, 1953.

(5) Edmund Husserl, *La Crise des sciences européennes et la phénoménologie transcendantale*, París, Gallimard, 1976, p. 96.

(6) Martin Heidegger, *Nietzsche, Tome* II, París, Gallimard, 1971, p. 122.

(7) Roland Dalbiez, *La Méthode psychanalytique et la doctrine freudienne, Tome* II, París, Desclée de Brouwer et Cie, 1949, p. 26.

(8) *Ibidem*, p. 10.

(9) Sigmund Freud, "L'inconscient", en *Métapsychologie*, París, Gallimard, 1968, p. 76.

(10) René Descartes, *Les Passions de l'âme*, París, Vrin, 1964, pp. 85-86.

(11) *Ibidem*, p. 65.

(12) René Descartes, "Méditations métaphysiques", en *Oeuvres philosophiques*, Tome II, Édition Ferdinand Alquié, París, Classiques Garnier, 1999, p. 422: "No obstante, cuando menos, resulta muy cierto que me parece que veo, que oigo, y que siento el calor; y esto es lo que en mí se llama propiamente sentir".

(13) René Descartes, "Lettre à Peuplus du 3 octobre 1637", en *Oeuvres philosophiques*, Tome I, París, Gallimard, 1968, p. 786.

(14) René Descartes, "Raisons qui prouvent l'existence de Dieu et la distinction qui est entre l'esprit et le corps humain disposées d'une façon géométrique", en *Oeuvres philosophiques*, Tome II, París, Gallimard, 1968, p. 586.

(15) René Descartes, "Notae in programma", en Charles Adam y Paul Tannery (eds.), *Oeuvres de Descartes*, París, Léopold Cerf, 1897 a 1913, VIII-2, p. 366.

(16) Sigmund Freud, "Note sur l'inconscient en psychanalyse (1912)", en *Métapsychologie*, París, Gallimard, 1968, p. 183.

(17) Sigmund Freud, *Psychopathologie de la vie quotidienne*, París, Payot, 1971, p. 276.

(18) Sigmund Freud, "L'inconscient", en *Métapsychologie*, París, Gallimard, 1968, p. 82.

(19) *Ibidem*, p. 84.

(20) *Ibidem*, p. 83.

(21) Sigmund Freud, "Pulsions et destin des pulsions", en *Métapsychologie*, París, Gallimard, 1968, pp. 13-14.

(22) *Ibidem*, p. 14.

(23) *Idem. Cfr. ibidem*, p. 15: "Imposibilidad de superarlo mediante acciones de huida".

(24) Sigmund Freud, "Le refoulement", en *Métapsychologie*, París, Gallimard, 1968, p. 45.

VII. El cuerpo viviente
Conferencia pronunciada en Bruselas en 1995

I

Es un gran placer reencontrarme con las facultades universitarias de Saint Louis, de las que guardo muy grato recuerdo. En el día de hoy, conforme a la sugerencia de vuestros profesores, hablaré de una cuestión que se enmarca en la temática de este año: el cuerpo. Específicamente me centraré en el problema del cuerpo viviente. Al reflexionar sobre este problema, vemos que podemos abordarlo, explorando dos enfoques diferentes. Podemos partir de la percepción ordinaria del cuerpo, ya sea el cuerpo material o nuestro propio cuerpo, que se nos presenta en el mundo junto a otros objetos y en la forma en que estos se nos aparecen. A partir de esta experiencia general del cuerpo, podemos intentar distinguir entre lo que es propio del cuerpo inerte y lo que es propio del cuerpo viviente, aunque ambos pertenezcan al mundo. Esta será la primera vía que seguiré esta mañana. Sin embargo, al reflexionar sobre el cuerpo viviente, podemos constatar que otra vía es posible. Dicha vía consistiría en partir de la vida misma y demostrar cómo en ella nace un cuerpo, cómo en esta vida, que podemos considerar divina, se gesta algo semejante a un cuerpo viviente, como el nuestro: un cuerpo que siente, obra, sufre, y con el cual pareciera que nuestra propia vida se confunde. Esta segunda vía, más difícil y recientemente explorada en mi pensamiento, será la que intentaré seguir esta tarde.

Entonces, esta mañana, partimos de la experiencia ordinaria del cuerpo: los cuerpos que pueblan el universo, incluido el nuestro, que también es parte de este mundo. Nuestro acceso a este cuerpo se basa en aquello que se nos muestra, en lo que se nos presenta. Este acceso se nos muestra en el mundo. En pocas palabras, se trata de un cuerpo sensible, algo que puede ser visto, escuchado, tocado y sentido. Algo que posee cualidades sensibles, como sonidos, olores; algo que puede estar frío o caliente, que está duro o blando, rugoso o liso; en resumen, algo que puede ser percibido como bello o feo, tal como ocurre con otras cosas del mundo en general. Nos resulta extraño a nosotros que, a través de nuestro cuerpo, nos asemejemos a cualquier cosa del mundo.

Es precisamente esta experiencia del cuerpo, esta noción del cuerpo propio en la experiencia cotidiana, la que ha servido de fundamento a las filosofías del cuerpo, a las teorías del cuerpo que revelan nuestro acceso al mundo tal y como se opera en la sensibilidad y a través de ella.

Esta descripción o interpretación del cuerpo fue cuestionada a comienzos del siglo XVII. La disolución del concepto tradicional del cuerpo marca el origen de la modernidad, el mundo al que nosotros pertenecemos. Somos herederos de un mundo que difiere de los anteriores, en el sentido en que este mundo fue abierto, inaugurado por una decisión intelectual. Y esta decisión intelectual, de la que todos nosotros somos descendientes, lo sepamos o no, lo queramos o no, fue tomada por Galileo. Este acontecimiento decisivo tuvo lugar en los primeros años del siglo XVII, cuando Galileo proclamó que el cuerpo que nosotros considerábamos como real, ese cuerpo que podemos ver, tocar, que tiene colores, olores, cualidades táctiles, etc., no es más que una ilusión. Según él, el universo real no está compuesto por cuerpos de este género, cuerpos sensibles; nuestro acceso a este universo real ya no puede ser mediante el conocimiento sensible. En realidad, el universo real al que pertenecen los cuerpos está constituido por objetos materiales extensos que presentan ciertas figuras y ciertas formas. Es este cuerpo material extenso con formas y figuras el que tratamos de conocer. Y el conocimiento necesario para captar estas figuras es el conocimiento geométrico. El conocimiento sensible de los cuerpos (que varía de un individuo a otro y sobre el cual no se puede fundamentar ningún conocimiento universal, es decir, científico) debe ser sustituido por el conocimiento racional que es válido para cualquier espíritu, y ese es el conocimiento geométrico. Esto es lo que hizo Galileo.

En cuanto a las cualidades sensibles que hacen que estos cuerpos se presenten a nosotros como coloreados, sonoros, olorosos, cálidos, duros, etc., estas no son más que apariencias que se basan en la organización biológica de los animales particulares que somos. Por ejemplo, sabemos que ciertos animales no escuchan los mismos sonidos que nosotros. Por lo tanto, existe un universo de apariencias sensibles que se sustentan en la organización contingente de nuestros organismos. Es necesario sustituir esta serie de apariencias ingenuas por el conocimiento geométrico de los cuerpos materiales, que es el único verdadero. Según Galileo, no existe una ciencia de la sensibilidad. Él describe el universo como un gran libro escrito en una cierta lengua cuyos caracteres son círculos, triángulos y otras figuras geométricas. Sólo aquel que conoce esta lengua puede conocer y comprender nuestro universo.

Me refiero a la decisión galileana como el acto proto-fundador de la modernidad. Estableció formas de pensar en las cuales muchos de nosotros creemos hoy sin reflexión ni espíritu crítico alguno. Son muy pocos los que cuestionan tales proposiciones. Estas ideas se propagaron muy rápidamente en los primeros veinte años del siglo XVII. Fueron especialmente retomadas por un filósofo grandioso: Descartes, quien, en el análisis del trozo de cera en la *Deuxième Méditation* (1), adelanta una definición del cuerpo cuyos términos tomó prestados a Galileo, aunque no lo mencione directamente. Para Descartes, el cuerpo es *res extensa*, una cosa extensa que posee propiedades geométricas. Lo que Descartes añade a la física galileana es su capacidad para dar una formulación matemática a estas propiedades geométricas, utilizando el sistema de coordenadas cartesianas de las abscisas y las ordenadas. Es en este punto cuando se gesta la creación de la ciencia moderna, que no es otra cosa que el conocimiento geométrico matemático del universo objetivo real, entendido como correlato de dicho conocimiento. Lo sorprendente es que en el momento en que estas ideas, que darán forma a la modernidad y fundarán la ciencia nueva, Descartes, quien jugó un papel crucial en esta fundación, abre otras perspectivas aún más decisivas, aunque estas perspectivas sigan siendo ampliamente incomprendidas e inexploradas en la actualidad.

Galileo realiza lo que en fenomenología se conoce como una reducción, es decir, reduce el mundo a estos cuerpos materiales y reales extensos que la ciencia físico-matemática convierte en su nuevo objeto. En cuanto a las cualidades sensibles, la sensibilidad, las apariencias subjetivas en general, y la subjetividad, o lo que yo llamaría vida, la subjetividad viviente, Galileo las sitúa fuera del ámbito de investigación de la ciencia que acaba de fundar y a la que la modernidad reducirá todo saber verdadero.

Por el contrario, Descartes lleva a cabo una contra-reducción. Aunque sigue a Galileo en su empresa de fundamentar la nueva ciencia del universo material, Descartes no considera las apariencias subjetivas, las sensaciones, las impresiones, los deseos, las emociones, la sensibilidad, la afectividad y la subjetividad, en general, como simples ilusiones. ¿Qué sentido tendría considerar un dolor, un temor o una angustia como una ilusión? Este dolor, este sufrimiento, no lo sentimos, pero, en cuanto lo experimentamos, constituye realmente una realidad incontestable: una realidad que no es posible cuestionar y que, a este respecto, es más cierta que la del mundo. Esta es la extraordinaria contra-reducción cumplida por Descartes. Todo lo que Galileo había excluido de su conocimiento racional del mundo exterior y objetivo, Descartes lo integra como *cogitationes*, modalidades del alma. Estas modalidades del alma son más esenciales y más ciertas que la realidad de los cuerpos que componen el universo y que estudia la ciencia.

Ello quedó establecido por Descartes en el conjunto de textos que definen el *cogito*, especialmente en el artículo 26 referido a las *Passion d´ âme* (2). Supongamos que yo sueñe. La suposición del sueño implica la no existencia del mundo, la hipótesis de que este mundo que tomamos habitualmente por cierto —el mundo de la ciencia— es incierto. Si yo sueño, en efecto, nada de lo que yo veo en ese sueño existe. Quizás el mundo entero sea sólo un sueño. Pero si, aún en ese sueño, experimento temor o miedo, ese sentimiento, aunque sea parte de un sueño, existe. No sólo existe, sino que existe tal como lo experimento, absoluta e incuestionablemente.

Así, la vida subjetiva es una esfera de certeza absoluta, independiente de la verdad del mundo y de la ciencia, dado que ella existe incluso cuando no hay mundo.

¿Y qué pasa con el cuerpo? Me preguntaréis vosotros. Bien, el cuerpo estará en cuestión siempre y cuando creamos que él pertenece al mundo y que extrae su certeza de él. Porque si el mundo es incierto, el cuerpo también lo es. Sin embargo, resulta muy llamativo que en Descartes el cuerpo no extraiga su certeza del mundo, sino únicamente de la percepción que yo tengo de él. Es debido a que mi percepción del cuerpo —de este cuerpo que Descartes comprende siguiendo a Galileo como *res extensa*— es cierta, que el cuerpo mismo puede considerarse como cierto e indubitable. Lejos de que la verdad del cuerpo deje de lado la verdad de la subjetividad, es, al contrario, la certeza absoluta de la subjetividad —de la percepción subjetiva del cuerpo, en tanto que *cogitatio* cierta— la que será capaz de establecer la verdad del universo y de la ciencia de este universo. Así es como se produce el giro completo de la perspectiva propia de la ciencia moderna.

Sin embargo, en lo que respecta al cuerpo, encontramos en Descartes unas intuiciones aún más radicales, aunque estas no fueron desarrolladas por él. Es sabido desde hace tiempo que el pensamiento insólito que queda al descubierto con las *Méditations* no fue comprendido por sus contemporáneos. De ahí estas objeciones dirigidas por ilustres contradictores, de las cuales una proporcionó a Descartes la ocasión de formular sobre el cuerpo una tesis inaudita. A la objeción de Gassendi, que le preguntaba por qué en lugar de decir "yo pienso, luego existo", no decía también, y con el mismo derecho, "yo camino, luego existo". Descartes respondió de una forma completamente imprevista, señalando que esta última proposición es correcta bajo la condición de entender por caminar la conciencia subjetiva que yo tengo de caminar, la cual constituye una *cogitatio*: "en cuanto que la conciencia interior que yo tengo de ello es un pensamiento" (3). Hay entonces una experiencia subjetiva del caminar, es decir, del cuerpo originario del cual el caminar sólo constituye una actividad. Así, se encuentra formulada, por primera vez y de forma implícita —pero incuestionable— la teoría radical del cuerpo subjetivo en la historia del pensamiento humano. Existe, entonces, un cuerpo que no es el que vemos en el mundo. Se trata de un cuerpo originario, invisible, que se identifica con lo que yo soy, y que camina, golpea, y que realiza todas mis acciones, las cuales no pertenecen al dominio del universo, sino al de la *cogitatio*. Descartes no ha desarrollado este punto. Yo ya no lo desarrollaré, porque alguien, del cual voy a hablar, se ha encargado de hacerlo en mi lugar.

Dejo a un lado a Descartes, no de manera gratuita, sino por la razón paradójica de que no ha tenido éxito en el plano filosófico. Sin embargo, a comienzos del siglo xx, se producirá una situación crucial, parangonable con la de Descartes con respecto a Galileo. Resulta notable el hecho de que, una vez más, Galileo y la fundación de la ciencia moderna sean puestos en cuestión, pero esta vez quien los cuestiona es Husserl, uno de los filósofos singulares que retoma la problemática radical de las *Méditations*. Lo que Husserl reprocha al universo galileano de la ciencia moderna es el hecho de plantearse, como un absoluto, un universo que sería verdadero en sí y que no extraería su verdad más que de sí mismo. Sin embargo, basta reflexionar sobre el análisis de este universo que proporciona Galileo para reconocer que esta pretensión resulta vana. Este universo, nos dice Galileo, es un libro escrito en una lengua cuyos caracteres son figuras geométricas. Sin embargo, ninguna de estas figuras existe en el mundo real. En el mundo real no hay círculos, ni triángulos, ni cuadrados, sino solamente redondeces y otras apariencias sensibles del mismo género. Algo así como un círculo constituye una entidad ideal creada por un acto del espíritu. El conjunto de figuras geométricas e igualmente su formulación matemática implican unas prestaciones de la conciencia trascendental sin las cuales no existirían. Aunque estas idealidades geométricas puedan construirse a partir del mundo material —y ello en unos actos de ideación que revelan de un análisis específico—, ellas no pertenecen por sí mismas a este mundo, y tampoco pueden definirlo. El mundo material real a partir del cual se constituyen las idealidades geométricas es el mundo sensible. En vez de poder prescindir de este mundo y ponerlo entre paréntesis, la edificación de la ciencia galileana lo presupone y remite a él.

No sólo las idealidades de la ciencia galileana remiten al mundo sensible a partir del cual se construyen, sino que también sólo tienen sentido en relación con él. Su referencia al mundo sensible, como principio explicativo de este mundo, justifica el conjunto de las teorías científicas galileanas como, por ejemplo, la teoría de la luz. En última instancia, estas teorías siempre son teorías de este mundo y de los fenómenos sensibles aparejados a él. Encuentran en estos fenómenos su última razón de ser.

Es preciso regresar al mundo sensible y, en consecuencia, cuestionarnos sobre el cuerpo sensible que hemos tomado como punto de partida de nuestro análisis del cuerpo y del cual no podemos, de hecho, desembarazarnos tan fácilmente. Este mundo sensible, que sustenta al mundo científico, es aquel en el que viven los seres humanos; este mundo que Husserl acertadamente denomina *mundo-vida*[1] (*Lebenswelt*). Es el mundo donde el agua es dulce, donde resulta placentero bañarse o mirar el azul del cielo, escuchar el viento... Si nos imagináramos un mundo donde las cualidades sensibles hubieran desaparecido, ese mundo resultaría insoportable. En un mundo así, el beso compartido por los amantes, de donde deriva

---

1   N. del T.: optamos aquí por la acertada traducción que Miguel García Baró hace de este término, "mundo-vida", de clara raigambre husserliana, frente a la más inexacta traducción de "mundo de la vida".

todo lo relacionado con el orden del deseo, la emoción, la sensación, ¡se reduciría a un bombardeo de partículas! Un enfoque semejante no sólo sería abstracto, sino también carente de sentido.

En el mundo sensible, entonces, se encuentra el cuerpo sensible. Este cuerpo presenta una profunda ambigüedad. Por una parte, el cuerpo sensible se refiere al cuerpo sentido, un cuerpo que es visto, que emite sonidos si es golpeado, que tiene un dulce aroma a miel, como menciona Descartes en la *Segunda Meditación* a propósito de su trozo de cera. Sin embargo, —y este es el paralogismo de todas las teorías que se sustentan en el cuerpo objeto sensible del mundo— este cuerpo sentido presupone otro cuerpo que es el cuerpo que lo siente, que lo toca, lo escucha y lo ve. Así que pasamos de un cuerpo objeto —si puedo decirlo así— a un cuerpo sujeto, a un cuerpo dotado de estos poderes fundamentales: ver, tocar, escuchar, moverse... En consecuencia, pasamos de la cuestión del cuerpo sentido a la cuestión de un cuerpo que siente, de un cuerpo dado a un cuerpo que da, no sólo un cuerpo dado en el mundo, sino el cuerpo que da, entrega, ofrece este mundo, y estos cuerpos en el mundo, y su propio cuerpo como objeto sensible. Este cuerpo que da es el cuerpo original y fundamental, y sobre él resulta necesario, en principio, elaborar una teoría.

En efecto, la filosofía moderna descubrió la idea de un cuerpo subjetivo que no es objeto de experiencia, sino poder, principio de experiencia. Así pues, antes de ser un cuerpo objeto que podemos ver, tocar, sentir, etc., nosotros somos esta capacidad originaria de ver, tocar, tomar, etc. Por lo tanto, es necesario analizar este cuerpo fundamental, ya que es él quien conoce al otro cuerpo. Sin este cuerpo cognoscente, no habría cuerpo conocido, ni el mío, ni estos cuerpos correspondientes al universo.

La fenomenología moderna ha contribuido al descubrimiento de este cuerpo subjetivo que se encuentra en el origen de la experiencia. Sin embargo, dicha fenomenología ha limitado su investigación a la relación de este cuerpo que siente con aquello que él siente. Ciertamente, no decimos nada al señalar que, en el origen de nuestra experiencia, no encontramos el sujeto trascendental de Kant, sino un sujeto que es un cuerpo, un *sujeto encarnado*, como lo indica Merleau-Ponty. En efecto, el mundo al que tenemos acceso, en el cual vivimos, es muy diferente según se conciba como un mundo conocido por el entendimiento, tal y como lo creía Galileo, o como este mundo de la vida que se conoce a través de nuestro sentido del tacto, nuestra visión, nuestro olfato, etc. La relación del cuerpo que siente al cuerpo sentido es, ciertamente, un problema esencial. Sin embargo, es necesario comprender con claridad cómo la fenomenología moderna lo ha resuelto con sus propios medios, en el contexto de unas presuposiciones que jamás se han puesto en cuestión. En resumen, esta relación del sentir con lo sentido se ha interpretado como una relación intencional. El cuerpo, que es el verdadero sujeto del conocimiento, conoce los cuerpos relacionándose intencionalmente con ellos. La conciencia es el lugar de este rebasamiento fundamental por el cual ella siempre se proyecta fuera de sí misma hacia un mundo, hacia unos cuerpos y hacia el suyo propio. Si mantenemos el término subjetividad, es necesario decir que la fenomenología moderna interpreta nuestro cuerpo subjetivo como un cuerpo intencional, porque ya ha interpretado la subjetividad como una subjetividad intencional. Para todos los fenomenólogos que gozan de buena reputación, la conciencia es esto: el movimiento mediante el cual soy lanzado hacia afuera en dirección a un mundo. Es por este tipo de trascendencia, como dice Heidegger, por este rebasamiento de carácter trascendente, que la experiencia es posible. La conciencia tiene experiencia porque ella puede rebasar trascendiendo hacia todo aquello que se mostrará a ella en ese trascender, y por él.

Desde entonces, partiendo del punto de vista del cuerpo y considerando que la cuestión del cuerpo está arraigada en interrogantes filosóficos fundamentales, el cuerpo subjetivo que debe sentir al cuerpo sentido, que debe escuchar el ruido, que debe ver el color (en resumen, este cuerpo) es un cuerpo intencional. Resulta evidente aquí que el cuerpo originario se analiza únicamente en su capacidad de abrir una experiencia como experiencia de algo exterior a él. Yo siento lo que es sentido, veo lo que es visto, escucho lo que es escuchado, de tal manera que lo que es visto, escuchado, tocado está siempre situado en una especie de espacio fuera de mí, en una especie de mundo en sentido original; un mundo que designa este horizonte trascendente de visibilidad donde todo se muestra como distinto de mí, como exterior a mí.

En estas descripciones, por lo general llamativas, algo pasa inadvertido. En general, lo que pasa inadvertido en una teoría constituye lo más esencial. Lo que pasa inadvertido, en el caso que nos ocupa, no es la relación del cuerpo que siente, del cuerpo que se sitúa en el principio de la experiencia, con lo que siente o conoce, sino la relación de este cuerpo que siente y conoce consigo mismo. ¿Cómo este cuerpo, que es sujeto, este cuerpo que aprehende un mundo sensible y su propio cuerpo como objeto sensible, se relaciona consigo mismo, en cuanto que siente, en cuanto que conoce?

He aquí una cuestión fundamental que ha sido planteada, antes que por la fenomenología, por un filósofo genial que se llama Maine de Biran. ¿En qué condiciones realizó este descubrimiento extraordinario Maine de Biran? Es conveniente remitirse a las teorías del cuerpo propias de su época, siendo la más importante la de Condillac (4). Sobre el cuerpo, Condillac tenía una concepción muy original, ya que, en lugar de plantearse el problema del cuerpo en los mismos términos que Galileo —¿cómo conocemos el cuerpo del universo? —, se pregunta no por el conocimiento de los otros cuerpos, sino del propio. También tengo un cuerpo; ¿lo conozco como conozco esta mesa, este vaso? Deberían realizarse muchas observaciones a este respecto. Cuando se trata de un cuerpo cualquiera, puedo alejarme de él, puedo mirarlo desde todas sus perspectivas, pero mi cuerpo no se me presenta de esta manera en ningún caso. No puedo abandonarlo, no lo veo de espaldas. En resumen, yo soy en mi cuerpo mientras que en lo que respecta a los otros cuerpos, yo estoy fuera de ellos. Hay personas que experimentan estar fuera de su propio cuerpo, que perciben su cuerpo a tres metros de distancia, pero, en general, dichas personas son objetos de atención en un hospital especializado. Son casos que llamamos patológicos. Sin embargo, incluso en estos casos, esto sucede en la *representación del enfermo* y no implica que el enfermo se encuentre realmente fuera de su propio cuerpo. Generalmente, no contamos con la posibilidad de dar licencia a nuestro cuerpo e instalarnos fuera de él. ¿Por qué?, ¿en virtud de qué extraña ligazón? A esta cuestión responde claramente la teoría de Maine de Biran. Remitámonos a su contexto histórico.

Condillac se propuso comprender cómo uno conoce su propio cuerpo antes de indagar sobre cómo se conocen los otros. Él concebía al hombre como un medio de sensaciones puras, de impresiones. En una famosa proposición, él dice: "Soy olor de rosa" (5). El hombre, para Condillac, es una suerte de espacio donde las sensaciones son percibidas. Sin embargo, estas impresiones puras, en su pureza misma, carecen de la capacidad de designar un ser real detrás de ellas, de insertarse en esta realidad externa. A pesar de ello, en nuestra experiencia, están referidas a partes específicas del cuerpo. Esto es lo que Condillac intenta explicar. Según él, poseemos un órgano que nos permite alcanzar lo real a través de estas sensaciones puras y más allá de ellas, y que nos permite situar estas sensaciones en la realidad. Este órgano es la mano, que nos brinda la sensación de solidez (6). Al desplazarse por las distintas partes del cuerpo, la mano nos permite determinar y localizar estas diferentes partes.

Ante esta teoría, Maine de Biran, en un texto de 1804 titulado *Mémoire sur la décomposition de la pensée*, plantea dos cuestiones fundamentales: ¿Cómo es que este instrumento que es la mano, al desplazarse sobre nuestro propio cuerpo, nos permite conocer sus diferentes partes? Y ¿cómo es que este instrumento se conoce a sí mismo? Porque es este conocimiento primitivo de la mano (y no lo que toca) lo que me permite moverla. De ahí surge el segundo interrogante no menos esencial: ¿Cómo es que un órgano móvil cualquiera es constantemente dirigido sin ser conocido? (7)

Las dos cuestiones fundamentales planteadas por Maine de Biran lo llevarán a desarrollar lo que más tarde denominaremos una fenomenología. Sin embargo, con Maine de Biran, se trata de una fenomenología radical, infinitamente más profunda que la fenomenología histórica, y es necesario apreciar bien su diferencia. Precisamente en relación al cuerpo, al cuerpo propio, Maine de Biran realizó este descubrimiento decisivo. Desde ahora, podemos apreciar su originalidad, que puede resultar desconcertante a primera vista. Esta originalidad se fundamenta en el hecho de que, para él la forma en que la mano se conoce a sí misma como una mano que se mueve, desplegándose a lo largo del cuerpo, no tiene nada que ver con la forma en que la mano conoce este cuerpo a lo largo del cual se desplaza. La mano conoce —es decir, toca, capta, aprehende— las partes del cuerpo como un cuerpo tocado, sentido, aprehendido, como un cuerpo trascendente, objetivo, perteneciente al mundo. Este es el cuerpo que el ojo ve, que la oreja escucha, y del cual el olfato percibe el olor, un cuerpo exterior perteneciente al mundo. La relación de la mano (o del ojo, o de la oreja) con este cuerpo que ella conoce es una relación intencional; por lo tanto, lo que alcanza esta intencionalidad es trascendente, exterior en relación con ella.

Por el contrario, la relación de conocimiento mediante la cual la mano se conoce originalmente a sí misma de tal manera que puede obrar, moverse, desplazarse y tocar, es una relación no intencional; es una *experimentación, prueba inmediata de sí misma* en la que la mano coincide consigo misma de tal forma que puede desplegar su fuerza y actuar. Es la elaboración de esta experimentación, prueba inmediata, por la cual la mano se da a sí misma y se conoce como una mano que se mueve y toca, lo que llevó a Maine de Biran a desarrollar esta fenomenología absolutamente diferente de lo que hoy designamos con este nombre, y que yo llamo fenomenología histórica. Hagamos un breve comentario al respecto.

La fenomenología histórica, fundada por Husserl, no se define por su método, sino por su objeto. El objeto de la fenomenología difiere del de las ciencias en que este no está constituido por las cosas en sí mismas, sino por la manera en que estas se nos muestran, se nos dan. El objeto de la fenomenología es el *cómo* de la manifestación, de la mostración, de la donación de las cosas. Sin embargo, ante este problema, la fenomenología clásica aporta una única y misma respuesta, a pesar de la diversidad de los sistemas conceptuales en los que se expresa. Esta respuesta es que las cosas se nos dan en un mundo, en este horizonte de visibilidad donde todas las cosas se vuelven fenómenos para nosotros. Este horizonte es un horizonte extático, en palabras de Heidegger, es un "afuera" (*au dehors*) primitivo, un medio de pura exterioridad; un medio de trascendencia en el que, según Husserl, la intencionalidad se proyecta hacia todo aquello que alcanza y se nos presenta de esta manera, como correlato intencional, como objeto trascendente.

La profundidad sin límites de la teoría biraniana del cuerpo radica en la afirmación de que la mano que recorre las diferentes partes del cuerpo-objeto no se presenta a sí misma de esta manera, en un "afuera", en este vacío de exterioridad que constituye el mundo. No puede ser así, porque si fuera presentada a sí misma de esta manera, como un objeto, ¿cómo podría encontrarse consigo misma, alcanzar este objeto con el fin de ponerlo en movimiento? ¿No sería necesario que se moviera de entrada hacia él y fuera capaz de hacerlo?

Resulta conveniente, entonces, contraponer a esta mano-objeto, que soy incapaz de captar, un poder primitivo de captación: la mano original, una vivencia pura, una *cogitatio*. ¿Cómo puedo acceder a este poder de captación? ¿Cómo puedo identificarme con él de tal manera que pueda ponerlo en práctica, actuar, tomar y captar? No sería precisamente a través de un acto intencional, ya que este sólo serviría para separarme de él para siempre. Así, existe un modo originario de relación del cuerpo originario consigo mismo, una autorrevelación de este cuerpo subjetivo; una *autorrevelación de la subjetividad absoluta* que sólo me permite armonizar con ella y con cada uno de sus poderes. A esta autorrevelación del cuerpo originario, que lo lleva a la plena posesión de sí mismo y de cada uno de sus poderes, y que le permite realizar todas sus acciones, la denomino *la corporeidad originaria*.

La esencia de esta corporeidad originaria es la Vida. A lo largo de esta tarde, intentaremos adentrarnos en esta vía más difícil que busca comprender qué es la Vida, qué es esta corporeidad originaria y qué es el cuerpo viviente.

II

Esta mañana, en un primer encuentro con estudiantes, noté que, al considerar el tema del cuerpo viviente, se nos presentan dos vías para acceder a él. Podemos comenzar con el cuerpo percibido como una especie de sustancia, un dato que todo el mundo conoce, y preguntarnos qué lo convierte en un cuerpo viviente, en contraste con los cuerpos inertes de la naturaleza material. Nosotros hemos seguido esta vía, que nos ha llevado, después de descartar muchas aproximaciones unilaterales o superfluas, a la respuesta decisiva de un filósofo llamado Maine de Biran. Él interpreta el cuerpo viviente como un "Yo puedo" (*Je peux*) fundamental, el cual utilizo constantemente para desplegar mi cuerpo desde dentro, y que, a su vez, me permite levantarme y ganar otro espacio después de este encuentro. Hemos establecido que este "Yo puedo" fundamental consiste en una subjetividad radical en relación consigo misma, sin la mediación de la relación con el mundo. Es decir, este Yo, inmanente al cuerpo originario, es ajeno a la experiencia del mundo, experiencia a la cual se refieren, sin embargo, todas las aproximaciones ideológicas del cuerpo, ya que consideran al cuerpo como un objeto que se nos muestra en el mundo.

Así que hemos preparado el terreno para una especie de segunda vía que intentaré seguir esta tarde ante vosotros sin disimular su dificultad. El problema consiste en pensar el cuerpo viviente, este cuerpo del cual no dejamos de hacer experiencia muda en nuestra vida cotidiana, y que ponemos en práctica en cada una de nuestras acciones; y no precisamente a partir del mundo y de la experiencia del mundo, ni a partir del cuerpo objetivo. Aquí se trata de partir no del mundo, sino de la vida misma y preguntarnos si, en esta vida, se puede comprender cómo puede surgir algo como este cuerpo viviente del cual tenemos experiencia; una experiencia más verdadera que aquella referida al cuerpo objetivo. Es esta segunda vía la que intentaré esclarecer esta tarde.

Sin duda, si deseamos explorar la transición desde la vida al cuerpo viviente, proponiendo una especie de génesis de este último, en el que cada uno de nosotros está intrínsecamente implicado, sería preciso saber como condición previa qué es la vida. No obstante, para hablar de la vida, ninguna época está tan mal situada como la nuestra. Afirmación paradójica donde las haya, pues ¿no es la ciencia que se dedica a la vida, la biología, la que, en el siglo xx, ha logrado avances significativos? Estos avances han puesto en tela de juicio nuestro modo de vida y han planteado los llamados *problemas sociales*. A pesar de ello, un biólogo muy célebre ha declarado: "Hoy ya no se pregunta por la vida en los laboratorios" (8). Considero esta afirmación profundamente verdadera, y la vinculo al ya mencionado acto proto-fundador de la ciencia moderna y, en consecuencia, de la biología moderna, que se refiere a la decisión de Galileo de excluir de nuestro conocimiento del universo todo lo relacionado con las cualidades sensibles, la sensibilidad, la afectividad, la subjetividad y la vida, para centrarse únicamente en las determinaciones geométricas y matemáticas del universo real, es decir, los algoritmos. Mientras que todo lo que refleja la subjetividad viviente es pasado por alto por esta ciencia, como condición misma de su desarrollo. Por lo tanto, no resulta sorprendente que al final de su desarrollo, la biología sólo se encuentre con el supuesto inicial de la modernidad, a saber: la exclusión de la vida. Para la biología no hay vida.

Si la vida se elimina *a priori* de la biología en el presupuesto mismo de esta ciencia, ¿dónde la ubicamos nosotros?, ¿acaso en el mundo? En el mundo, ¿no observamos, junto a los objetos animados, seres vivientes, cuerpos vivientes y precisamente nuestra propia vida, más o menos semejante a la de los animales?

Tomaré el segundo riesgo de formular, desde el principio, la tesis que guiará todo este análisis. En el mundo, la vida no existe. En el mundo, la vida nunca se muestra, y esta ausencia es precisamente la razón por la cual está ausente del campo de la biología. A pesar de la abstracción de sus metodologías, la biología sigue buscando la vida en el mundo, manteniendo su atención en este afuera que constituye el mundo. El atributo de ser viviente es un significado inherente a la percepción de los cuerpos vivientes y juega un papel esencial en dicha percepción. Aunque alcanzamos este atributo de ser viviente en la percepción de estos cuerpos, nunca alcanzamos la vida en sí misma. Es precisamente esta imposibilidad de alcanzar la vida en su esencia lo que hace que sólo la percibamos bajo la forma de una significación irreal, es decir, de una irrealidad. Aunque esta significación pueda concernir al ser viviente y determinar profundamente nuestra percepción de él, como cuando —dice Husserl— vemos los ojos como órganos de la visión y las manos como instrumentos del tacto, estos significados permanecen en su irrealidad; sólo señalan la vida sin poder experimentarla en sí misma, en persona, como sugieren los fenomenólogos.

Este es el motivo filosófico por el cual conviene desde ahora rechazar la tesis de Heidegger según la cual la vida no es más que el camino que hay que seguir si queremos llegar al ser esencial del hombre. La razón invocada en el parágrafo 10 de *Sein und Zeit* —que utiliza para descartar las problemáticas de la vida de su época, planteadas por Bergson, Scheler o el mismo Husserl— es que, si la vida constituye un género de ser particular, es sólo en el *Dasein* donde tenemos acceso a ella, de tal manera que la analítica del *Dasein* constituye el cimiento ontológico indispensable para la edificación tanto de una biología como de una psicología o antropología en general. "La vida es un género de ser particular, pero por esencia ella no es accesible más que en el *Dasein*". Dado que el *Dasein* es esencialmente ser-en-el-mundo, de ello se sigue que la vida sólo es accesible en el mundo. Entonces, lo que es verdadero de los organismos vivientes y de los cuerpos vivientes en cuanto objetividades empíricas sometidas a las condiciones generales de la experiencia, sean aquellas de Kant o Heidegger —para este último, el *Dasein*—, es atribuido sin paliativos a la vida misma. La confusión, por una parte, entre los organismos empíricos, los cuerpos-vivientes-objetos, con sus procesos objetivo-fisiológicos, con la vida misma que nadie nunca ha visto en el mundo y no verá jamás, esta confusión ruinosa se ha cumplido, y lo que ella presupone no es nada menos que un asesinato por el cual la vida se encuentra, de entrada, desprovista de su esencia más propia, a saber: el hecho de experimentarse, probarse a sí misma y, de este modo, vivir.

Si la vida no se muestra nunca a sí misma en el mundo, de tal modo que no es posible percibirla en él, sino bajo la forma de significados irreales; si entonces la vida ausente del mundo lo está también, y, por esta razón, del campo de la biología, surge la siguiente pregunta: ¿tenemos un acceso originario a la vida misma? Y, en ese caso, ¿dónde y cómo? He aquí nuestra respuesta: tenemos acceso a la vida misma. ¿Dónde? En la vida. ¿Cómo? A través de la vida. Es porque nosotros somos vivientes en la vida que tenemos acceso a esta vida, y el modo de este acceso es la vida misma; y esto es así porque sólo la vida llega a sí misma, sólo la vida da acceso a sí misma. Por lo tanto, la pregunta se desdobla: por un lado, se trata de saber cómo la vida tiene acceso a sí misma, cómo la vida llega a sí misma; cómo se da a sí misma. Y, por otro lado, se trata de saber cómo nosotros tenemos acceso a esta vida, cómo nos encontramos situados en ella de tal modo que, una vez dispuestos y sumergidos en ella, participamos en su obra, la obra de la vida.

La primera pregunta es: ¿cómo la vida llega originalmente a sí misma? La vida se experimenta a sí misma y no es otra cosa que esto, no es algo que cuente con esta propiedad, sino el hecho de experimentarse a sí misma. Como tal, la vida no se recoge en ninguna ontología, sino solamente en una fenomenología. La vida no pertenece al orden de lo que es, al orden de lo que aparece, sino al aparecer mismo. Es aquí donde el pensamiento de la vida nos obliga no solamente a rechazar la fenomenología clásica, sino también, y más allá de ella, a una buena parte del desarrollo filosófico occidental. Para la fenomenología, así como para esta filosofía, aparecer significa mostrarse en un mundo, venir al día, llegar a la luz. Esta es la tesis de Heidegger, evidente desde su análisis del fenómeno griego. Pero nos equivocaríamos mucho si estimáramos que la filosofía clásica de la conciencia ha introducido un nuevo concepto del aparecer, porque, para ella, la conciencia es esencialmente conciencia de algo. Es una representación: *vor-stellen*, lo que quiere decir "poner delante". Poner delante lo que llega a ser consciente, lo que se muestra por el hecho de ser puesto así delante. Lo que se manifiesta por el hecho de este afuera y en él. O, como lo declara un discípulo de Husserl: "La conciencia originaria entendida de manera intencional constituye el verdadero acceso al ser" (9). Esto quiere decir que el acceso al ser consiste en este rebasamiento trascendente por el cual la conciencia es capaz de arrojarse fuera de sí, en este "afuera" que es el "mundo".

Lo que caracteriza al aparecer, a través de estas múltiples formas de conceptualización a las cuales no tengo tiempo de entrar, es que desvía de sí mismo con tal violencia que lo que aparece siempre es algo distinto al aparecer mismo. Aquello que da es lo otro hacia lo cual nos arroja. La intencionalidad, por ejemplo, que da todo, que nos abre el campo entero del ser, ¿cómo se da a sí misma? La intencionalidad es un hacer-ver (*faire-voir*), pero este hacer-ver nunca es visto. La conciencia clásica es una representación. Ella presenta por anticipado y hace ver de esta manera, pero desde que se levanta la sospecha con Schopenhauer y con Freud de que todo se reduce a este ser representado, al hecho de ser representado, el pensamiento de Occidente no conoce más fenomenicidad. Acaba remitiéndose al inconsciente. Y, en consecuencia, cuando por azar la filosofía recupera su última pregunta, no aquella que tiene que ver con la donación del mundo en la intencionalidad, sino la cuestión de esta donación en sí misma, la cuestión de la donación de la intencionalidad, o incluso la cuestión de la auto-donación, queda sin respuesta.

La donación de la donación, la auto-donación, es la vida. La vida es, entonces, fenomenológica en un sentido radical y fundador. No es fenomenológica en el sentido de ser un fenómeno entre otros, un ser ahí en el mundo como ellos, un cuerpo viviente al lado de otros, un cuerpo viviente con sus componentes: las moléculas, las células, los diversos procesos fisiológicos cuya sede es el cuerpo, etc. La vida es fenomenológica en el sentido en que designa la fenomenicidad misma, la donación misma y, además, el modo originario según el cual esta fenomenalización se fenomenaliza. No es simplemente donación, sino precisamente donación de la donación, auto-donación. La auto-donación de la vida significa que lo que la vida da es ella misma; lo que ella experimenta es a sí misma. No experimenta el mundo de entrada, su resistencia, su presión, ni siquiera todos los entes que se dan en él. No siente, en primer lugar, lo que es sentido, las cualidades de las cosas, las cosas. No es afectada por algo distinto a ella, por una alteridad cualquiera, sino por ella misma. Es en este sentido que digo que la vida es auto-afección.

Sin embargo, dado que el dominio de la auto-afección es el de la vida, este concepto debe ser pensado con rigor. La auto-afección aquí no se entiende en el sentido en que este concepto se presenta en la segunda edición de la *Crítica de la razón pura* (10); ni siquiera en el sentido que le otorga Heidegger en su comentario sobre Kant, titulado *Kant y el problema de la metafísica* (11). La auto-afección kantiana apunta, en efecto, a una auto-solicitación del tiempo por él mismo. Se trata de la afección por el horizonte temporal del mundo, de tal manera que esta susodicha auto-afección supone una afectación por una alteridad radical, aquella que tiene que ver con el horizonte extático que define básicamente el mundo. La vida ya no es una auto-afección en el sentido de una auto-posición, de una auto-objetivación: es decir, la vida se afecta a sí misma sin proponérselo, sin ponerse ante sí misma, en frente, en una diferencia, en la diferencia de un éxtasis, por ejemplo. Es solamente bajo esta condición que el contenido de su afección puede ser ella misma y no lo otro ni tampoco lo diferente. Dado que la vida se afecta independientemente de todo afuera, ella no tiene "afuera", ninguna cara de su ser se ofrece a la captación de cualquier mirada. Por eso, nadie la ha visto nunca. *La vida es invisible.* Lo invisible de la vida no es provisorio, sino insuperable. La idea de una realización de la vida que llegaría a cumplirse por una especie de objetivación, por una acción que sería una exteriorización en el mundo, es absurda, porque una operación tal no significaría una realización de la vida, sino su destrucción. He aquí por qué la idea de un acceso a la vida que se haga en el mundo y sobre el fondo de una apertura previa a él, sobre el fondo del *Dasein*, no es sino otra expresión de esta absurdez. Porque la vida es incapaz de separarse de sí misma, ella se sostiene a sí misma en una pasividad intrínseca que la caracteriza hasta el fondo y sobre la cual ya no insistiré aquí.

Pero si la donación de la vida acontece como auto-donación, ¿cuál es el aparecer que permite esta auto-donación? Porque no es cualquier tipo de aparecer el que posibilita una donación de este calibre. Justo cuando esta donación es, por ejemplo, la intencionalidad, este aparecer se desvía de sí mismo —como hemos observado— de tal manera que no se presenta a sí mismo, sino sólo él "en frente de". Es importante notar que todo pensamiento es de esta naturaleza, incluyendo el pensamiento fenomenológico. El método fenomenológico no es más que la aplicación de la intencionalidad. Por lo tanto, la intencionalidad no puede ser aquello que nos otorgue la vida. Si nuestra pregunta es de índole filosófica, es decir, si concierne al pensamiento, no encontrará respuesta. El hecho de que el aparecer original —que permite la vida, que acontece como la vida, es decir, como una auto-donación— escape al método fenomenológico como método intencional, y se sustraiga de nosotros en el momento en que intentamos pensarlo, sólo deja abierta una única posibilidad, a saber: que, independientemente del esfuerzo de nuestro pensamiento, más allá de nuestra percepción, fuera del mundo, la vida se trae a ella misma, se fenomenaliza ella misma en la fenomenicidad que le es propia y de acuerdo a esta fenomenicidad.

El hecho de cómo se fenomenaliza esta fenomenicidad original vuelve a plantearnos la siguiente cuestión: ¿cuál es la materia fenomenológica pura de la cual está compuesta?, ¿cuál es su carne fenomenológica? El modo en que se presenta la donación, su "cómo" (*Wie*), debe constituir un "qué" (*Was*), un contenido. La manera en la que se manifiesta la fenomenalización inherente a la vida es una afectividad trascendental que impregna todo aquello que se auto-afecta y que encontramos, de una manera o de otra, en todo ser viviente; por ejemplo, toda impresión, todo sentimiento, todo deseo, todo acto volitivo, toda acción, pero también toda percepción, todo pensamiento y la propia intencionalidad. Pues el acto de ver, que nunca es visto, no percibiría nada si no se auto-afectara como aquello que ve, en tanto que *ver viviente*. Sin embargo, la vida no requiere de la intencionalidad en su auto-donación primitiva, mientras que la intencionalidad, como la del acto de ver, no sería posible sin la vida.

Cuando observamos el mundo desde el exterior, es decir, cuando consideramos las cosas desde fuera, buscando en la exterioridad el acceso a estas y, quizás, a su esencia, nos encontramos con una jerarquía que opera por sí misma. En esta jerarquía, encontramos el mundo material, la vida orgánica y el ser humano. La posición intermedia que ocupa la vida en esta jerarquía explica, sin duda, las dificultades que ha tenido el pensamiento tradicional al tratar de comprenderla. Incluso un filósofo como Max Scheler, que intentó renovar por completo la problemática de la intersubjetividad (12), quedó atrapado en esta jerarquía y, por este motivo, fracasó. Sin embargo, desde siempre, en una jerarquía así, el ser humano es más que un simple viviente. Es, de hecho, un animal provisto de *logos*, es decir, de la capacidad de atribuir significados y comunicarse mediante el lenguaje. Por lo tanto, para nosotros, los seres humanos, que somos estos animales superiores dotados de logos, la vida resulta difícil de comprender. Sólo podemos entenderla mediante una suerte de distanciamiento en relación con lo que somos: estos vivientes provistos de logos. Esto es lo que Heidegger afirma: "La ontología de la vida acontece por una vía de interpretación privativa, ella determina lo que debe ser para que pueda ser algo que no sea nada más que vivir —*so etwas wie nur noch Leben*—" (13). Esta idea de que la vida es inferior a nosotros, que estamos abiertos al mundo, será retomada por Binswanger y afectará todo *el análisis del Dasein* (14). Sin embargo, si consideramos que la vida posibilita la intencionalidad y, por consiguiente, los actos noéticos que Scheler situaba por encima de la esfera cosmo-vital; y si, por otro lado, esta vida se autorrevela antes de que se abra un mundo y de manera independiente a esta apertura al mundo, entonces, ¿no deberíamos invertir esta jerarquía entre la vida y el ser humano, que opera por sí misma y que ha estado instituida desde siempre? Esto implica repensar la misma noción de logos de manera intrínseca. Se trata, a fin de cuentas, de reflexionar sobre otro logos, no el logos que atribuye significados, sino la Archi Revelación fundamental de la vida, este Logos originario que Juan llama el "Verbo de la Vida" (1Jn 1,1).

Volvamos entonces a esta fenomenalización de la vida y a nuestra segunda cuestión que es cómo no sólo la vida llega a sí misma, sino también cómo nosotros llegamos a ella, a esta vida que no tiene rostro, que ignora el mundo y que se revela originariamente a sí misma en su auto-afección patética y sólo de esta manera. Entonces, ¿cómo llegamos nosotros a ella de manera que podamos participar en esta autorrevelación que le es propia? No es precisamente partiendo de nosotros mismos, no es comenzando desde algún ego originario, último constituyente en funcionamiento, como lo designa Husserl en la *Krisis*, que porta algún dispositivo de experiencia; ya sea el de Kant o el ser-en-el mundo de la intencionalidad, un ego que, partiendo de sí mismo, podría encontrarse con la vida, y experimentarla. Ningún *a priori* precede nuestra relación con la vida ni la determina en modo alguno, sino el *a priori* de la vida misma. En la vida, nosotros estamos ya en ella desde siempre, y es sólo porque siempre y ya nosotros estamos en la vida que cualquier otra forma de experiencia es posible para nosotros. Pero ¿cómo estamos en la vida?, ¿cómo hemos venido nosotros ya y desde siempre a ella de tal forma que esta venida, al mismo tiempo que nos precede, ha hecho y hace de nosotros unos vivientes?

Nosotros venimos a la vida en nuestro nacimiento. Nacer no significa simplemente venir al mundo, sino más bien venir a la vida. No podemos venir al mundo sin haber venido primero a la vida. Pero la forma en que venimos a la vida es diferente de cómo venimos al mundo. Venimos al mundo en la conciencia, en la intencionalidad, siendo en el mundo. Pero venimos a la vida sin conciencia, sin intencionalidad, sin *Dasein*. En realidad, no venimos a la vida, es la vida la que viene a nosotros. En esto consiste nuestro nacimiento, el nacimiento trascendental de nuestro yo. Es la vida la que viene, ella viene a sí misma, de tal modo que, al venir a sí misma, viene también a nosotros y nos engendra. La pregunta entonces es: ¿cómo acontece esta venida a sí misma de la vida que es su venida a nosotros, y que a su vez constituye nuestro nacimiento? La vida viene a sí misma en el proceso de su auto-afección eterna. En un proceso así, la vida se enfrenta consigo misma, es decir, se experimenta a sí misma y se regocija en sí misma, de tal modo que un Sí mismo resulta cada vez de esta prueba como idéntico a su puro experimentarse, probarse a sí misma. En otras palabras, al acontecer como auto-afección, la vida genera en sí misma su propia Ipseidad, se experimenta como un Sí mismo originario, que habitará todo Sí mismo concebible. Este Sí mismo tiene su origen únicamente en la vida y sólo es posible en ella. Pero la experimentación que la vida hace de sí misma en su Ipseidad originaria es una experimentación, prueba fenomenológicamente efectiva y, como tal, necesariamente singular, dado que no hay ninguna experimentación que no sea singular. Entonces, toda ipseidad en tanto que fenomenológicamente efectiva, en tanto que viviente, aparece en esta experimentación, prueba como un Sí mismo singular. Así, la vida se engendra, es decir, viene a experimentarse a sí misma como un Sí mismo singular. Si lo preferís, no hay ninguna vida que venga a sí misma que no lo haga como un Sí mismo singular y principalmente como este Sí mismo singular que yo soy. La vida se auto-afecta como yo mismo. Si, con Juan o con Meister Eckhart, llamamos a la vida Dios, entonces diremos con Eckhart: "Dios se engendra como yo mismo" (15). Pero este Sí mismo singular que es engendrado en la vida, que no se da a sí mismo más que en la auto-donación de la vida, lleva en su interior a esta, la vida. Así la vida se comunica necesariamente a cada uno de los Sí mismos que ella engendra, entregándose a sí misma al darse a sí misma, de modo que en este Sí mismo no hay nada que no sea viviente. Repito: el Sí mismo de todo viviente, es decir, su donación a sí mismo, no acontece más que en la auto-donación de la vida. No hay ningún Sí mismo que no contenga esta auto-donación de la vida y, siempre que nos refiramos a la vida con el apelativo de Dios, diremos con Meister Eckhart: "Dios me engendra como él mismo" (16). Comprendiendo que el Sí mismo es la condición de posibilidad trascendental de todo yo o de todo ego concebible, entendemos que sólo existe un yo (*moi*) o ego unido a sí mismo en la Vida, que se da a sí mismo en la auto-donación de la Vida y sólo por ella.

En el lenguaje cotidiano, utilizamos con cierta indiferencia los términos "yo" (*moi*) y "yo" (*Je*). Sin embargo, no son exactamente lo mismo, aunque el pensamiento clásico pueda deslizarse de uno a otro en una confusión perfecta, sin advertir que en esta doble designación del Sí mismo al menos se presenta un problema. Que el Sí mismo singular se exprese inicialmente en acusativo, es decir, como un yo, refleja el hecho de que es engendrado. Esto implica más precisamente que no se ha traído a sí mismo en la condición que le es propia, la de ser dado a sí mismo. De hecho, no se ha traído a sí mismo en la condición de estar siendo constantemente dado a sí mismo en la auto-donación de la Vida absoluta. Sin embargo, dado que esta generación del yo (*moi*) en la auto-donación de la vida es fenomenológica en un sentido absoluto (pues la vida es la Archi-fenomenicidad), entonces esta generación también es fenomenológica. Es decir, lo que motiva la colocación del yo en acusativo se vislumbra en esta generación. Es precisamente este sentimiento el que es intrínsecamente pasivo, no sólo respecto a cada uno de sus estados (su dolor, su placer…), sino aún más respecto a su propia condición: la de ser dado a sí mismo. En un manuscrito inédito, Husserl dice: "Yo no soy solamente para mí mismo, sino que Yo soy Yo" (*Ich bin nicht nur für mich aber Ich bin Ich*). Yo soy yo mismo sin que mi yo tenga participación en este ser yo mismo, es decir, que me experimento, pruebo sin ser la fuente de esta experimentación, prueba. Soy dado a mí mismo sin que esta donación sea, en ningún caso, el resultado de mi yo. Me afecto y así me auto-afecto, lo que significa que no soy afectado por algo externo, sino por mí mismo. Pero mi yo no participa en esta auto-afectación. Por lo tanto, yo no me afecto absolutamente: esta auto-afección no es obra mía. En consecuencia, sería más preciso decir que soy auto-afectado y, de esta manera, engendrado como un Sí mismo en la auto-afección de la vida. El Yo (*moi*) designa, en última instancia, este atributo de ser auto-afectado propio del Sí mismo singular, atributo gracias al cual, al ser auto-afectado por sí mismo, se convierte en un Sí mismo y un yo (*moi*) a partir de entonces.

Ser auto-afectado implica tener el control de uno mismo y de todos los poderes que el Sí mismo y, por ende, el yo, poseen internamente. Por lo tanto, dado que el yo se encuentra en posesión de sí mismo y de todos los poderes que encuentra en él, está en condiciones de ejercerlos. Al coincidir con estos poderes en su auto-donación, que también es la donación de cada uno de estos poderes, concuerda con ellos. Entre estos poderes se encuentran claramente todos los poderes del cuerpo, como el de tomar, el de moverse, el de tocar y, en general, el de desplegar todos los poderes que constituyen un cuerpo fenomenológico en su totalidad.

Así, este ego es idéntico al cuerpo viviente que buscábamos, que habíamos encontrado a partir de la experiencia cotidiana del cuerpo, y que ahora descubrimos en su generación a partir de la Vida absoluta. En la medida en que el yo (*moi*) está ahora, gracias a su donación a sí mismo, en posesión de todos estos poderes de los cuales dispone, este yo (*moi*) que se ha adueñado de sí mismo y de todo lo que vive en él, se declara un yo (*Je*). Yo (*Je*) significa: "Yo puedo". "Yo puedo" no es una proposición sintética, lo que implica que, en esta afirmación, ningún poder se añade a la esencia del Yo (*Je*), sino el poder en sí mismo. Se trata del poder último, ya que está en posesión de cada de los poderes que halla en sí mismo. Y está en posesión de estos poderes sobre el fondo de un yo (*moi*), es decir, sobre el fondo de la Vida absoluta que lo entrega a sí mismo. Así, sólo un ego viviente es algo que nosotros llamamos cuerpo, es decir, algo que puede tomarse como punto de apoyo, ya que es dado a sí mismo. No existe sin fundamento, está arraigado en su yo trascendental y en la auto-donación de la Vida. Por lo tanto, al haberse fundamentado en sí mismo y en cada uno de sus poderes, puede ejercerlos. Puede ejercerlos, y esta capacidad la experimenta constantemente: puede ejercer sus poderes cuando lo desee, libremente. Este ego, como cuerpo viviente, es libre. Toda libertad reposa en un poder, y la libertad de la que podemos hablar es la capacidad de poner en práctica los poderes que encontramos fenomenológicamente en nosotros mismos, y esto porque, en el fondo de la auto-donación de la vida, nos encontramos en posesión del ego y de cada uno de sus poderes. Nunca somos libres respecto a lo que es exterior, sino sólo en el seno de este yo (*Je*) fundamental que presupone el yo (*moi*) y el Sí mismo. El ego no es libre, en última instancia, más que en el fondo de un yo (*moi*) que le precede necesariamente, es decir, en el fondo de este Sí mismo generado en el auto-engendramiento de la vida, esto es, dado a sí mismo en la auto-donación de la vida.

No tengo necesidad de insistir en la idea de que las teorías que critican o niegan la libertad de este yo (*Je*) resultan completamente absurdas. Estas teorías se basan en la aplicación de regulaciones mundanas a un dominio en el que no tienen cabida alguna. Es una especie de sinsentido ontológico, pues de entrada es un sinsentido fenomenológico, ya que la condición para el ejercicio del poder, es decir, la libertad, reside en la esencia misma del yo. El ego es libre en su nacimiento, en su generación. Las teologías que afirman que Dios ha creado al hombre libre expresan, de manera impropia pero profundamente verdadera, algo significativo. Si entendemos lo que esto implica y descartamos la palabra creación, que no corresponde aquí —pues la creación se refiere a la creación del mundo y, por ende, a una exterioridad— entonces, sólo en el acosmismo fundamental de la vida, se vuelve inteligible la posibilidad del ejercicio efectivo del poder, es decir, de la libertad.

Este *Yo puedo* es el concepto de cuerpo de Maine de Biran al que llegamos al final de nuestra discusión esta mañana. En mi conclusión, me gustaría responder a una objeción, a saber: que la generación del cuerpo viviente en la vida fenomenológica absoluta no abarca todos los aspectos de este cuerpo. Porque en este cuerpo hay ciertos poderes específicos, como ver, escuchar, moverse, etc. Por lo tanto, asegurémonos de decir lo siguiente: debido a que estos poderes son naturales, inherentes a un cuerpo natural, esta explicación del cuerpo a partir de la Vida absoluta encuentra, pese a todo, dificultades o límites.

Lejos de mí la idea de minimizar este problema, pero sostengo que estos poderes en cuestión —ver, escuchar, tocar, coger— sólo son posibles como poderes subjetivos. Como he mostrado esta mañana, si estos fueran procesos exclusivamente objetivos, me sería imposible alcanzarlos nunca. A lo largo de la historia de la filosofía occidental, se ha tratado el cuerpo como un objeto, como un conjunto de procesos objetivos, pero nunca se ha podido explicar —ya sea en Descartes, Spinoza, Leibniz o Malebranche— cómo el alma (es decir, un querer subjetivo) puede mover la mano considerada como objeto, como un elemento del mundo.

Por lo tanto, no debemos apresurarnos a afirmar que estos poderes son naturales. De hecho, sólo los conocemos fenomenológicamente. Imaginemos a un Dios omnisciente que observa un globo ocular y conoce su organización fisiológica; la ciencia podría desentrañar todo lo que hay que saber sobre él, pero no tendría la menor idea de lo que es la visión. No podría nunca deducir, a partir de este organismo, qué significa ver. En realidad, nosotros hacemos lo contrario —y este es uno de los hallazgos geniales de Maine de Biran—: insertamos nuestra experiencia trascendental subjetiva de la visión en un cuerpo objetivo que no ve, excepto porque esta experiencia subjetiva está presente en él. Es cierto que fenomenológicamente descubrimos en nosotros la estructura fenomenológica de un cuerpo que no se puede explicar, que no se puede deducir de lo que hemos dicho acerca de la Vida Absoluta. Pero la pregunta clave es: ¿son estos poderes trascendentales y no naturales que descubrimos en nosotros esenciales para la esencia de algo como nuestro yo, nuestro ego, o podría este yo (*moi*) existir sin tales poderes? En caso afirmativo, la generación de un cuerpo —es decir, de este poder sostenido en sí mismo, pero, de hecho, en un yo (*moi*) trascendental y en un Sí mismo (*Soi*) trascendental y, en última instancia, en la autorrevelación de la Vida absoluta— conservaría todos sus derechos.

Hay un texto del apóstol Pablo en el cual este expresa de forma contundente lo que es el ser humano. Cito: "No hay judío, ni griego, no hay esclavo ni libre, no hay hombre ni mujer" (Gál 3,23). Es importante señalar, desde el principio, que esto no es una interpretación del cristianismo realizada por Pablo. De hecho, aunque no haya tenido un encuentro personal con Cristo, Pablo simplemente repite lo que dijo Cristo en un episodio que recordamos y que, en cierto modo, resulta bastante curioso. Los saduceos, que no creen en la inmortalidad del alma, confrontan a Cristo, tratando de ponerlo en apuros. Se relata, así, un episodio en el que siete hermanos, uno tras otro, se casan con la misma mujer debido a la ley de Moisés.

"En la resurrección, ¿de cuál de los siete será la mujer? Porque todos la habrán tenido" (Mt 22,28). Cristo responde de manera similar a lo que luego afirmará Pablo a su manera: "No hay hombre ni mujer". "Jesús les respondió: Estáis en el error y no conocéis las Escrituras ni el poder de Dios. En la resurrección, en efecto, no se toma ni mujer ni marido, sino que se es como los ángeles en el cielo" (Mt 22,29-30).

Quisiera preguntarme, para concluir, si, desde una perspectiva fenomenológica, tales palabras tienen sentido. ¿Es verdaderamente posible excluir el aspecto de género, el hecho de ser un hombre o una mujer, de la definición de ser humano? En el plano natural, existen dos cuerpos que son objetivamente distintos. Esta diferencia no puede ser desestimada bajo el argumento simplista de que se trata únicamente del cuerpo objeto u objetivo, que no refleja el cuerpo original. Desde una perspectiva subjetiva y trascendental, esta distinción vuelve a surgir: existe una disparidad entre la sensibilidad femenina y el erotismo femenino, por ejemplo, y la sensibilidad propia de la virilidad. En el plano subjetivo, entonces, ¿no es esta diferencia, que se corresponde con vivencias subjetivas incuestionables en cada momento, también innegable en sí misma? Planteada de forma rigurosa, la pregunta sería esta: si consideramos una impresión específica de la sensibilidad femenina y otra de la sensibilidad masculina, ¿qué compartirían estas dos impresiones? El hecho de ser dadas a ellas mismas en la auto-donación de la Vida absoluta. Y esta auto-donación es la misma para ambas sensibilidades, independientemente de sus modalidades respectivas. Por lo tanto, la vida fenomenológica absoluta es la misma en todos los vivientes, y esta identidad constituye su unidad e implica su pertenencia, quizás, a un cuerpo místico único, más allá de las diferencias entre todos estos vivientes y al margen de su diversidad infinita.

Referencias bibliográficas

(1) René Descartes, *Méditations métaphysiques*, París, PUF, 1996, pp. 36-51.

(2) René Descartes, *Les passions de l'âme*, París, Vrin, 1964, pp. 85-86.

(3) René Descartes, *Méditations métaphysiques*, París, PUF, 1996, p. 228.

(4) Etienne Bonnot de Condillac, *Traité des sensations. Traité des animaux*, París, Fayard, 1984.

(5) *Ibidem*, p. 15.

(6) *Ibidem*, p. 153 y siguientes.

(7) Maine de Biran, "Mémoire sur la décomposition de la pensée", en Pierre Tisserand (ed.), *Oeuvres*, Tome IV, París, Alcan, 1932, pp. 6-7.

(8) François Jacob, *La Logique du vivant. Une histoire de l'hérédité*, París, Gallimard, 1970, p. 320.

(9) Eugen Fink, "Le Problème de la phénoménologie d'Edmund Husserl", en *De la phénoménologie*, París, Minuit, 1994, p. 220.

(10) Emmanuel Kant, *Critique de la raison pure*, París, PUF, 1993.

(11) Martin Heidegger, *Kant et le problème de la métaphysique*, París, Gallimard, 1981.

(12) Max Scheler, *Nature et formes de la sympathie. Contribution à l'étude des lois de la vie affective*, París, Payot, 1971.

(13) Martin Heidegger, *Sein und Zeit*, Halle, Max Niemeyer, 1941, p. 50.

(14) Ludwig Binswanger, *Introduction à l'analyse existentielle*, París, Minuit, 1971.

(15) Maître Eckhart, "Sermon n° 6", en *Traités et Sermons*, París, Aubier, 1942, p. 146.

(16) *Idem*.

VIII. Cristianismo y fenomenología

Conferencia pronunciada en la Universidad Paul-Valéry Montpellier III
el 12 de diciembre de 1996

A petición de Jean-Marie Brohm, me propongo realizar una aproximación fenomenológica al cristianismo. Desde el principio, es importante aclarar, para evitar malentendidos, que el cristianismo, al igual que otras religiones, no puede ser reducido a una filosofía. Tampoco puede ser catalogado como una teoría o una gnosis, aunque se hayan dado en su seno derivas gnósticas. El cristianismo se define principalmente por su práctica. Es esta característica la que lo distingue de una mera filosofía.

En cuanto a su práctica religiosa, el cristianismo abarca, por supuesto, los sacramentos, pero también una ética fundamental que no se limita a teorías, sino que se manifiesta en la acción, ya que una de las enseñanzas de Cristo es precisamente esta: "No todo el que me diga: Señor, Señor, entrará en el Reino de los Cielos, sino el que haga la voluntad de mi Padre celestial" (Mt 7,21). Además, el cristianismo no puede ser tratado como una *gnosis*, ya que no podemos pasar por alto estas palabras sorprendentes: "Yo te bendigo, Padre, Señor del cielo y de la tierra, porque has ocultado estas cosas a sabios e inteligentes y se las ha revelado a pequeños" (Mt 11,25). Estas palabras no están dirigidas directamente a los intelectuales. Sin embargo, aunque el cristianismo sea una práctica, contiene una serie de intuiciones o afirmaciones que invitan a la reflexión filosófica. En concreto, el hecho de que el hombre sea hijo de Dios o ciertas declaraciones sorprendentes —hay muchas paradojas en la Biblia— exigen una reflexión filosófica: "El que ama su vida, la pierde; y el que odia su vida en este mundo, la guardará para una vida eterna" (Jn 12,25); "Bienaventurados los afligidos" (Mt 5,5); "Muchos primeros serán últimos y los últimos, primeros" (Mc 10,31).

Desde su surgimiento en el mundo antiguo, el cristianismo —percibido como algo extraordinario, incluso en comparación con otras religiones— ha suscitado numerosas aproximaciones filosóficas. En aquel tiempo, el pensamiento predominante era griego, lo que condujo a una aproximación de índole griega con sus variantes platónica, neoplatónica y aristotélica. Sin embargo, esta tarde propondré una aproximación que no tenga raíces griegas. Intentaré definirla de manera positiva, aunque antes quisiera señalar una dificultad de orden sociológico, relacionada con la recepción particular del cristianismo en la actualidad.

Desde una perspectiva histórica, en la universidad rara vez se aborda el cristianismo como tema inicial. Sin embargo, una religión es una entidad histórica que, como toda tradición, se transmite de generación en generación mediante la enseñanza. Es evidente que, si esta transmisión se interrumpe, la religión corre el riesgo de desaparecer. Bajo el régimen de Mao, por ejemplo, se detuvo la transmisión del budismo. Los estudiantes chinos que más tarde visitaron los monasterios budistas tenían una comprensión limitada del arte, de la pintura o incluso de su propia cultura. Sin embargo, las dificultades actuales para la recepción del cristianismo son mucho más significativas, ya que están relacionadas con la naturaleza misma del mundo en el que vivimos: el mundo de la modernidad.

El mundo moderno se distingue de otros mundos, como el egipcio, el griego, el medieval y el renacentista, que tienen su origen en conjuntos de causas extremadamente complejas, como, por ejemplo, la irrigación en Egipto. De hecho, sostengo, ya desde *La Barbarie* (1), la tesis de que el mundo moderno nació de la decisión de un pensador en 1602, quien expresó la idea de que lo más importante para el ser humano era comprender el mundo en el que vivía, dando prioridad a la ciencia sobre el tipo de conocimiento que existía hasta entonces. ¿Por qué? Porque este conocimiento previo era de orden sensible, mientras que el nuevo conocimiento del universo debía construirse abstractamente a partir del mundo sensible, lo que los fenomenólogos llaman *el mundo-vida* (*Lebenswelt*). Sin embargo, para este nuevo tipo de conocimiento científico, las cualidades sensibles eran puramente ilusorias. En consecuencia, el conocimiento que teníamos del universo hasta entonces, basado en tales datos, pasó a considerarse completamente falso, ya que las cualidades sensibles, como los colores, los sonidos, los olores, el frescor del aire, la suavidad de un tejido, etc., no correspondían absolutamente a nada. Todos esos datos sensibles (como los colores, por ejemplo) se convirtieron en una fuente de errores. Como señaló Galileo, somos animales con una determinada organización fisiológica; es perfectamente posible concebir otros animales que no vean los colores del mismo modo que nosotros. Por lo tanto, el conocimiento de las cualidades sensibles es completamente incierto: a algunas personas les gustan las cosas dulces y azucaradas, mientras que a otras no les gustan en absoluto. Las proposiciones sobre lo sensible sólo pueden ser singulares, y, como tales, carecen de valor, ya que una proposición científica debe ser universal. Así pues, los conocimientos sensibles no constituyen un verdadero saber, es decir, un saber universal y fundamentado. Sin embargo, dado que el universo está compuesto por cuerpos materiales extensos, es decir, figuras, contamos con una ciencia racional, la geometría, que permite una comprensión adecuada de la realidad del universo. ¡Aquí está el fundamento de la nueva ciencia! La modernidad se edificó sobre esta premisa, y todos sus extraordinarios logros se basan en este cambio radical en el saber humano.

La modernidad tuvo su inicio a principios del siglo XVII con Galileo, y nosotros, sepámoslo o no, querámoslo o no, somos los herederos de este mundo. Creemos en este mundo y confiamos en la ciencia. Esto significa que para nosotros la verdad se manifiesta a través de la verdad científica. Según Galileo, el universo es un gran libro escrito en un lenguaje que debemos aprender a leer. Este lenguaje está compuesto por círculos, cuadrados, figuras geométricas... Por lo tanto, sólo aquel que conoce la geometría puede descifrar este libro y conocer la realidad del mundo.

Desde el punto de vista cultural, resulta notable observar que, cuarenta años después, otro pensador brillante retomaría estas ideas. En la segunda de las *Méditations métaphysiques* de Descartes, el pasaje sobre la cosa extensa, también conocido como "Discusión acerca de las cualidades secundarias", supone una reproducción casi literal de un pasaje de Galileo escrito en 1602. "Este trozo de cera, dice Descartes, que acaba de ser extraído de la colmena no ha perdido aún la dulzura de la miel que contenía y todavía conserva el olor de las flores; su calor, su figura, su tamaño son aparentes; es duro, es frío, se toca; si dais en él un golpecito se producirá un sonido" (2). No sólo Descartes sigue los pasos de Galileo, sino que, al proporcionar a las verdades geométricas una expresión matemática, impulsa un avance extraordinario en la filosofía geométrica de Galileo. Este momento preciso, la aproximación físico-matemática al universo material, marca el nacimiento de la física moderna.

La ciencia y la técnica modernas también se fundamentan en esta radical transformación que relega a la escolástica como la última forma del conocimiento sensible del mundo. De ahora en adelante, los modelos matemáticos reemplazarán a la avaricia, el sufrimiento, los celos y la mentira. Las disciplinas científicas serán consideradas como ciencias en la medida en que se adhieran a este nuevo principio del saber. Utilizando un lenguaje fenomenológico, denomino a este acontecimiento el *acto proto-fundador* de la modernidad, es decir, el acto que ha establecido nuestro nuevo mundo, el acto inaugural de los tiempos modernos. Es evidente que lo que conocemos como posmodernidad no altera en absoluto esta decisión, y la modernidad, en este sentido radical, sólo se intensifica ante nuestros ojos.

Este acto inaugural de los tiempos modernos consiste en una reducción: Galileo redujo el mundo en que vivían los hombres a su estructura física, a la realidad geométrica. Pero algo extraordinario sucede cuando Descartes lleva a cabo la fundamentación físico-matemática de la ciencia moderna: realiza una contra-reducción. En lugar de descartar las cualidades sensibles, como el calor, el frío, la suavidad, lo sensual, lo agradable o lo desagradable, Descartes las conserva. Él las agrupa bajo el término de *cogitationes* y afirma que estas *cogitationes* son mucho más verdaderas que el propio universo material. De este modo, Descartes pone el mundo material entre paréntesis para redescubrir esas sensaciones como datos fenomenológicos absolutos. Husserl procederá posteriormente de la misma manera. Cuando decimos, por ejemplo, que un muro está caliente al final del día tras recibir el sol, o que estamos tomando el sol sobre una piedra, estas afirmaciones no tienen un significado absoluto. La piedra y el muro no sienten nada, ¡no experimentan en sí mismos ni el calor ni el frío! Aunque el universo en sí carece de sensibilidad, todo él remite a sensaciones, a impresiones; en otras palabras, a los *datos fenomenológicos absolutos*. Cada impresión, como el dolor, es una *cogitatio*, es decir, algo que es absolutamente verdadero y que se experimenta a sí mismo de manera inmediata y en un *pathos* absoluto. Llamo a esto *la vida*, ya que la vida es precisamente lo que se experimenta, se prueba a sí misma inmediatamente. Lo humano comienza allí donde hay un ser que se experimenta a sí mismo. Cuando la vida desaparece, desaparece también el hombre, no queda nada. La diferencia específica del hombre no radica en su capacidad política para votar una constitución o cualquier otra cosa, sino en su capacidad de *cogitatio*, es decir, de impresión. Todo es impresión, incluso un acto intelectual. Antes de ofrecernos lo que ve, una visión es esa impresión pura, esa *cogitatio* que, para Descartes, representa el fundamento inquebrantable, la única cosa que existe, aunque el mundo dejara de existir. La vida es esto: una *pura experimentación, prueba* (*épreuve*).

La fenomenología tiene por objeto, no las cosas en sí mismas, sino su modo de donación. En este sentido, pueden identificarse dos modos fundamentales de la donación: 1) el modo de donación que es el mundo, esta especie de horizonte que continuamente se abre ante nosotros y desde donde las cosas se nos muestran; 2) el modo de donación en el cual experimentamos patéticamente lo que somos, desde la primera impresión hasta sentimientos más complejos como la angustia o el pensamiento en su sentido más ordinario. De hecho, el pensamiento es un modo de la vida, ya que todo pensamiento es, en cuanto *cogitatio*, algo que se experimenta a sí mismo. Por ejemplo, al imaginar algo, el propio acto de imaginar se vivencia como un acto viviente, se experimenta a sí mismo inmediatamente en una especie de donación patética. Sin ese acto vivencial, no habría imagen alguna, ya que el acto que da forma a la imagen debe ser consciente de lo que hace. De lo contrario, no se daría la cosa. Así, al formar una imagen mental, sabemos desde el principio que se trata de una representación y no de una percepción real. Por ejemplo, si me imagino a mi amigo Pedro —por retomar un ejemplo usado por Jean-Paul Sartre (3)—, sé que estoy creando una representación y no la confundo con una percepción real. Incluso antes de que la imagen se forme completamente, somos conscientes en el proceso mismo de su formación, es decir, mientras la imaginación la presenta como una imagen ante la mirada de mi mente, de que estamos frente a una imagen. El hecho de que vaya a formarme la imagen de un elefante aquí y ahora no significa que vaya a exclamar: "¡¿Qué hace este elefante, en el momento en que os hablo, en el anfiteatro D de la Universidad Paul-Valéry?!". Desde el principio, sé que la presencia de un elefante aquí sería completamente increíble. En otras palabras, existe un saber *a priori* que consiste en la intencionalidad, pero que presupone la auto-donación de la intencionalidad. Ahora bien, este modo de darse no tiene nada que ver con el del mundo. Surge de una especie de carne patética que es la experimentación, la prueba misma.

Pero ¿qué relación tiene todo esto con el tema de nuestra conferencia? Es importante recordar en este punto las palabras de Juan: "Porque, como el Padre tiene vida en sí mismo, así también le ha dado al Hijo tener vida en sí mismo" (Jn 5,26). Esta es una de las tesis fundamentales del cristianismo sobre la cual me propongo reflexionar ahora. No soy ni exégeta ni teólogo. Por lo tanto, presentaré una aproximación puramente filosófica del cristianismo. La recepción del cristianismo hoy en día es difícil debido a que la reducción galileana ha excluido la vida de nuestro mundo. El hecho de que las universidades impartan una enseñanza en la que se obvia lo religioso no es sólo una decisión política, sino que refleja el efecto cegador de una decisión principal que ha cambiado la historia del mundo. De hecho, el saber de la ciencia galileana se constituirá mediante la exclusión de la sensibilidad y, en consecuencia, de la vida. El resultado de la reducción galileana consiste así en la implementación de un tipo de saber que organiza la división del trabajo mientras dirige las mentes, moldea la cultura e impone el mundo de la técnica en detrimento del mundo de la vida.

Es posible vincular con la vida no sólo la religión, que se define por ella, sino más generalmente la cultura. De hecho, toda cultura constituye una manera en que la vida responde a sus problemas, su angustia. La pintura, por ejemplo, permite que la sensibilidad se agudice. Pintar es ver mejor. Esta visión subjetiva constituye un incremento de vida, en el sentido nietzscheano. Se trata de una vida que llega a ser más que sí misma. La ética es entonces, para la vida, un "deber hacer": ¿cómo debemos comportarnos en lo tocante a la sensibilidad, el amor, los muertos, etc.? Ahí es donde la cultura entra en juego para responder a estas cuestiones. He titulado uno de mis libros *La Barbarie* para señalar que el desplazamiento deliberado de la vida lleva a excluir todo lo que proviene de ella, en otras palabras, todo lo que permite a la vida vivir, todo lo que la hace posible. Sin embargo, no es preciso decir que una reducción teórica como la reducción galileana elimina la vida. Ciertamente excluye la vida como tema u objeto del saber, pero la vida misma continúa. La vida conserva así sus exigencias que nunca dejan de expresarse. El discurso de la vida resiste así al imperialismo de la ciencia galileana. La vida sigue muy viva en el mundo moderno, sobre todo, en el ámbito de la cultura. Esta vida me servirá para explicar la vida de la cual hablan Juan y el cristianismo.

La vida ha sido siempre la hermana pobre en la historia del pensamiento. Se aplicaba principalmente a los animales, al reino del *bios*. Sin embargo, gracias a Schopenhauer —a quien considero como un pensador brillante, aunque comúnmente sea tachado de mal filósofo—, la relevancia de la vida se restableció a principios del siglo xix. La filosofía kantiana acababa de teorizar la experiencia humana como una experiencia de la representación. De hecho, para Kant, sólo conocemos los fenómenos, y todos los fenómenos son representaciones; es decir, manifestaciones del mundo en la medida en que *representar* significa "presentarse ante". Este matiz es más evidente en el léxico alemán: *vorstellen* significa "poner delante", es decir, lo que conocemos es lo que el espíritu pone delante de sí mismo. El término *Vorstellung* significa "lo que es puesto delante". En consecuencia, para Kant, sólo conocemos las representaciones. Se trata ya de un discurso pre-heideggeriano, ya que el *Dasein* está esencialmente abierto al mundo. Sin embargo, Schopenhauer, quien, contrariamente a la creencia popular, es un gran intérprete de Kant, escribe en su monumental obra, *El mundo como voluntad y como representación* (4), que Kant no ha hablado de la realidad. De hecho, las representaciones kantianas, dice él, no son más que re-presentaciones nuevamente: presentan por segunda vez, bajo una forma *quasi* irreal, la realidad. Entonces, ¿cuál es la realidad para Schopenhauer? La llama "voluntad", "querer vivir", lo que equivale a "vida". Afirma que la realidad, en los albores del siglo xix, no reside en el conocimiento teórico del universo, y que la ciencia no hace más que objetivarla. Para él, la realidad es el querer vivir: es decir, el deseo, lo que Freud llamará "pulsión".

Esta secuencia histórica, que va desde Schopenhauer a Freud pasando por Nietzsche, aborda la vida en el mundo, aunque la distorsiona (5). Antes de hablar de la vida en el sentido cristiano, es necesario entender lo que significa en el sentido moderno, dado que aún no ha sido excluida por la ciencia y sigue existiendo la cuestión del deseo, ya que es imposible referirse a la sociedad sin hablar del deseo. De hecho, la vida es una autorrevelación que se experimenta a sí misma, y lo que puede autorrevelarse, experimentarse, probarse a sí mismo es la vida misma. En un sueño, por ejemplo, la angustia se experimenta a sí misma, lo que no ocurre en el caso de una mesa. Una mesa es inerte, no es nada, no se experimenta a sí misma. Que la vida se experimente a sí misma significa precisamente que es fenomenológica. La vida se manifiesta y su fenomenicidad es radicalmente diferente de la del mundo, o de la de una mesa. Sería totalmente absurdo decir que la vida no se revela. Se revela de otra manera, patéticamente, pero de forma invencible e indiscutible. Se revela de tal manera que conduce a la acción. No es el conocimiento teórico el que determina la acción de los hombres. No es porque ellos conozcan esto o aquello que las parejas se formen o que la gente trabaje para subsistir, sino por el hecho de que hay una fuerza que trabaja en su interior, incansablemente.

Al igual que Kant, Schopenhauer cree que la fenomenicidad consiste en la representación, que la conciencia es representación. Heidegger considera, por su parte, que cuando Descartes dice "yo pienso", quiere decir "yo me pienso", y que el *cogito* implica el hecho de que "yo me represento a mí mismo". Sin embargo, el viviente es invisible. Lo es, no en cuanto organismo vivo, ya que nosotros lo vemos, sino que es invisible en cuanto que está vivo, en cuanto que, en él está el vivir. Por lo tanto, tiene el estatus fenomenológico de la vida: una inmediación patética, sufriente y queriente. Por eso, cuando Descartes define la *cogitatio*, enumera la duda, el sentir, el querer, etc. (6). Sólo la denomina pensamiento en último lugar, tergiversando así su verdadera definición.

Así, pues, la vida en sí misma es invisible, como reconoce Schopenhauer, escapando tanto a la representación como al mundo kantiano. Escapa a la estética trascendental conceptualizada por Kant, es decir, a la intuición del espacio y del tiempo que permite y abre el mundo. De hecho, la manera kantiana de concebir el despliegue del espacio y del tiempo instaura un mundo del cual la vida queda excluida. La vida no está en el mundo, y decir que es invisible implica, para Schopenhauer, que es ciega, absurda, que se asemeja a la gravedad. Las necesidades que se forman en los cuerpos humanos (el hambre, el sueño, la actividad, etc.) vuelven a aparecer indefinidamente, exactamente como la gravedad, que no deja de ejercer su acción. Esta es nuestra concepción de la vida en la medida en que seguimos manteniendo dicha concepción. Miremos entonces a la realidad de frente: por un lado, creemos en un mundo compuesto de partículas materiales; por otro lado, creemos en esa vida ciega, absurda y no fenomenológica.

Aquí podríamos plantearnos la siguiente pregunta: en la modernidad, donde se anuncia el nuevo saber galileano, ¿existe algo más que el querer-vivir ciego y desfigurado de Schopenhauer? ¿Qué lugar ocupa en ella la biología, cuyo progreso relámpago en comparación con otras ciencias es ampliamente reconocido? Entre el saber obsoleto de una religión que se supone cuenta fábulas sobre la vida y el saber racional, científico y objetivo de los biólogos, ¿a quién hay que dar la razón hoy en día? El saber de la biología es un saber galileano que, de acuerdo con su principio, ha abandonado las cualidades sensibles, la subjetividad. Si la biología es una ciencia galileana y mundana, nunca debe encontrarse con la vida. En este sentido, François Jacob escribe en *La Logique du vivant*: "Hoy en día ya no interesa la vida en los laboratorios" (7). De hecho, nos interesa lo que Galileo propuso hace tres siglos como programa para la ciencia. La ciencia sólo examina entonces unos procesos fisiológicos y, como subraya François Jacob: "Los procesos que se desarrollan en los seres vivos a nivel microscópico de las moléculas no se distinguen en nada de los que analizan la física y la química en los sistemas inertes" (8). En consecuencia, la biología estudia determinados procesos materiales, y la vida no supone para ella más que una vieja entidad metafísica. En este mundo galileano, que obedece a una organización física controlada por los ordenadores, no hay lugar para la vida.

Ahora que hemos establecido los principales criterios de análisis, procederé a presentar la generación del hombre en Dios tal y como la expone concretamente Meister Eckhart. De hecho, en el pensamiento de Eckhart, una serie de intuiciones fundamentales están vinculadas con la fenomenología. Vivir en un sentido radical implica simplemente vivir como lo hacemos cotidianamente. Sólo aquel que es capaz de convertirse a sí mismo en vida, de traerse a sí mismo a la vida, puede vivir de verdad. Por consiguiente, Dios no es un simple viviente, sino que es aquel cuya vitalidad es tan poderosa que se manifiesta constantemente. Sólo bajo esta premisa de una vida tal es posible la existencia de todo viviente. Si no hubiera un vivir capaz de traerse a sí mismo a la vida, ningún viviente podría llegar a existir. Para Eckhart, la vida se engendra a sí misma de esta manera, lo que fenomenológicamente significa que la realidad de la vida radica en experimentarse a sí misma. La vida *se trae a sí misma* en este *experimentarse*, *probarse a sí misma*. Consiste en el proceso de venida de la vida a sí misma.

El proceso de experimentarse a sí misma inevitablemente incorpora la noción de *ipseidad*. En la medida en que esta ipseidad es fenomenológicamente efectiva, en cuya efectividad una vida viene a la vida y se experimenta a sí misma —vida que el cristianismo denominará Dios—, y, en última instancia, en la medida en que existe un primer Sí mismo (*Soi*), no puede haber vida sin ipseidad. Este Sí mismo viviente es el fundamento que permite el concepto de un "yo (*moi*)-yo (*je*)". Como lo expresan algunos fenomenólogos contemporáneos, hay que poner al yo (*moi*) en acusativo. Así que ya no es una cuestión de ego, sino de mí (*moi*), porque el yo (*moi*) sólo es posible dentro del Sí mismo de la vida. Sólo gracias a que hay una vida que se experimenta a sí misma, cada individuo viviente puede probarse a sí mismo en la vida, no por sus propias fuerzas, sino gracias a la fuerza de la vida. Cada uno de nosotros es un Sí mismo viviente, invisible y real, pero este Sí mismo viviente sólo puede serlo en la venida a Sí misma de la vida, en su auto-afección. La proposición de Meister Eckhart es, por tanto, la siguiente: "Dios se engendra como yo mismo" (9). La auto-generación de la vida, su autorrevelación, se produce a través de una ipseidad que necesariamente es singular: esta ipseidad es un yo (*moi*). Cualquier otra concepción del yo (*moi*) es ingenua y carente de visión.

Meister Eckhart enuncia otras dos proposiciones sobre Dios: "La esencia de Dios es la vida" y "la esencia de la vida es Dios". Estas proposiciones establecen una identidad y una reciprocidad entre Dios y la vida. La primera proposición de Eckhart era: "Dios se engendra como yo mismo". En otras palabras, la vida se revela a sí misma en su Sí mismo singular, que puede ser precisamente el mío. Sin embargo, Meister Eckhart añade: "Dios me engendra como él mismo". Podemos atribuir un sentido fenomenológico riguroso a estas proposiciones. Dios, o, mejor dicho, la vida —pues por Dios entendemos un ser superior, mientras que él es simplemente el vivir— me engendra, es decir, genera necesariamente un Sí mismo singular al experimentarse, probarse a sí misma. Ser un Sí mismo significa experimentarse, probarse a sí mismo, no por las propias fuerzas, sino en virtud de la vida. En este acontecimiento yo nazco. La gran tesis del Nuevo Testamento, "El hombre es hijo de Dios", implica entonces que la vida genera el Sí mismo viviente; Dios me engendra. Dios me engendra como él mismo porque inevitablemente el Sí mismo sólo puede ser viviente si la vida se realiza en él. Cuando la auto-donación no se lleva a cabo ya en un Sí mismo, cuando la autorrevelación de la vida en nosotros se interrumpe, no hay ya ni Sí mismo, ni viviente, ni yo (*moi*), ni ego: sólo subsiste una cosa inerte, muerta.

A partir de los textos fenomenológicos que describen la experiencia de lo que soy, podemos afirmar que la primera verdad indiscutible es que *yo soy un viviente*. El hecho de que hayamos llegado a olvidarlo es evidencia del poderoso condicionamiento ideológico de un mundo que intenta convencernos de que nada existe fuera de él y que los seres humanos son simplemente individuos empíricos, meras disposiciones neuronales. Sin embargo, ¡una neurona en sí misma no siente nada! Esta definición absurda, pero radical, es la que se enseña desde los niveles más altos hasta los más bajos del escalafón educativo, desde el Collège de France hasta la escuela primaria. Aun así, pese a su carácter absurdo, este condicionamiento ideológico tiene la capacidad de ocultar nuestra indiscutible condición de seres vivientes. Sin embargo, yo experimento la vida mientras vivo, incluso si en este momento no le presto mucha atención y no puedo verla, pensar en ella o realizar actividades mundanas relacionadas con ese vivir. Experimento la vida en una especie de *pathos* puro, en un *continuum* puramente afectivo.

En mi existencia mundana, yo soy para mí, lo que significa que puedo ser un investigador en sociología, un hombre, una mujer, pero, antes de ser todo esto, es necesario, en primer lugar, que sea un sí mismo, que sea un yo. De hecho, cada Sí mismo es él mismo para siempre y de manera insuperable. En su primera novela, Kafka escribe al hablar del Gran Teatro: "Aquí hay un lugar para cada uno" (10). Y Juan dice: "Yo le daré también una piedrecita blanca y, grabado en la piedrecita, *un nombre nuevo* que nadie conoce, sino el que lo recibe" (Ap 2,17). Aquí está el nacimiento trascendental del yo (*moi*) real que somos, de este yo sobre el que tanto ha investigado la fenomenología.

¿Qué puede decir el mundo galileano acerca de un individuo, sea quien sea, que pronuncia esta extraordinaria palabra: Yo (*Moi*)? La tesis central del cristianismo sostiene que el individuo lo ha recibido todo de Dios y que es un viviente en una vida que no es suya. En términos especulativos, esto significa que yo no soy el fundamento de mí mismo, aunque lo experimente en todo momento. Nos encontramos aquí ante algo indiscutible e invencible. ¿Qué puede decirnos entonces este mundo galileano en el que creemos y que nos proporciona credenciales para la investigación, acerca de lo que es un individuo? A pesar de *la crisis del sujeto* o de la *crítica del sujeto* —esta tendencia parisina que existe desde hace treinta años—, ¡nadie duda ni por un momento que cada uno de los aquí presentes somos nosotros mismos! Nadie lo pone en cuestión, ni siquiera los que suscriben este tipo de ideología.

La historia del pensamiento distingue dos principios de individuación, dos formas de explicar por qué existe algo como un individuo. El principio mundano —el del sentido común, pero también el de la ciencia— sostiene que el lugar que ocupa una cosa en el espacio y en el tiempo es lo que la individualiza. Sin embargo, cuando tratamos al hombre como una cosa, es decir, como un individuo empírico situado en el tiempo y en el espacio, definimos su existencia de una manera que elimina por completo lo que es un Sí mismo (*Soi*). Pero ¿cómo nos otorga esto una ipseidad, es decir, un yo (*moi*) que puede decir "Yo" (*Je*), que es ante todo un yo (*moi*) para un yo (*moi*)? El segundo principio de individuación, implícito en el cristianismo, es revelado por Meister Eckhart. Una Vida absoluta —vida que no es mi obra— otorga a cada viviente la capacidad de experimentarse, probarse a sí mismo y, sólo de esta manera, ser un Sí mismo. A partir de ese momento, ya no somos un Sí mismo en el mundo, en la medida en que el ser humano no se encuentra precisamente en el mundo como un objeto cualquiera o un ente intramundano. ¿Puede la perspectiva de la ciencia fundamentar al individuo? De ninguna manera. Para la biología genética, por ejemplo, sólo existen procesos materiales que, por supuesto, podemos reproducir, pero en los que, en ningún momento, interviene un Sí mismo (*Soi*). Me gustaría citar aquí un pasaje espantoso escrito por François Jacob: "Tal vez también se logre producir a voluntad, en tantos ejemplares como se desee, una copia exacta de un individuo, un político, un artista, una reina de la belleza, un atleta, por ejemplo. Nada impide aplicar ahora mismo a los seres humanos los procedimientos de selección utilizados para los caballos de carreras, los ratones de laboratorio o las vacas lecheras" (11). Sin entrar en la polémica, simplemente me pregunto qué, en el universo galileano, puede, de una u otra manera, cuestionar, aunque sea ligeramente, una perspectiva de este género.

Sólo he intentado esclarecer aquí lo que podría hacer inteligibles una serie de revelaciones proporcionadas por los profetas o por alguien que afirme ser el Cristo. Estas intuiciones forman una totalidad coherente, pero también plantean problemas. El problema central del cristianismo es evidentemente el de Cristo. Al eliminar cualquier cuestión relacionada con la fe o la creencia, podemos concebir fenomenológicamente que una Vida absoluta que se aporta a sí misma en el vivir implica un *viviente absoluto* sin el cual esta Vida absoluta resultaría imposible. Esta es precisamente la tesis del cristianismo.

En el *Nuevo Testamento*, podemos identificar tres clases de textos: 1) textos narrativos que relatan los hechos y las palabras de Jesús; 2) enseñanzas que podríamos llamar *morales*, ilustradas a menudo mediante parábolas. Esta enseñanza es normativa, prescribe lo que se debe hacer, y frecuentemente hace referencia directa a la Ley de Moisés, como en la prohibición del asesinato o del adulterio; 3) textos de un orden diferente, los cuales han captado especialmente mi interés a causa de su dificultad. En estos textos, Jesús establece o intenta afirmar que es el Mesías, el Cristo y, en última instancia, Dios. Desde el punto de vista de la interpretación, son textos desafiantes. Contienen discusiones extremadamente precisas y rigurosas en las que Cristo habla de sí mismo.

Estos textos plantean problemas debido a la dualidad del aparecer, su naturaleza doble como aparición mundana y como vida invisible. "Vosotros me véis como un hombre", dirá el Cristo, "pero ¿sabéis que soy el Primer Viviente?". A nivel intelectual, rara vez se ha visto algo que alcance este nivel, ¡incluso supera lo que sugiere Spinoza! Aquí, Cristo hace algo sorprendente, rompe prematuramente con la concepción del mundo de Galileo al negar su nacimiento natural. Se dice que es el hijo de José, el carpintero; por lo tanto, no puede ser el Cristo o el hijo de Dios; y se afirma que cuando llegue el Mesías, nadie sabrá de dónde viene (12). Por consiguiente, se ve obligado a negar esta paternidad, lo que también hará el cristianismo. Esto se evidencia, por ejemplo, en determinados pasajes de los *Evangelios* en los que intenta afirmar indirectamente su condición de hijo de Dios: "¿Es el Mesías el hijo de David? Si es el hijo de David, ¿por qué David le llama Señor, es decir, Dios? ¿Cómo dicen que el Cristo es hijo de David? [...] David, pues, le llama Señor; ¿cómo entonces puede ser hijo suyo?" (Lc 20,41-44).

Como Juan lo escribe, la generación de un Primer Viviente en la Vida absoluta es idéntica a la auto-generación de esta Vida absoluta. De este modo, esta auto-generación se realiza como la generación de un Primer Viviente que no es la consecuencia, sino la condición de la auto-generación. La vida sólo puede entonces experimentarse en un Primer Sí mismo que constituye la revelación de la vida. La vida se experimenta, se prueba, lo cual significa que se revela. Es por esta razón que Juan dice: es el *Logos*, el Hijo. Al comienzo de su Evangelio, Juan afirma algo sorprendente que ha fascinado a todo el mundo, excepto a la posteridad de Galileo: "En el principio era el Verbo" (Jn 1,1), lo que significa que al comienzo estaba el Hijo. Esta afirmación no es totalmente conforme a nuestro pensamiento racional. Sin embargo, invita a otra fenomenología que aborde otros problemas basados en otras intuiciones. Es interesante que nuestro mundo, a fin de cuentas, muy ingenuo, pese a su aparataje técnico, se confronte con un pensamiento diferente que explica cosas diferentes. En el fondo, este pensamiento, responde a un verdadero interrogante: ¿Qué no está explicado en nuestro mundo, que todo lo conoce y todo lo explica?

Intervenciones de los asistentes

¿Cuál es el lugar de la fe en su concepción fenomenológica del cristianismo?

En mi concepción fenomenológica del cristianismo, la fe desempeña un papel crucial. En mi ensayo "La verdad del cristianismo", cuyo título definitivo fue "*C´ est moi la verité*" (13), exploro la cuestión del concepto de verdad en el cristianismo. A menudo se me ha criticado por no abordar suficientemente el tema de la fe. Sin embargo, en este libro explico que la fe no es un saber menor. No pertenece al ámbito de lo inteligible. Es de otro orden. La fe revela la certeza que la vida tiene de sí misma. No se relaciona con el mundo, sino que se sitúa en el plano de la vida misma. A partir del momento en que la vida en el viviente es la Vida absoluta —esa vida que todos los místicos han buscado—, la fe no puede ser más que una certeza absoluta. Esta certeza se manifiesta cuando el viviente vive su propia vida como la vida de Dios, como una vida indestructible.

He dejado de lado la problemática del cristianismo y reconozco que lo que digo no es muy ortodoxo. No se trata ni de la fe de Lutero ni de la de Kierkegaard. Mi perspectiva es fenomenológica, se trata de una fenomenología de la vida. Desde la perspectiva luterana, por ejemplo, todo lo que he mencionado resulta inexacto, ya que el hombre se sitúa en el nivel del pecado y vive en el universo del mal. Por lo tanto, como menciona Kierkegaard, la fe consiste en la creencia de que es posible dar un salto hacia otra dimensión, la del Apocalipsis, donde el mal estará ausente. Se trata de una fe en la posibilidad de vivir a un nivel que escapa al mal. No he tratado este aspecto de la cuestión, ¡*mea culpa*! Hay muchas otras cuestiones que no he abordado en mi libro ni en mi comunicación, pero su observación es totalmente pertinente.

A pesar de trabajar desde una perspectiva fenomenológica, he recibido numerosas críticas: desde ser acusado de ser un gnóstico hereje hasta ser señalado por describir un Cristo demasiado absoluto y un Dios demasiado eterno. Se me ha reprochado por eliminar la encarnación de Cristo, la temporalidad y su venida al mundo, entre otras cosas. Sin embargo, la idea de que la encarnación no es una venida al mundo y de que nuestro cuerpo no es meramente un cuerpo mundano es una tesis fenomenológica. En la medida en que existe una dualidad del aparecer, nuestro cuerpo es doble. Nos encontramos en el extremo opuesto al mundo griego y al mundo de la ciencia, donde hay una especie de reconocimiento de las cosas, donde las cosas muestran lo que son y el mundo se da tal y como es. Sin embargo, este no es el caso del cristianismo, ya que desde el momento en que la vida es invisible, el mundo se vuelve dual. Es por eso que Kierkegaard escribe que, en la medida en que Jesús es el Cristo, permanece incógnito. Desde el punto de la apariencia, nada lo distingue de los demás hombres (14). Para el cristianismo, el mundo es un mundo de duplicidad y el valor de la verdad no se predica constantemente, porque la apariencia puede ser engañosa.

Desde un punto de vista fenomenológico, encuentro esenciales ciertos textos de Mateo, sobre todo, cuando denuncia la hipocresía: "Tú, en cambio, cuando ayunes, perfuma tu cabeza y lava tu rostro, para que tu ayuno sea visto, no por los hombres, sino por tu Padre que está allí, en lo secreto" (Mt 6,17-18). O también: "Tú, en cambio, cuando hagas limosna, que no sepa tu mano izquierda lo que hace tu derecha; así tu limosna quedará en secreto; y tu Padre, que ve en lo secreto, te recompensará" (Mt 6,3-4). En el corazón de este mundo, existe una disimulación fundamental constitutiva del viviente en su vivir. Esta disimulación es lo que también nos impide ser meras cosas. La mentira se presenta como una posibilidad principal en esa disimulación. *Hipócrita* también significa "actor": sois actores y estáis representando un papel en la sociedad.

Puedo fácilmente adoptar el comportamiento exterior de la oración sin realmente rezar, simulando que lo hago, ya sea por costumbre, para complacer a alguien o porque en ciertos contextos hay que hacerlo para obtener un ascenso... Sin embargo, el *Evangelio* de Mateo nos muestra que la mirada objetiva puede ser engañosa y no reflejar la vida. Para Mateo, Dios ve en los corazones, sabe si el penitente realmente ora o simplemente simula su oración. Desde una perspectiva fenomenológica, esto nos lleva a preguntarnos: ¿qué es aquello que sabe que no estoy rezando? Este saber emana de la autorrevelación de mi subjetividad, de mi propia vida y, por ende, de Dios, ya que esta autorrevelación sólo es posible en la autorrevelación de Dios que me revela a mí mismo. En todo momento, se da forzosamente en nosotros un proceso de auto-donación que se corresponde con la Vida absoluta. Es imposible hacer nada sin tener a alguien que sea más interior a ti mismo que tú mismo, como diría Agustín. Kierkegaard también escribió que el que ha hecho el mal puede huir a toda prisa para evitar su condena, pero lo que no sabe es que corre a su lado un mensajero para recordarle su crimen. Lo que ve así en mí no es simplemente la *cogitatio* de Descartes, que se relaciona internamente consigo misma, sin distancia, sin yo (*moi*) posible y sin mundo posible. El ojo que ve en mí es la Vida absoluta: la vida en el viviente. Esta vida sabe a través de la autorrevelación. Este proceso es extraordinario, ya que al introducir la Vida absoluta en este mundo exterior, objetivista, positivista, completamente absurdo y superficial como es el nuestro, el cristianismo ofrece tal desmentido de él que ya no se trata simplemente de verdades lejanas, sino de una fenomenología radical, de una fenomenología pura.

¿Considera que esta vida fenomenológica absoluta es una característica exclusiva del cristianismo?, ¿descarta la posibilidad de que esta idea pueda encontrarse en otras religiones monoteístas, el judaísmo y el islam, así como en el budismo?

Es importante reconocer la interconexión existente entre las religiones monoteístas. No podemos pasar por alto el vínculo histórico que une al judaísmo, el cristianismo y el islam. Aunque no me siento capacitado para abordar el tema del budismo, pese a mi interés en él, debido a una insinuación que surgió después de *"L'essence de la manifestation"* (15), ¡que sugirió que yo era budista! Aun así, durante tres meses viví en Japón donde intenté hablar con los japoneses sobre el budismo, pero nunca logré entablar una conversación al respecto... Sin embargo, me parece que el cristianismo enfatiza más que otras religiones el concepto de Sí mismo (*Soi*), la idea del individuo que es consubstancial a la vida. Considero que sólo el cristianismo subraya o, más bien, fundamenta la afirmación del valor infinito de la persona.

¿Observa alguna relación entre el cristianismo y la democracia?

La democracia, siendo el único régimen concebible y deseable, no puede justificar por sí misma sus propios valores. Si bien es un régimen que resulta necesario en las llamadas sociedades pluriculturales, el principio democrático por sí solo no puede establecer los derechos humanos. Por ejemplo, la Constitución de Francia se basa en la *Declaración acerca de los derechos del hombre*. Desde el punto de vista político, la democracia se rige por el principio de la mayoría. Sin embargo, es absolutamente imposible fundamentar un valor intrínseco e inquebrantable a través de un voto. Constituye un absurdo. La declaración que precede la Constitución de 1791 afirma que "los hombres nacen libres e iguales", no que "votemos para que los hombres sean libres e iguales". Por lo tanto, la teoría política debe reconocer que existe algo fundamental que precede a la misma, lo que podríamos llamar un *antes de sí misma* (*avant-soi*). En ese antes de sí misma, se encuentran los valores que pueden ser considerados como metafísicos o religiosos.

¿Qué enseñanzas ofrece el mundo galileano sobre la igualdad entre los seres humanos?

Ninguna enseñanza, absolutamente ninguna. La biología, por ejemplo, simplemente observa diferencias: algunos seres son fuertes; otros, débiles; algunos seres nacen hombres; otros, mujeres; algunos son viejos; otros, jóvenes, etc. La biología sólo evidencia la multiplicidad de las diferencias. Por eso, la única fundamentación para la igualdad que conozco debe ser considerada como metafísica o religiosa. Esta consiste en afirmar que "el hombre es hijo de Dios", lo que implica que todos los seres humanos son iguales. Esta es la única fundamentación real de la igualdad. Por lo tanto, no se puede afirmar precipitadamente que existe un horizonte democrático más amplio que abarcaría el mundo entero, más allá de los contextos religiosos. El principio democrático no fundamenta ningún valor, simplemente los presupone, lo cual limita enormemente su alcance. Un principio político no puede sostener un valor absoluto, ya que lo que se aprueba por un voto puede ser deshecho por otro. Por ejemplo, mediante una votación mayoritaria, podríamos decidir "democráticamente" liquidar a una etnia vecina o a una categoría de personas. Todos los regímenes totalitarios podrían encontrar perfectamente una justificación democrática. Siento tener que recordárselo, pero en estos tiempos de expresiones intolerables, debemos poner las cosas en su lugar. Si, antes de la guerra, se hubiera celebrado un referéndum en Alemania sobre la legitimidad del régimen hitleriano, habría obtenido una amplia mayoría a su favor. Si, bajo el régimen de Stalin, se hubiera celebrado, sin artimañas, un referéndum democrático durante, antes o después de la guerra, habría conseguido igualmente una abrumadora mayoría. Por tanto, la mayoría no tiene la capacidad de fundamentar o proteger los valores.

Nuestro mundo es desgraciadamente lo que es. Tiene sus maravillas y la técnica no es condenable, excepto cuando contribuye a poner entre paréntesis la vida. Sin embargo, considero fundamentalmente que sólo valores diferentes pueden hacer de este mundo un lugar habitable, y estos valores presuponen una base metafísica o creencias de otro orden.

Referencias bibliográficas

(1) Michel Henry, *La Barbarie*, París, Grasset, 1987 (reedición en París, PUF, 2001).

(2) René Descartes, *Méditations métaphysiques*, París, PUF, 1996, pp. 45-46.

(3) Jean-Paul Sartre, *L´ Imaginaire. Psychologie phénoménologique de l'imagination*, París, Gallimard, 1948.

(4) Arthur Schopenhauer, *Le Monde comme volonté et comme représentation*, París, PUF, 1966.

(5) Michel Henry, *Généalogie de la psychanalyse. Le commencement perdu*, París, PUF, 1985.

(6) René Descartes, *Méditations métaphysiques*, París, PUF, 1996, p. 43: "Pero ¿qué soy entonces yo? Una cosa que piensa. ¿Qué es una cosa que piensa? En otras palabras, una cosa que duda, que concibe, que afirma, que niega, que quiere, que no quiere, que imagina también y que siente".

(7) François Jacob, *La Logique du vivant. Une histoire de l'hérédité*, París, Gallimard, 1970, p. 320.

(8) *Idem*.

(9) Maître Eckhart, "Sermon n° 6", en *Traités et sermons*, París, Aubier, 1942, p. 146.

(10) Franz Kafka, *Amerika ou Le Disparu*, París, Flammarion, 1987.

(11) François Jacob, *La Logique du vivant. Une histoire de l'hérédité*, París, Gallimard, 1970, p. 344.

(12) Jn 7,26-27: "¿Habrán reconocido de veras las autoridades que este es el Cristo? Pero este sabemos de dónde es, mientras que, cuando venga el Cristo, nadie sabrá de dónde es".

(13) Michel Henry, *C'est moi la vérité. Pour une philosophie du christianisme*, París, Seuil, 1996.

(14) Soren Kierkegaard, *Traité du désespoir*, París, Gallimard, 1994.

(15) Michel Henry, *L'Essence de la manifestation*, París, PUF, 1963 (reedición en 1990).

IX. Un recorrido filosófico

Entrevista realizada por Isabelle Goudé para Le Journal des Grandes Écoles

Según su perspectiva, ¿cuál es el objeto de estudio de un fenomenólogo?

Un fenomenólogo no se propone estudiar fenómenos específicos como los biológicos, históricos o jurídicos, sino que busca en cada fenómeno aquello que lo define como tal. Se trata, entonces, de una cuestión general que concierne a todos los fenomenólogos, y que podemos acotar de alguna manera diciendo que la fenomenología no se ocupa de fenómenos particulares, sino que indaga en la esencia del fenómeno, es decir, aquello que posibilita permite o permite su aparecer puro, su manifestación en cuanto tal, su revelación.

¿Se puede considerar que su pensamiento se centra en la interioridad?

Absolutamente. Porque, al regresar a la pregunta fenomenológica fundamental, no sólo se trata de afirmar que el tema es el aparecer de los fenómenos, sino que es crucial señalar en qué consiste ese aparecer. Sin embargo, desde la antigua Grecia y a lo largo de toda la tradición occidental, salvo por algunos pensadores excepcionales, ha predominado una concepción del aparecer que, en su mayoría, pertenece al sentido común: el aparecer del mundo.

¿Se refiere, con ello, a la exterioridad?

Sí, porque el mundo es, con total precisión, la exterioridad. En los grandes textos de Heidegger, el mundo es el afuera de sí mismo. En Husserl, la definición de la fenomenicidad pura del aparecer se realiza a través de la intencionalidad, que constituye un movimiento mediante el cual la conciencia se proyecta hacia afuera y, precisamente por esta proyección, hace visible todo lo que puede ver. La conciencia es siempre conciencia de algo, en el sentido de algo que es visible. Lo que Husserl ha hecho, en un trabajo monumental, es ampliar este dominio de lo visible, que ya no se limita a los objetos de la sensibilidad y la experiencia perceptiva, para mostrar que existen objetos u objetividades puramente ideales, como las objetividades matemáticas, geométricas o lógicas. Sin embargo, aunque Husserl estaba obsesionado con el problema de la vida, al que él llama, con toda razón, "trascendental", es decir, no biológica, se ha mostrado incapaz de reconocer su modo de revelación propia. La dejó en el *anonimato*.

Así que es la invisibilidad de la vida lo que a usted le interesa...

Ella constituye la esencia de mi investigación. Desde el momento en que reconocí la validez absoluta del trabajo de los fenomenólogos en lo que respecta a la conciencia intencional, que abarca vastos ámbitos objeto de notable elucidación en cada caso, quedaba otro ámbito mucho más cercano a nosotros, pues se corresponde con nuestra propia experiencia. Es este ámbito, que siempre se encuentra más allá de lo visible, el que he intentado de explorar. Sin embargo, este ámbito plantea problemas metodológicos muy graves, ya que nuestro trabajo habitualmente se basa en la capacidad de ver con el pensamiento. Si la vida invisible escapa al alcance del pensamiento, ¿cómo podríamos relacionarnos con ella y expresar de alguna manera lo que es? Es más, ¿cómo podemos tener acceso a esta realidad que se sustrae a todo ver? Mi respuesta es que no es a través del pensamiento como tenemos acceso a la vida. Es la vida misma —que llega originariamente a sí misma y lo hace experimentándose, probándose a sí misma en una actividad primordial, que también denomino *pathos*— la que constituye la sustancia y la trama fenomenológica de nuestra vida. Por ello, todas las modalidades de nuestra vida —desde las impresiones más sencillas de placer o dolor hasta los sentimientos profundos de angustia, tedio, satisfacción, felicidad o desesperación— son afectivas. Aunque invisibles, son experimentadas por nosotros con una certeza inmediata que es su propio *pathos*. A menudo, tendemos a pensar que lo que no se ve no existe, lo cual es absurdo en términos lógicos, ya que se trata de lo que somos. ¿Cómo podría alguien negar su propio sufrimiento, que nunca se da en él como algo exterior, como algo fuera de él? Podría confundirse, en ese momento, con el sufrimiento de otro, con una representación del sufrimiento, pero entonces no sería su propio sufrimiento. Por consiguiente, para todo lo que importa, para lo que somos originariamente, es preciso reconocer otro modo de revelación, que surge de una donación inmediata. En realidad, lo primero es la experimentación interior de mis impresiones, mi sufrimiento, mi deseo, mi cólera; esta impresión afectiva pura que constituye el tejido de mi carne.

¿Se ha encontrado en su periplo filosófico con algún pensador que lo haya ayudado?

Sí. Maine de Biran. La única ayuda verdadera que he recibido es la suya en la medida en que todo mi esfuerzo ha consistido en mostrar que la subjetividad es concreta, individual y, en última instancia, carnal. La lectura de Maine de Biran me permitió entender lo que luego he denominado dualismo ontológico, es decir, el hecho de que el aparecer es doble. O es el aparecer en el fuera de sí del mundo o es el aparecer en la inmediación impresiva y patética de la vida. Se trata de dos apareceres heterogéneos. Sin embargo, al estudiar el fenómeno del cuerpo en Maine de Biran (1), descubrí —lo cual ha sido la verdadera revelación filosófica de mi trayectoria— que, al profundizar en el *cogito* de Descartes, este afirmaba que este *cogito* es "yo puedo", y que este "yo puedo" se identifica con mi cuerpo subjetivo, este cuerpo sujeto que se encuentra en el origen de toda experiencia. Así, el cuerpo constituye un fenómeno crucial, ya que a través de él se puede observar y probar que una realidad puede ser dada de dos maneras diferentes. Por un lado, mi propio cuerpo me es dado desde el exterior, y podemos mirarnos a nosotros mismos de un vistazo, viendo directamente las partes de este cuerpo. Pero también me es dado desde el interior, por ejemplo, en el transcurso del esfuerzo que realizo en todas las áreas de mi actividad. Este esfuerzo es algo absolutamente subjetivo y afectivo, ya sea doloroso o feliz, ya que existen esfuerzos felices: tenemos una experiencia incuestionable de ellos. Es a este cuerpo subjetivo, individual, radicalmente dado en su *pathos*, al que más tarde he asignado el nombre de carne.

¿Qué representa su reflexión sobre Marx en su trayectoria intelectual? ¿Se trata de una reacción antimarxista?

Después de la guerra, con el colapso de los regímenes fascistas y el triunfo del comunismo, surgió en Francia una ola de marxismo extremadamente fuerte. Esta corriente determinó, en gran medida, el pensamiento francés durante varias décadas. El marxismo siempre me ha fascinado porque se presentaba como un catecismo, pero también me ha cautivado porque afirmaba lo contrario de lo que yo pensaba. De hecho, sostenía una preeminencia de las estructuras objetivas sobre los individuos, sobre nuestra vida que, pese a todo, reviste siempre una forma individual, y que Marx caracterizó muy claramente como la de los individuos vivientes. Cuando, casualmente, trabajé con la obra de Marx para responder a las preguntas de mis estudiantes, me di cuenta de que estaba tratando con un tipo de pensador totalmente diferente. Entonces, tracé una distinción categórica, que, por otra parte, no ha complacido a todo el mundo, entre Marx y el marxismo, debido a que Marx defendía el principio de la vida que define la acción, lo que él llama *praxis*, una acción que, para él, es siempre individual, subjetiva y viviente. Uno de los modos fundamentales de esta acción es el trabajo. Marx plantea, entonces, toda una teoría de la economía en la medida en que el trabajo de los individuos está, pese a todo, en la base de la economía. Y esto es absolutamente revolucionario, no en el sentido de los marxistas, sino en el sentido que señala Marx de que, para él, la economía, si bien consiste en crear objetos universales, como el dinero o los valores de uso o de cambio que llamábamos así en el siglo pasado, constituye objetos de carácter científico por ser objetivos. Sin embargo, estos objetos resultan ser totalmente inadecuados en relación con la realidad que pretenden traducir; realidad que es esta vida individual, secreta, incuantificable e incalificable. Esto es lo extraordinario en el caso de Marx. Su enfoque de la economía, aunque sigue siendo mal entendido en la actualidad, explica cómo —a partir de esta realidad que somos, realidad irremplazable, única, propia de cada uno— podemos (y no podríamos hacerlo de otra manera) crear sistemas de equivalencias que permiten el intercambio de productos. En el origen mismo de la economía, se da, pues, una sustitución que constituye, a ojos de Marx, una verdadera desnaturalización, incluso una alienación.

Usted es el autor de un ensayo valiente y, podría decirse, visionario que ha generado un gran debate, tanto por las críticas como por los elogios recibidos. Este ensayo es La Barbarie (2).

Sí, en nuestra época, *la barbarie* implica la supresión de la vida o, más bien, su relación a un segundo plano, dado que es imposible eliminarla por completo sin caer en el suicidio colectivo de la humanidad. Hasta ahora, la vida siempre había sido el principio organizador de la sociedad, y la producción estaba orientada en función de sus necesidades. Además, el conjunto de herramientas que definen la técnica se construía a partir de los poderes subjetivos del cuerpo: por ejemplo, un martillo o un mazo dependían, en su forma y en su peso, de la fuerza de los individuos que los manejaban. Como afirmaba Marx a mediados del siglo XIX, el instrumento es una prolongación del cuerpo.

En la actualidad, el mundo está dirigido por una técnica completamente nueva que se basa en el conocimiento objetivo de la naturaleza, un conocimiento geométrico-matemático que fue inventado por Galileo y Descartes a comienzos del siglo XVII. Este saber se centra únicamente en el universo material, ignorando al individuo subjetivo viviente. La técnica, derivada directamente de este saber, junto con él, se ha convertido en el principio rector de la modernidad. Mi propósito no es criticar la ciencia, sino señalar que no podemos construir un mundo de seres humanos sin tener en cuenta su realidad profunda. De hecho, al ignorar la vida, minamos los cimientos de la cultura, que no es más que la expresión y la realización de las posibilidades fundamentales del ser humano; considerando el arte como la realización de su sensibilidad; la ética, como la realización de su obrar; y la religión, como la realización de sus preocupaciones espirituales. La marginación de la vida en la modernidad nos enfrenta a una paradoja, como denuncia *La Barbarie*: el hiperbólico desarrollo del saber y de la técnica, centrados en preocupaciones materiales, coincide con el declive o colapso de la cultura en todas sus formas.

¿Podríamos considerar que usted es un pensador cristiano?

Se trata de una cuestión importante. Sin embargo, es crucial tener en cuenta que mi trabajo comenzó a mediados del siglo pasado, no bajo la influencia del cristianismo, sino a partir de la fenomenología. En esa época, la filosofía clásica que me habían enseñado, una especie de neokantismo que no me satisfacía, fue reemplazada por la fenomenología, que ganó fuerza gracias a pensadores como Sartre y Merleau-Ponty, y detrás de ellos estaban figuras más fundamentales como Husserl, Heidegger y Scheler, los grandes fenomenólogos alemanes. Fueron ellos quienes me permitieron abordar la cuestión que no se centra en los fenómenos en sí, sino en el *cómo* de su donación, en la manera en que se nos muestran. A esta fenomenología, que se atiene unilateralmente al aparecer del mundo, he añadido el descubrimiento de un modo de revelación más originario, propio de la vida. Más tarde, integré esta fenomenología de la vida en el contexto del cristianismo. Originalmente, quería escribir un libro sobre la intersubjetividad, pero este problema presenta una dificultad extraordinaria. Me preguntaba: ¿por qué, partiendo de los presupuestos del *pathos* invisible en lugar del afuera de sí, no podríamos hacer progresos en este ámbito que, debemos admitir, ha sido un fracaso para todos los pensamientos filosóficos serios? A pesar de que la intersubjetividad sirve de base para la sociología y todas las teorías de la interactividad y de la racionalidad interactiva, el fenómeno que se presupone en todas partes, la intersubjetividad, nunca se resuelve.

Tenía la intención de escribir este libro cuando recordé los textos de san Pablo sobre el cuerpo místico. Después de releer todos los textos del *Nuevo Testamento*, comprendí que, en el fondo, sin pretender reducir el cristianismo a una filosofía, este contenía ciertos presupuestos filosóficos, e incluso tesis filosóficas, que se asemejan a una fenomenología de la vida. Me atreví, entonces, a realizar una lectura filosófica del cristianismo a partir de la fenomenología, pero no para considerarlo desde fuera, sino para reconocer en él, por así decirlo, la verdad, ya que el cristianismo y especialmente los primeros versículos del *Evangelio de Juan* afirman explícitamente que Dios es la Vida. Titulé mi ensayo *C'est moi la vérité* (3). Esta afirmación de Cristo es revolucionaria, ya que, para los científicos, la verdad es impersonal. Resulta desconcertante que alguien afirme ser la verdad. Más tarde, al investigar sobre la carne, retomé el prólogo del *Evangelio de Juan*, donde la encarnación juega un papel central con frases como "Y el Verbo se hizo carne". Interpreté entonces, a la luz de mis propias tesis, el fenómeno de la encarnación.

En su última obra, Incarnation, que lleva por subtítulo Une philosophie de la chair, ¿podría explicar qué entiende usted por la noción de carne?

Precisamente con la noción de carne, retomé la temática de mi primer libro personal, escrito con la ayuda de Maine de Biran (5), a saber: la concepción de una subjetividad concreta que es corporal. Sin embargo, esta concepción no puede considerarse corporal si no disponemos de una teoría completamente nueva, la del cuerpo subjetivo radicalmente inmanente, que difiere de la concepción tradicional del cuerpo que lo reduce a un objeto. De ahí surgen los problemas insolubles que encontramos en Descartes y en todo el pensamiento moderno: por ejemplo, ¿cómo puede el alma obrar sobre el cuerpo? Maine de Biran comprendió por primera vez que el "Yo puedo" no actúa sobre el cuerpo exterior, sino que despliega un "cuerpo orgánico" vivido interiormente como lo que cede al esfuerzo de este "Yo puedo", y que no es otra cosa, sino lo que le resiste. Llega un momento en que esta resistencia, siempre vivida interiormente en este esfuerzo, ya no cede ante él. Así, el "Yo puedo" realiza la experimentación, en lo invisible de su noche, del cuerpo real del universo, también invisible él mismo. Debido al dualismo del aparecer, la totalidad de este proceso no sólo se vive en lo invisible de nuestra carne donde se lleva a cabo el esfuerzo, sino que también se manifiesta desde el exterior en el mundo. Esto es cierto no sólo para el cuerpo real del universo, que se nos muestra bajo el aspecto de un cuerpo sensible que podemos ver y tocar, sino también para el "Yo puedo" carnal subjetivo, que se aparece también a sí mismo desde el exterior como un cuerpo exterior entre otros, como un "individuo empírico" identificado con este cuerpo que se distingue por su capacidad objetiva de tocar a los otros y de tocarse a sí mismo, moverse, etc. Es así como se omite el movimiento subjetivo y patético del "Yo puedo" *originario* a favor de fenómenos puramente objetivos, donde se ha perdido nuestra vida. Y es así como se extiende por doquier el reino de lo visible que ha absorbido todo en sí mismo.

Una de sus distinciones fundamentales es la que establece entre lo visible y lo invisible. ¿Qué nuevo sentido aporta usted a esta distinción clásica?

Lo invisible —según la nueva significación que le atribuyo y que creo que posee en el cristianismo y en todos los pensadores afines, como, por ejemplo, Meister Eckhart— se refiere a la vida que nunca es visible. Es la vida cuyas manifestaciones exteriores no dejan de presentarse en el mundo conforme a la ley de la dualidad del aparecer, la cual, en todo caso, permanece siempre invisible en sí misma. Esta invisibilidad no constituye un presupuesto metafísico, sino más bien un *pathos* que se manifiesta con más fuerza que cualquier otra cosa. De hecho, nada hay menos discutible que la tristeza. En *Les passions de l'âme* (6), Descartes afirma explícitamente que, si suponemos que el mundo ya no existe, lo cual es el sentido de la hipótesis de la duda y del sueño, y que, si experimento tristeza en mi sueño cuando ya no ocurre nada, esta tristeza, sin embargo, existe, tal y como se experimenta. Y la última referencia de esto no es mi discurso, que simplemente enuncia que experimento tristeza, sino mi vida. Es mi vida la que atestigua la verdad del discurso sobre ella. La vida se da a sí misma originariamente y, a partir de esta primera donación, ella misma puede representarse.

¿No existe algo anterior a todo esto?

La anterioridad radica en la auto-donación de la vida. Existe un primado, una condición previa, y es esta auto-donación la que constituye una auto-testificación radical que fundamenta la verdad subyacente de todo lo que podría afirmarse sobre el yo; y que también fundamenta la veracidad de mi discurso sobre el mundo, en la medida en que la intencionalidad misma es auto-dada a sí misma en lo invisible antes del hacer ver en el afuera de sí.

Lo que el sujeto encarnado experimenta y que tradicionalmente la filosofía denomina como conciencia, usted lo llama Vida. ¿Cuál es el significado de este término tan sobresaturado?

Efectivamente, el término vida no debe ser comprendido en su sentido convencional. Cuando los griegos, por ejemplo, hablan de *bios*, de la vida, se refieren en realidad a una cierta categoría de entes (seres ahí) *en el mundo*, retomando la terminología de Heidegger. Entre estos entes, algunos son inertes, otros son seres vivos, como las abejas, y luego está este viviente que soy yo, el *Dasein* (ser en el mundo). En el sentido tradicional de la palabra, se considera la vida como una especie de ente en el mundo, y la biología estudia lo que está vivo. Lo inerte carece de mundo, el animal es pobre en el mundo, y yo, el ser humano, estoy en el mundo, lo que significa que soy iluminado por la luz de la exterioridad. Por mi parte, otorgo un sentido absolutamente nuevo y diferente a la vida, ya que esta no es más un ente en el mundo, sino que se refiere al aparecer mismo. Desde entonces ya no nos encontramos en el plano de los fenómenos, sino en el plano de la fenomenicidad pura. En este ámbito del puro aparecer, que constituye el tema central de la fenomenología, la vida indica un tipo de aparecer distinto al aparecer del mundo: el auto-aparecer de este aparecer, una autorrevelación, cuya materia es el *pathos*, y que se experimenta en cada una de sus modalidades. Por ejemplo, ¿qué me ofrece el sufrimiento? El sufrimiento mismo. Y ¿cómo me lo ofrece? A través de su afectividad.

En su último libro, Incarnation, se observa una marcada adhesión a la verdad cristiana y una participación en lo que se ha denominado el "giro teológico" de la fenomenología (7). ¿Podría considerarse esto como un testimonio del "retorno a lo religioso" al que se refería Malraux?

Quizá no sea necesario adoptar una posición tan elevada respecto a la situación de mi obra dentro del panorama del pensamiento actual. Dicho esto, lo que considero es que es absolutamente imposible excluir la vida. Si la religión se relaciona con la vida, entonces sólo podemos concluir que un mundo sin religión es un mundo inimaginable. ¿Cómo y por qué se relaciona la religión con la vida? Parece necesario hacer una distinción esencial entre una vida finita y una vida infinita o absoluta. Lo que caracteriza a la primera es que no tiene el poder de traerse a sí misma a su propia vida, de darse a sí misma la vida. Del mismo modo, si considero el yo (*moi*) que pertenece a esta vida, se trata de un yo (*moi*) finito. Así, soy yo mismo, soy este yo que soy, distinto a cualquier otro; pero no soy quien me he traído a este yo que es mío. Nunca elegí ser este yo, porque nunca he tenido este poder de darme a mí mismo la vida. Sólo me doy a mí mismo en la auto-donación de una vida absoluta que sí dispone de este extraordinario poder de engendrarse eternamente a sí misma.

¿Se refiere usted a la vida de Dios cuando habla de esta vida absoluta?

Sí, porque sólo una vida que tiene el poder de darse la vida a sí misma puede dar la vida a todos los vivientes. Un camino nos lleva de la vida a la religión, ya que cada viviente es un viviente en la vida, pero en una vida que no se ha dado a sí mismo. La finitud no es una determinación objetiva, es la experimentación, prueba interior y patética de la pasividad de todo viviente frente a la vida que lo atraviesa y fluye en su interior, independientemente de su poder y voluntad. Esa pasividad de mi propia vida con respecto a sí misma es innegable, con independencia de cómo la interpretemos.

Además de su labor como filósofo, usted ha incursionado en la novela con obras como Le Jeune officier, L´ Amour les yeux fermés, ganadora del premio Renaudot, y Le Fils du roi. ¿Considera usted que su trabajo como novelista está concebido independientemente de su labor filosófica, o más bien representa un enfoque que se corresponde con la exposición de su pensamiento?

Mi escritura no está separada de mi labor filosófica; más bien, surge de una necesidad que sentí cuando enfrenté una dificultad inherente a toda disciplina de investigación: su creciente tecnicidad. En todos los campos, a medida que se desarrolla una investigación, cada disciplina elabora metodologías y terminologías propias, alejándose así del gran público. Actualmente, el saber está fragmentado, como se suele decir. Por lo tanto, decidí expresar mis convicciones sobre la vida de otra manera. En mis novelas, creí que podía articular esta realidad profunda que sentía, y que la filosofía clásica ignoraba en gran medida, no en el ámbito conceptual, sino en el imaginario. Sin embargo, reconocía desde el principio una dificultad doble: si uno es un escritor, debe consagrarse enteramente a ello, pues aprender a escribir sobre lo imaginario es tan exigente como aprender filosofía, y no se pueden realizar ambos trabajos en una sola vida. Consciente de la imposibilidad de abarcarlo todo, y también por razones prácticas (cuando me incorporé al CNRS, *Centre National de la Recherche Scientifique*, ya había escrito un relato, *Le jeune officier*, pero tuve que elegir y opté por la filosofía) volví a la novela más tarde como a una pasión reprimida. Cuando dispuse de algo de tiempo libre, escribí *L´ Amour les yeux fermés*. En el trasfondo de esta novela, hay una mirada dirigida hacia las civilizaciones del pasado que enfrentan una aporía: ¿cómo es posible que, tras un período de crecimiento en el que la vida adquiere cada vez más poder en todos los ámbitos, desde la producción de bienes materiales hasta la creación espiritual —estética, ética o religiosa—, esta misma vida conozca el declive y la muerte? En ausencia de factores externos, esta destrucción sólo puede provenir de ella misma. Me fascinaban los fenómenos de autodestrucción, especialmente porque, aunque la novela los sitúa en el pasado, en realidad, los estamos presenciando en este momento.

Referencias bibliográficas

(1) Michel Henry, *Philosophie et phénoménologie du corps. Essai sur l'ontologie biranienne*, París, PUF, 1965.

(2) Michel Henry, *La Barbarie*, París, Grasset, 1987.

(3) Michel Henry, *C'est moi la vérité. Pour une philosophie du christianisme*, París, Seuil, 1996.

(4) Michel Henry, *Incarnation. Une philosophie de la chair*, París, Seuil, 2000.

(5) Michel Henry, *Philosophie et phénoménologie du corps. Essai sur l'ontologie biranienne*, París, PUF, 1965.

(6) René Descartes, *Les passions de l'âme*, París, Vrin, 1964, artículo XXVI.

(7) Dominique Janicaud, *Le Tournant théologique de la phénoménologie française*, Combas, Éditions de l'Éclat, 1990.

X. Pensar filosóficamente el dinero
Conferencia pronuncia en el Tercer Fórum Le Monte/Le Mans en 1992

¿Por qué es importante abordar el dinero desde una perspectiva filosófica? Siendo el dinero una realidad económica, ¿no es este tema competencia exclusiva de los economistas, especialistas en una ciencia moderna que ha experimentado grandes avances?

Pensar filosóficamente el dinero sólo es posible y necesario bajo una condición fundamental, a saber: que el dinero no sea considerado simplemente como una realidad económica, sino como el resultado de una génesis que tiene su fuente en una realidad de otro orden, heterogénea a la economía y anterior a ella. Al reconocer la existencia de esa génesis trascendental, es decir, creativa, del dinero, la comprensión de su naturaleza nos lleva a explorar dicha génesis, lo cual nos impele a volver a la pregunta original sobre la fuente no económica de la cual emerge el dinero.

La afirmación de que el dinero proviene de una génesis distinta de la naturaleza se puede constatar fácilmente: en el entorno natural en el que los seres humanos habitan, encontramos piedras, tierra, agua, plantas, pero no dinero, del mismo modo que no encontramos formas geométricas como círculos o triángulos. Así como los círculos y los triángulos fueron creados originalmente por el espíritu en un acto proto-fundador, en un nacimiento trascendental, según lo expresan los fenomenólogos, el dinero también procede de un origen similar, aunque el acto proto-fundador que lo generó, y que de hecho sigue generándolo en cada momento, sea completamente distinto del acto intelectual de ideación que dio origen a la geometría.

Para abordar la génesis del dinero, recurriré a un filósofo que ha examinado esta cuestión. Hablaré de Marx. Aunque pueda parecer inusual mencionar a Marx, en un momento en que los regímenes construidos sobre los principios de la teoría marxista están colapsando en todas partes, dejando en evidencia su fracaso total, es importante destacar que el pensamiento de Marx no tiene ninguna relación con el marxismo. Es más, su obra constituye una crítica contundente al marxismo en todos sus aspectos, lo cual la convierte en la refutación más radical de esta ideología hasta la fecha.

¿Cuál es la realidad a partir de la cual surge el dinero y mediante la cual se crea y reproduce constantemente como entidad? El dinero surge de la vida, no de la vida biológica de las moléculas o las neuronas, sino de nuestra vida, cuya esencia radica en experimentarse, probarse a sí misma, sentirse, obrar, sufrir y gozar. Esta vida, según Marx, exhibe cinco características: es subjetiva, es individual, es esencialmente actividad, porque está intrínsecamente ligada a la necesidad, y esta necesidad, al ser soportada, se convierte en acción orientada a su satisfacción. Esta vida cuenta con el respaldo del universo que se transforma constantemente para ajustarse a sus deseos.

Marx denomina a esta transformación incesante del universo por la praxis subjetiva de los individuos vivientes, que constituye el fundamento de la historia y de la sociedad, como el proceso real de producción de los valores de uso; un proceso que no es inherentemente económico. Sin embargo, a medida que este proceso se desarrolla, se multiplican y diversifican los valores de uso que produce, y el intercambio de estos valores se vuelve un problema ineludible. ¿Cómo pueden los individuos intercambiar objetos tan diferentes y bajo qué proporción? En realidad, este intercambio de valores de uso es un intercambio de los trabajos que los han producido. Determinar la proporción en la que un valor de uso puede intercambiarse —su valor de cambio— implica evaluar el trabajo que lo ha creado. Sin embargo, esta solución elegante de la economía clásica se presenta para el filósofo Marx como una aporía. Para él, la actividad productiva, el trabajo, al ser subjetivo en un sentido radical —es decir, invisible— escapa a toda determinación objetiva, cualitativa o cuantitativa; no puede ser medido. Esta crítica alcanzó su máxima expresión en la *Crítica del programa del partido obrero alemán* con el cuestionamiento del principio comunista, que pretendía ser un principio de justicia y de igualdad, otorgando a cada uno según su trabajo. Pero dado que este trabajo es subjetivo, invisible, incuantificable, y varía de un individuo a otro según su fuerza o capacidades personales, se deduce que, para una misma tarea, el esfuerzo y el desgaste de un individuo pueden ser infinitamente superiores a los de otro. Dar un mismo salario o un mismo bien social a actividades individuales intrínsecamente diferentes constituye la injusticia misma. Considerar a todos los hombres como trabajadores, como lo hacen el comunismo (y también el capitalismo), implica hacer absoluta la diferencia en sus talentos y dones, es decir, supone la desigualdad misma. "Este derecho igualitario", expresa Marx de manera contundente, "es un derecho desigual para un trabajo desigual" (1).

El acto proto-fundador de la economía pretende hacer posible el intercambio, pese a la diferencia radical entre las subjetividades y, por ende, los trabajos reales. Para superar este abismo de subjetividades, dicho acto procede con una sustitución crucial: reemplaza el trabajo subjetivo viviente, individual, e invisible, por algo objetivo que se considerará equivalente a este trabajo y que, al ser objetivo, puede ser captado objetivamente. Este equivalente del trabajo real, oculto en la noche de su subjetividad abismal, consistirá en el mismo trabajo, pero en su condición de "opuesto a sí mismo" (2): es decir, puesto ante su mirada, traído a la luz, representado. En esta representación del trabajo como algo externo a uno mismo, el trabajo se convierte en una entidad visible, que puede ser nombrada (por ejemplo, "el trabajo"), calificada (como un trabajo "tedioso"), y situada, como trabajo objetivo, en el tiempo del mundo y de los relojes, cuya duración puede ser contada (por ejemplo, ocho horas). Sin embargo, en esta representación, en esta posición externa a uno mismo, el trabajo ha perdido su sustancia fenomenológica subjetiva que lo convertía en una realidad viviente, irreductiblemente singular; ahora se ha vuelto insignificante, general, social, abstracto, ideal, cualificado y cuantificado. Este es el tipo de trabajo del que hablan los economistas.

Y, sin embargo, es precisamente este trabajo objetivamente cualificable y cuantificable el que, al proyectarse sobre el producto del trabajo real (el valor de uso), genera su valor de cambio. El valor de cambio es entonces la representación del trabajo en el producto. Se establece una identidad entre el valor de cambio y el trabajo representado: ambos tienen el mismo estatus, la misma sustancia, la misma realidad. Esta sustancia es la negación de toda sustancia, lo insustancial; esta realidad es la negación de todo lo que, según Marx, constituye la realidad, es decir: la realidad del universo, y más profundamente, la realidad de la subjetividad que, como praxis, tiene al universo en sus manos y lo arranca de la nada en cada momento.

A pesar de ello, el estatus de identidad entre el valor de cambio y el trabajo representado —es decir, el trabajo de los economistas— constituye el estatus de la realidad económica en su conjunto, ya que las determinaciones económicas no son más que variaciones de este trabajo y este valor. La "realidad económica" es, entonces, una irrealidad de principio, una entidad general, una idealidad, una abstracción; o, como incluso lo sugiere Marx en un sentido no hegeliano, una alienación. Abstracción o alienación, porque en esta venida fuera de sí misma en la exterioridad, la subjetividad viviente del trabajo original real ha perdido todas las características que derivan de su subjetividad: sufrimiento, desgaste, intensidad del esfuerzo. En resumen, todo lo que es viviente y hace que la vida esté en juego. Decir, como hacen los marxistas o los economistas en general, que la economía constituye el fondo de la realidad y de las sociedades implica, desde el punto de vista de Marx, la afirmación más absurda imaginable. La economía no es la realidad, sino su irrealidad duplicada y, como tal, fantástica.

El valor de cambio es la representación del trabajo en el producto, el cual, al ser investido por esta representación, se convierte en una mercancía. Sin embargo, en lugar de invertirse en el producto o mercancía, la representación del trabajo puede verse a sí misma en su forma pura, es decir, separada del cuerpo material de la mercancía. Esta representación pura del trabajo es lo que conocemos como dinero. Por lo tanto, el dinero es la forma pura del valor de cambio. Sin embargo, ya sea que la representación del trabajo se materialice en la mercancía o aparezca en estado puro en el dinero, en todos los casos esta representación es doble. Es la representación de una representación (3). Se refiere a la representación del trabajo social, abstracto y general de los economistas, que resulta ser en sí mismo una representación del trabajo viviente. En la economía, la vida, la eficacia exclusiva de la actividad viviente, se ha convertido en el objeto-trabajo, el cual se representa en estado puro en el objeto-dinero. Esta es la génesis trascendental del dinero.

El dinero adquiere de su génesis su naturaleza intrínseca, junto con el conjunto de sus caracteres y la función que desempeña en la esfera económica. Su naturaleza es una objetividad ideal, es decir, la representación del trabajo. Sin embargo, el valor de cambio en sí mismo es también la representación del trabajo, y el trabajo mismo, el trabajo abstracto de los economistas, es la representación del trabajo viviente. Esto implica, como ha sido demostrado por la génesis trascendental del dinero, que el dinero, el valor de cambio y el trabajo son sustancialmente homogéneos. Teóricamente, la génesis del dinero es idéntica a la de la realidad económica en general. Prácticamente, la homogeneidad sustancial del dinero, del valor de cambio y del trabajo explica por qué pueden intercambiarse continuamente entre sí, permitiendo la metamorfosis de unas determinaciones económicas en otras. Consideremos el intercambio más simple: 40 francos de té se intercambian por 40 francos, los cuales a su vez se intercambian por 40 francos de café. En este intercambio, se trata de la misma cantidad de trabajo abstracto que se presenta bajo tres formas sucesivas: esta cantidad de té, luego bajo su forma pura de dinero, y finalmente bajo la forma de tal cantidad de café. Es la abstracción del dinero, su indiferencia con respecto al cuerpo material de la mercancía, lo que le permite aparecer tanto bajo la forma de té como bajo la forma de café, o en su forma pura de dinero. Esta abstracción del trabajo permite la circulación de mercancías y su intercambio, en el cual radica la misma intercambiabilidad.

Como primera consecuencia de la naturaleza del dinero, surge la contradicción inherente a la economía de mercado. La abstracción del dinero le permite a este materializarse en los cuerpos de todas las mercancías bajo la forma de su valor, haciendo posible su intercambio. Sin embargo, esta misma abstracción le permite retirarse del cuerpo de la mercancía y aparecer frente a ella en su forma pura de dinero. Esto ocurre en cada transacción de venta. El dinero entonces se posiciona frente a la mercancía como un tercero, como una realidad externa a la mercancía y ante la cual esta debe confrontarse. La intercambiabilidad de la mercancía, que residía en su interior como su valor, se convierte en externa en forma de dinero: el intercambio, la venta de la mercancía, se vuelve contingente en relación con la propia mercancía. La crisis se revela como inherente a la economía de mercado, como su posibilidad misma. Esta posibilidad constante de crisis se materializa en el capitalismo, ya que este no busca producir más mercancías, sino dinero, y la producción de mercancías se convierte en un medio para recaudar dinero a través de su venta. Por lo tanto, todo debe venderse rápidamente, pero este imperativo se enfrenta a la contingencia de la venta: es decir, la exterioridad del dinero en relación con la mercancía, que expresa la exterioridad del valor de cambio con respecto al valor de uso, que, a su vez, expresa la exterioridad del trabajo social con respecto al trabajo viviente. Este desdoblamiento no es sino la génesis trascendental del dinero y de la economía en general.

El carácter abstracto del dinero, el hecho de que pueda separarse del cuerpo material de la mercancía y existir por sí mismo, parece conferirle una existencia autónoma. En esta esfera de existencia autónoma, el dinero tendría sus propias leyes, su devenir propio y, por ende, su propia eficacia. El universo en que el dinero tiene valor por sí mismo sería aquel en el que el dinero actúa por sí mismo. Esta esfera es la del capital, que se forma a partir del dinero, que es el valor de cambio o, más precisamente, el valor que se acumula, el dinero que busca convertirse en más dinero. Así, el capital genera intereses, beneficios, rentas, y surgen tasas de interés, tasas de beneficio, entre otros aspectos.

Esta autonomía aparente del dinero constituye una ilusión, que revela precisamente su carácter abstracto: es decir, el hecho de que, como pura idealidad y pura irrealidad, el dinero sólo puede subsistir en tanto esté fundamentado en una realidad de otro orden que lo cree constantemente y sin la cual desaparecería. Marx ha conceptualizado esta falta de autonomía del dinero en tres aspectos: su incapacidad para aumentar por sí mismo, es decir, la imposibilidad del capital de incrementarse sin la explotación del trabajo humano; su incapacidad para conservarse por sí mismo, ya que esta conservación implica mantener los valores de uso en los que se invierte el capital y, por lo tanto, requiere la intervención constante del trabajo viviente; y, finalmente, su incapacidad para existir simplemente como dinero, dado que esta existencia es sólo la representación de este trabajo viviente. La realidad fuera de la cual la realidad económica carece de existencia es, por tanto, la vida. Por eso, todos los análisis de Marx obedecen a un único objetivo: establecer que cuando el dinero (o el capital) parece ser activo, en realidad no es él quien lo hace activo. En cada ocasión, es necesario convertir el dinero en la fuerza vital, comprar trabajo: es decir, comprar a alguien, según Marx. Lejos de ser autónomo, el capital se invierte constantemente. Para comprender su historia, sus riesgos, es necesario colocarse "fuera del mercado", "abandonar esta esfera ruidosa donde todo sucede en la superficie y a la vista de todos", y descender "al laboratorio secreto de la producción", al corazón de la subjetividad que despliega su esfuerzo para producir valores de uso y, así, el valor de cambio, que no constituye más que la representación, por principio inadecuada, de este esfuerzo. O, como incluso lo expresó Marx, es necesario "ver no sólo cómo el capital produce, sino también cómo es producido él mismo" (4).

¿Podemos afirmar hoy que han quedado obsoletos estos análisis, tales como la referencia retroactiva del dinero a la vida? Al dirigir nuestra mirada hacia el Este (Oriente), encontramos en el colapso de los regímenes comunistas una confirmación contundente de la tesis de Marx: cuando los individuos no actúan, nada se lleva a cabo. Y no es la sociedad quien los va a reemplazar; sociedad que, según Marx, no existe como tal. ¿Y qué ocurre si miramos hacia el Oeste (Occidente)? En el Oeste (Occidente), observamos lo que progresivamente sustituye a los individuos: la técnica en un sentido moderno y galileano. El trabajo viviente se excluye gradualmente del proceso real de producción de valores de uso en favor de dispositivos objetivos. Por lo tanto, si sólo el trabajo viviente crea valor y el dinero, este último tiende a desaparecer simultáneamente con dicho trabajo. Lo que parece ser la gran solución en todas partes —el mercado— es precisamente lo que se está volviendo imposible. ¿Cómo podemos fundamentar una producción tendencialmente creciente de valores de uso en un valor de cambio que está en vías de desaparición? Quizás debería haber titulado mi intervención: el ocaso del dinero.

Independientemente de cuál sea el destino del dinero, persiste ahí, con su misterio. Pensar filosóficamente sobre el dinero no implica pretender resolver este misterio. Al contrario, supone reconocerlo, dado que el dinero está vinculado a la vida. En los *Manuscritos de 1844*, el "joven Marx" citaba a Shakespeare al decir que el oro es "la puta común de toda la humanidad" (5). Por eso, es importante notar que, incluso en la moneda más gastada, en el billete más sucio, todavía aparece, nunca completamente borrada, la figura de un hombre.

Referencias bibliográficas

(1) Karl Marx, "Critique du programme du parti ouvrier allemand", en *Oeuvres, Économie* I, Gallimard, "La Pléiade", París, 1963, p. 1420.

(2) Karl Marx, "Le Capital. Livre Premier: Développement de la production capitaliste", en *Oeuvres, Économie* I, Gallimard, "La Pléiade", París, 1963, p. 574.

(3) Karl Marx, *Fondements de la critique de l'économie politique*, Tome I, París, Anthropos, 1969, p. 106: "El dinero es el tiempo del trabajo bajo la forma de objeto universal o la objetivación del tiempo del trabajo en general: se trata del tiempo del trabajo bajo la forma de *mercancía universal*".

(4) Karl Marx, "Le Capital. Livre premier: Développement de la production capitaliste", en *Oeuvres, Économie* I, Gallimard, "La Pléiade", París, 1963, p. 725.

(5) Karl Marx, *Manuscrits de 1844. Économie politique et philosophie*, París, Les Éditions sociales, 1962, p. 120.

XI. La crisis de Occidente

Conferencia pronunciada en la Universidad Paul-Valéry Montpellier III
el 28 de mayo de 1997

Estoy muy contento de encontrarme aquí entre vosotros, especialmente porque he enseñado en esta universidad durante muchos años. También me gustaría agradecer a Jean-Marie Brohm y a Magali Uhl por su amable invitación. De hecho, encuentro notable que se fomente la interdisciplinariedad, sin la cual la crisis de la cultura podría adquirir proporciones catastróficas, suponiendo que no las haya tomado ya. El título de esta conferencia, "La crisis de Occidente", es sin duda un tema muy amplio. Por lo tanto, me limitaré a presentar algunas sugerencias de manera rigurosa.

A mi modo de ver, la crisis de Occidente es doble: por un lado, afecta a la cultura y, por otro lado, afecta a la economía. Me centraré más en la crisis de la cultura, ya que veremos que, paradójicamente, la crisis de la economía forma parte de ella. La crisis de la cultura es un fenómeno tan evidente que ha generado numerosos ensayos dedicados a su estudio. Me abstendré de revisarlos todos para no entrar en detalles tediosos. Sólo mencionaré una tesis, la propuesta por Husserl, el fundador de la fenomenología, corriente de pensamiento a la que pertenezco.

La explicación de la crisis de la cultura que propone Husserl en su monumental obra *Krisis* (1) es muy interesante, aunque paradójica. Mientras que Spengler (2), por ejemplo, presenta las culturas como formaciones similares a los organismos vivos destinadas a un auge, un apogeo y un colapso, durante los cuales todas las actividades sociales y personales se descomponen, la tesis de Husserl es que la crisis que vivimos y vamos a vivir no se debe a la pérdida de ciertas funciones de la sociedad o del espíritu humano, sino a su desarrollo. En esta ocasión, la crisis de la cultura no proviene de una disgregación o debilitamiento del saber, sino, al contrario, de su hiper-desarrollo. La extensión vertiginosa del saber durante los tiempos modernos, sin parangón en la historia de la humanidad, sumergirá a esta modernidad en una crisis cuyo verdadero motivo y fin ni siquiera llegamos a ver.

Lo característico del saber moderno es que no constituye, en ningún caso, un saber único, sino una multiplicidad de saberes distintos. En su desarrollo mismo, el saber, es decir, la inteligencia humana que se esfuerza por comprender todo lo que puede comprender, conduce a una proliferación de saberes cada vez más especializados. Esto exige la invención de nuevos vocabularios y nuevas metodologías, creando así nuevos horizontes. Los sistemas conceptuales y sus respectivas terminologías se vuelven cada vez más complejos, de manera que sólo aquellos que se consagran a uno de estos saberes sectoriales pueden orientarse a través de ellos. Los mejores especialistas ya no necesariamente se entienden entre sí.

Hasta el siglo XVII, existía un saber común a la humanidad que servía de base. Así, la sociedad se unía en torno a un determinado número de ideas o creencias compartidas por todos sus miembros. Sin embargo, a partir de entonces, este fundamento de una "unidad moral de la humanidad", para retomar la expresión de Husserl, se deterioró debido a la fragmentación de los saberes. Esta *sapientia universalis*, una ciencia universal capaz de unir a los individuos y dar forma a su existencia en común, con la cual incluso Descartes soñaba, ya no existe. Ahora que los individuos ya no comparten un saber común, ya no están unidos en ningún aspecto. Por lo tanto, esta crisis del saber es, como afirma Husserl, una crisis de la existencia, ya que la base común —es decir, la unidad de saberes y comportamientos— ya no puede garantizar la coherencia de los grupos sociales. Este análisis es del todo extraordinario y cualquier investigador puede experimentarlo al acudir a una conferencia donde cada ponente habla su propio dialecto. Sin embargo, me atrevo a no seguirlo porque presupone algo que me parece cuestionable: la identificación del saber con el saber científico.

Para refutar la identificación entre el saber y la ciencia, y para afirmar la existencia de un saber fundamental totalmente diferente al de las ciencias, voy a intentar atribuir al saber de la ciencia un origen preciso. El origen de esta identificación entre el saber y la ciencia se encuentra en algunas frases escritas por Galileo en 1602. Galileo realiza, desde mi perspectiva fenomenológica, el acto archi-fundador de la ciencia moderna y, al mismo tiempo, el acto archi-fundador del mundo moderno: este mundo al que pertenecemos, en el que creemos ingenuamente y del cual todos somos hijos, habitantes irremediables. Porque el espíritu crítico sólo puede surgir de una reflexión sobre este acto archi-fundador que determinó nuestro destino a comienzos del siglo XVII.

Este acto nació de una decisión intelectual. Galileo consideró que era necesario conocer el universo en que vivimos, ya que de este conocimiento deriva la ética, nuestro deber ser y nuestro deber hacer. Sin embargo, este conocimiento requiere el rechazo de todas las demás formas de conocimiento, en concreto, aquellas derivadas de cualidades sensibles. Desde entonces, se trata de sustituir el conocimiento sensible con el conocimiento verdadero, la geometría, que constituye el conocimiento de las figuras de los cuerpos extensos, es decir, los que ocupan un espacio. Fenomenológicamente, ambos conocimientos, desde el punto de vista de su cientificidad y de su racionalidad, están completamente opuestos. El conocimiento sensible varía de un individuo a otro, de tal manera que sólo puede generar, desde un punto de vista científico, proposiciones singulares, aleatorias, subjetivas y contingentes. Por ejemplo, si afirmo que "el cielo es azul", esta es una proposición singular, ya que mañana puede haber nubes, el cielo puede estar gris o de otro color para una persona daltónica. Sin embargo, la humanidad ha fundamentado el saber en proposiciones de este tipo. Por otro lado, el conocimiento geométrico suscita proposiciones racionales, verdaderas, del tipo "en un círculo todos los radios son iguales". Los radios son iguales hoy, lo serán mañana y siempre. La geometría es, por lo tanto, el único modo de conocimiento del universo material compuesto por cuerpos extensos en el espacio.

Las ideas de Galileo se difundieron rápidamente por toda Europa, y Descartes las retomó al enunciar los fundamentos de la geometría analítica. Esta expresión matemática de los conocimientos geométricos sentó las bases de la ciencia moderna, que nunca será otra cosa que la aproximación geométrico-matemática de las partículas microfísicas. A partir de ahora, todas las crisis se producirán dentro de este horizonte inmodificable.

La crisis de la cultura, interpretada como una crisis del saber científico, se sitúa en este horizonte. Me atrevo a decir que este horizonte del saber está limitado a la aproximación físico-matemática de la cosa material extensa: la *res extensa*, como señala Descartes. Sin embargo, desde un punto de vista filosófico y científico, estas premisas son problemáticas. De hecho, pese a su extraordinario éxito y su formidable desarrollo, Husserl habla de la crisis de las ciencias europeas. Esta crisis se debe al hecho de que el saber se desarrolla dentro de dos presupuestos que ni Galileo ni la ciencia contemporánea ponen en cuestión.

La definición que Galileo da del conocimiento verdadero se basa en la legibilidad del universo que, como un libro, se compone de figuras geométricas como cuadrados, triángulos, círculos, etc. Para comprender el universo, es necesario también dominar este lenguaje hecho de figuras, en resumen, ser capaz de leer la geometría. Esta primera premisa implica el conocimiento de la naturaleza real. En la naturaleza real, no existen círculos, cuadrados, ni figuras geométricas. Sin embargo, Husserl subraya en la *Krisis* que la existencia de figuras ideales requiere de una "prestación trascendental de la conciencia", es decir, un acto del espíritu que crea algo que no existía antes (3). No existen en la naturaleza ninguna de las figuras geométricas que nos sirven para leer lo real. Los círculos y los triángulos de la ciencia moderna sólo son posibles gracias a una conciencia trascendental que los crea. Lo fascinante es que estas idealidades creadas por el espíritu se corresponden con cosas reales, con estructuras materiales de la realidad, aunque no sean sensibles.

La segunda premisa concierne a la estructura de visibilidad de estas idealidades. El espíritu sólo puede conocer el triángulo porque ve sus propiedades ideales. Para Platón, como se sabe, vemos las ideas, lo que significa que no vemos simplemente el color de las hojas o escuchamos únicamente los sonidos, sino que el espíritu ve las formas y las esencias. Esta segunda premisa tiene un peso determinante, ya que el trabajo cotidiano de la ciencia está basado en ella. La ciencia tiene por fundamento un *ver*, entendido aquí como un término para designar la totalidad de sentido. Escuchar consiste en tener siempre acceso, a través de una determinada distancia, a algo que se nos da. En esta distancia, hay el acto de escuchar y la cosa escuchada, el acto de ver y el color visto, el acto de tocar y la cosa tocada. Desde entonces, aquello a lo que accedemos llega a ser un fenómeno para nosotros gracias a este horizonte de visibilidad que es el mundo. La ciencia trabaja únicamente en este horizonte fenomenológico. Reflexiona sobre un mundo exterior, una pura exterioridad, dado que la materia es *res extensa* y sólo conoce las idealidades al ponerlas ante su mirada.

Así, la crisis de la cultura es circunscrita por Husserl a la crisis de este saber científico. De hecho, la ciencia conoce idealidades geométrico-matemáticas que nos permiten, a su vez, comprender de manera adecuada el universo material. Sin embargo, estas idealidades se consideran de manera traslaticia: el matemático sabe que no está trabajando con círculos reales, pero esto no parece importarle. Sin embargo, este sistema tiene una laguna que fue explícitamente señalada por un pensador brillante ya en el siglo XVII, quien además proporcionó la formulación matemática de la física galileana: Descartes.

El *cogito* de Descartes, objeto de críticas por parte de todas las ciencias, sigue sin entenderse completamente en la actualidad. En sus meditaciones de filosofía primera (4), Descartes desarrolla su famoso ejemplo del trozo de cera, en el que lleva a cabo en realidad un análisis fenomenológico por variación. Emplea palabras idénticas a las de Galileo y descubre un cuerpo análogo al definido por este último: un cuerpo extenso (la *res extensa*), cognoscible por la geometría y por un entendimiento puro, ya no por los ojos del cuerpo y de la carne. Esta iniciativa de Descartes da un impulso fantástico a la revolución galileana al proporcionarle a las matemáticas un medio de expresión; de ahí la fascinación que, en adelante, ejercerán de manera general las matemáticas sobre todas las disciplinas. De hecho, Descartes comprende que es en la física de Galileo donde reside el futuro y ve, con intuición, lo que excluye este saber galileano. Con el fin de permitir el conocimiento del universo físico-matemático, Galileo deja de lado todas las cualidades sensibles. En otras palabras, el estudio conforme a sus propiedades geométricas no implica de ninguna manera una reducción de este cuerpo a sus cualidades sensibles, que resultan superfluas. Galileo considera que nuestra organización fisiológica particular condiciona nuestra percepción de los colores, y si no fuéramos animales de un género particular, quizás no habría colores en absoluto.

Descartes lleva a cabo una sorprendente *contra-reducción* al retomar las cualidades sensibles que Galileo había descartado, afirmando que son las únicas cosas absolutamente ciertas. Argumenta que los colores, el calor, el frío, etc. constituyen *modalidades del alma*. A partir de esta premisa, Descartes define al ser humano en términos de un dispositivo al que llama pensamiento, que, para él, implica ser un ser que siente, donde este sentir constituye un auto-sentir. La *cogitatio* es una modalidad subjetiva que, al igual que el sufrimiento, el frío, el hambre, el calor, etc., se experimenta a sí misma de manera inmediata e independiente del mundo, de manera a-cósmica. Incluso si el mundo no existiera, la *cogitatio* no desaparecería. En otras palabras, un sufrimiento puede existir fuera del mundo en la medida en que existe experimentándose a sí mismo de manera inmediata.

Descartes denomina *cogitatio* a lo que se experimenta a sí mismo de manera inmediata, sin ninguna distancia. Yo prefiero el término de *vida* en su sentido trascendental, es decir, la experimentación, prueba de sí, propia del sufrimiento, el calor, el frío, el hambre, el temor, la angustia y también la visión. La visión percibe todo lo externo, pero no se percibe a sí misma. En otras palabras, lo que nos permite ver no es lo que vemos, sino la experimentación, prueba de sí en un *pathos* puro. Se trata de una visión viviente. El sentido del oído percibe lo que oye, pero no se percibe a sí mismo. Todo lo que encontramos en el origen del mundo, tanto sensible como inteligible, se da a sí mismo. Sin embargo, el entendimiento no se da, nunca se ha visto ni se verá jamás el arte ni la vida. Todo esto se experimenta en un espesor afectivo, en una suerte de carne que es un *pathos*.

Descartes dudaba tanto de las verdades sensibles como de las verdades racionales. De hecho, la misma percepción visual puede ser engañosa, como el reflejo distorsionado en el agua. La hipótesis del Genio Maligno se basa en esta premisa: lo que percibo con toda claridad y necesidad puede ser falso. El sueño, por su parte, constituye precisamente la experiencia de que todo lo que percibo, incluidas las verdades racionales, puede tener un componente ilusorio. Sin embargo, consideremos que en un sueño experimento angustia. Aunque todo en el sueño sea falso, la angustia que experimento es real. Existe tal y como la experimento cualitativamente, ni más ni menos. Por lo tanto, es en la afectividad donde reside el fundamento inquebrantable que Descartes buscaba. Llamo a esto *vida*, porque todo lo que es viviente pertenece a este ámbito. Incluso la percepción visual, cuando es viviente, es siempre un *pathos*. Recibo, por ejemplo, con alegría los argumentos a mi favor, pero me enfado cuando algo me pilla a contrapié. Para Jaspers, existe un *pathos* asociado a la certeza matemática que coincide con la experiencia de la constricción lógica. Cuando dos y dos son 4, mi seguridad está garantizada para siempre; ¡algo que no sucede, por ejemplo, en el caso de las relaciones amorosas! Spinoza sostiene que nada puede contradecir la naturaleza de un círculo, mientras que Malebranche subraya la imposibilidad de que en un círculo todos los radios sean desiguales. Sin embargo, la afectividad también es parte de las realidades irreductibles: la angustia, el miedo, la alegría, la tristeza, entre otros. Todos estos aspectos nos llevan a cuestionar la crisis misma de la cultura, aunque ya hayamos abordado indirectamente la cuestión.

Supongamos que, desde los orígenes de la humanidad, toda cultura está determinada por la vida, siendo esta última tanto el conjunto de producciones realizadas por la vida —no por la razón— como las respuestas que la vida ha ofrecido a sus propias cuestiones patéticas y a su angustia. Consideremos que la cultura también abarca el conjunto de respuestas que la vida ha dado a su sensibilidad, y que no existen obras de arte concebibles al margen de una sensibilidad que sea una forma más de sentir para ella. Imaginemos que no hay ética concebible más allá de las prescripciones ofrecidas por la vida. Finalmente, supongamos que no hay religión, sino como una traducción de una experiencia fundamental del viviente. Entonces la tesis sería que no puede haber vida sin viviente, ni viviente sin vida; que no hay vida para un viviente que no sea vivida por él. En esta manera de vivir —no me refiero al pensamiento—, esta pasividad fundamental es un rasgo fenomenológico concreto de esta vida específica.

¿Cuáles son las consecuencias del acto proto-fundador de Galileo, que fundamenta el saber moderno como conocimiento geométrico-matemático del universo material, excluyendo la vida fenomenológica? Desde el punto de vista galileano, ciertamente es posible concebir el mundo como la figura ideal del hiper-desarrollo del saber científico. Sin embargo, este mundo está destinado a convertirse en una incultura cada vez más total y radical. Esta es, creo, la situación en la que nos encontramos. La exclusión de la vida —es decir, de la subjetividad— conlleva potencialmente la exclusión de toda cultura. Esta es una hipótesis drástica poco apreciada por las personas a las que no les gusta que se plantee la siguiente cuestión: ¿existe una cultura científica?

Para respaldar mi argumento, seleccionaré algunos ejemplos concretos de nuestro mundo actual. Hace veinte o treinta años, la vida era más placentera y sencilla. El desempleo masivo no existía y disponíamos de una cultura rica y diversa. Como muchos en aquella época, visité Grecia. Recorrí Eleusis —entre el Peloponeso y el Ática—. Como la mayor parte de los turistas de entonces, mi mujer y yo éramos amantes de la cultura y de la estética. El espectáculo que ofrecía Eleusis era de una belleza deslumbrante: un valle magnífico, muy árido, rodeado por un muro de piedras doradas, rústicas, casi tan grandes como la mitad de esta sala; los restos de una antigua fortaleza. Todo este paisaje estaba bañado por la luz del verano griego. Sin embargo, al mirar al cielo, vi una línea eléctrica de alta tensión que se extendía a lo largo del muro... Este ejemplo es crucial para ilustrar lo que acabo de decir acerca de la sensibilidad. Pero también tiene una significación alarmante, ya que, lejos de ser un caso aislado, se repite cientos de miles de veces en todo el mundo. De hecho, la construcción de una línea eléctrica de alta tensión refleja la técnica moderna, es decir, un conjunto de procesos deducidos únicamente de la concepción galileana, en este caso, de teorías físicas que determinan la elección de materiales específicos para la construcción de postes, conductores, etc. Dado que esta ciencia se basa en la exclusión de la sensibilidad, el pliego de condiciones no puede tenerla en cuenta. En consecuencia, nadie se pregunta qué efecto produce esta línea eléctrica sobre la sensibilidad de un individuo que la observa. Nuestra educación misma se ajusta a estos presupuestos radicales. Se nos enseña que existe una ciencia verdadera y que todo lo demás no es más que superstición o leyenda. En esa ciencia, no hay lugar para la sensibilidad; en ningún momento, se cuestiona cuál es el impacto del transporte de electricidad en la sensibilidad: este problema no tiene cabida. El saqueo del mundo por la técnica moderna, primo-génita de la ciencia moderna, está fundamentado jurídicamente. Ninguna críti-ca puede objetarla, porque nuestro sistema de pensamiento y nuestros principios educativos la respaldan.

He aquí otro ejemplo, que concierne a la restauración de las obras de arte. Durante nuestra segunda visita al monasterio de Dafne en Grecia, presenciamos cómo unos obreros, encaramados en unas escaleras, arrancaban los mosaicos de los muros y la cúpula del monasterio. Como sabréis, los mosaicos están hechos de pequeños cubos de vidrio o piedra coloreados llamados teselas. Para crearlos, se realiza una sinopsis, un esbozo preliminar y luego se ajustan estas pequeñas piezas. El efecto resultante es extraordinario, ya que la luz refractada en el medio transparente juega indefinidamente con los colores. El color de los mosaicos se ilumina desde dentro, creando un efecto cambiante y fascinante. Los mosaicos de Dafne eran extraordinarios, ya que recubrían íntegramente el monasterio, el *nar-thex*, los muros laterales y la cúpula. Sin embargo, ese día los obreros desprendían masivamente las teselas... Años después, regresé a Dafne y sabía perfectamente lo que me iba a encontrar. En lugar de estos excepcionales mosaicos, sólo encontré cimientos en casi todas partes.

¿Qué enseñanza podemos extraer de estos hechos? Si el arte constituye un tra-bajo de fondo de las sociedades, es evidente que no tenemos derecho a destruir sus obras. Los mosaicos se elaboran con materiales preciosos, costosos e inalterables. En este sentido, es relevante notar el empobrecimiento de los materiales artísticos a lo largo de la historia. Hemos pasado de los mosaicos a los frescos, de los frescos a la pintura sobre madera y de la pintura sobre madera a la pintura industrial. Así, en la historia de Occidente, a medida que la humanidad se enriquece, los materia-les empleados para la creación de obras de arte son cada vez de peor calidad y más propensos a degradarse más rápidamente. No sabemos cuánto tiempo los cuadros de Van Gogh permanecerán en su estado actual. Ante el hecho de que estas obras se descomponen, surge la pregunta de cómo deben ser restauradas, o más bien, cómo no deben ser restauradas.

Estos mosaicos de Dafne, que datan del siglo XI, ya habían sido restaurados correctamente en otras ocasiones. Reparaciones sucesivas habían reconstruido el sustrato material, permitiendo a la obra reconfigurarse y permanecer intacta. La sensibilidad estética entraba en juego cuando se trataba de decidir cómo intervenir, ya sea restaurando un color específico o reemplazando un fragmento caído. Sin embargo, la ciencia actual ya no se guía por esta sensibilidad. Ya no propone una aproximación estética, es decir, sensible, a la obra de arte. En lugar de eso, data las restauraciones con carbono 14 u otros procedimientos que, como sabemos, ¡cuentan con el presunto poder de determinar las grandes verdades metafísicas! Por consiguiente, la actitud científica hacia una obra de arte se limita a datar sus restauraciones. Elabora una teoría de la restauración que se enfoca únicamente en identificar el producto material realizado por la mano del artista original y en discernir lo que es ajeno a esta mano original. En toda Europa, algunos individuos buscan tomar posesión científica de las obras existentes, eliminando de ellas todas las restauraciones sucesivas, para que al final no quede nada del trabajo anterior. Un ejemplo es una capilla en Roma pintada por Giotto de la que ¡hoy sólo queda un pequeño botón de muestra de lo que llegó a ser! En los monasterios yugoslavos que visité durante seis años, se encontraban las más bellas obras de arte del mundo, con escenas cristianas llenas de patetismo. Este arte místico está cubierto hoy en día de cemento. Parece que en la actualidad no sólo falta cultura, sino también ética.

Por lo tanto, es legítimo plantear dos preguntas fundamentales: ¿qué es la ética? y ¿qué es el ser humano? Estas cuestiones son fundamentales, ya que la manera en que concebimos la vida, ya sea como la vida de unos individuos vivientes o como un sistema inerte, tiene consecuencias éticas significativas. La mayor parte de los investigadores que estudian las ciencias de la materia y las llamadas ciencias humanas desean aplicar las metodologías, las normas y los presupuestos del saber galileano. Sin embargo, considero que no es posible fundamentar la ética en este campo del saber físico-matemático del universo material. Es cierto que el estudio de este campo es perfectamente legítimo en la medida en que se circunscribe a dicho ámbito, pero es poco probable que las partículas microfísicas o las moléculas estén animadas por deseos, intereses de hacer carrera, reconocimiento social, afán de poder, etc. Galileo y Descartes estaban en lo correcto al precisar que en la materia no existe nada similar a la sensibilidad.

De hecho, en el campo galileano no hay base alguna para una ética. Para respaldar esta afirmación, podemos retomar el ejemplo de la destrucción de los mosaicos de Dafne y la utilización del carbono 14 para la datación de las obras. ¿En qué momento ha sugerido la ciencia que en una obra de arte sólo es necesario conservar lo realizado por la mano del creador original? Si revisamos todos los tratados científicos existentes, no se afirma en ellos nada parecido. Sin embargo, hoy en día presenciamos una suerte de malabarismo que hace que la ciencia diga cosas que nunca ha afirmado. De hecho, con mucha frecuencia confundimos la ciencia con el cientificismo, que es, en realidad, una verdadera catástrofe al afirmar que el único saber válido es el que sigue el modelo galileano. Sin embargo, la ciencia nunca ha sentenciado que de una obra de arte sea necesario eliminar todo aquello que no se corresponde con la mano del artista original, es decir, todo aquello que procede de la mano de los restauradores. De lo contrario, ¡habría que desechar casi todo! Los templos japoneses, en su mayor parte de madera, han sido quemados casi todos. Si no se hubieran reconstruido, no quedaría ningún templo en pie, y yo no habría tenido la oportunidad de admirarlos ni nadie tendría esa oportunidad hoy en día. Por consiguiente, no tiene sentido conservar de una obra sólo lo que ha sido creado directamente por la mano del artista original. Por el contrario, la tarea de la cultura consiste en conservar todas estas obras. Si ni la ciencia (ni mucho menos el cientificismo) puede decidir qué se debe conservar en una obra de arte, ¿quién tiene entonces el derecho de hacerlo? Únicamente la sensibilidad, la vida en cuanto *sensibilidad*, puede otorgarse esta legitimidad.

No hay ética en la actualidad, ya que, por definición, esta no tiene cabida en el universo galileano. Antes de la irrupción del saber físico-matemático, existían religiones, formas de arte extraordinarias y una ética profundamente arraigada. Tomemos como ejemplo una ética particularmente radical, la de Moisés con su mandamiento: "No matarás" (Dt 5,17). Las prescripciones de la ética suelen adoptar una forma negativa que, en realidad, es la otra cara de una palabra atribuida a Dios. ¿Quién habla en este mandamiento de Moisés? Sólo la vida tiene el derecho de dictarlo. No son los sistemas inanimados, que no ven, no sienten y no saben, los que pueden expresarse de esta manera. En cuanto a otras prescripciones éticas que no enumeraré aquí, es evidente que sólo la vida en un sentido trascendental puede formularlas.

Volvamos ahora a nuestra segunda pregunta: ¿qué es un individuo viviente? Esta cuestión surge de un interrogante filosófico clásico que lleva a dos grandes tipos de respuestas. La primera proviene del ámbito del mundo. Consiste en proporcionar un fundamento para lo que se llama, en términos escolásticos, el principio de individuación (*principium individuationis*). ¿Qué es lo que individualiza a una cosa? En esta tradición de pensamiento, son las categorías del mundo, es decir, el espacio, el tiempo y la causalidad. ¿Qué es lo que constituye, por ejemplo, la singularidad de esta pluma, cuando hay muchas de este tipo sobre la superficie de la tierra? Por una parte, está ahí, en el aquí y el ahora, y puede desaparecer; y, por otra parte, responde al arquetipo de la pluma, es decir, un objeto que permite escribir bajo ciertas condiciones.

Nosotros, como individuos, tendemos a considerar que nuestra individualidad responde a estas condiciones, ya que nacimos en tal lugar y en tal momento, de tal madre y de tal padre, y somos identificados como hombres o mujeres, tal como lo indica claramente nuestro documento de identidad. Nuestro estado civil define en cierto modo lo que somos. Sin embargo, la verdadera definición de un individuo no se limita ni a su ubicación en el espacio, ni a su posición en el tiempo, ni tampoco a su conformidad con un arquetipo o idea preconcebida. Además, ¿cómo podría la idea de ser humano individualizar a alguien cuando hay miles de millones de personas? La individualidad es algo completamente diferente. Esto es lo que he defendido en mi último ensayo sobre el cristianismo. Para mí, la individualidad reside únicamente en la vida (5). Esta es la segunda respuesta posible a la definición de ser humano. La vida es lo que se experimenta, se prueba a sí misma, como en un sueño angustiante. Es una experiencia única de sí misma, en la que el individuo es este Sí mismo (*Soi*) que se experimenta a sí mismo, de tal manera que esta experimentación abrumadora de sí mismo lo convierte en un individuo para siempre. Nos enfrentamos aquí a una *ipseidad trascendental* que, nacida en la vida trascendental, no tiene otro origen. Estas hipótesis son fundamentales tanto para la sociología como para la psicología, y hago hincapié en este punto.

Si nos situamos desde la perspectiva científica, es decir, a nivel de los procesos internos, desafío a cualquiera a que pueda encontrar un individuo donde no haya sensación. Un individuo sólo puede aparecer en esta auto-afección de un Sí mismo y en ningún otro lugar. El principio de individuación —que ha recorrido la historia de la filosofía y ha sido adoptado por las ciencias, especialmente, las biológicas— encuentra hoy su expresión a través de la clonación, que cree poder producir copias de individuos mediante la replicación. Tal vez podamos llegar a producir un autómata, pero este carecerá de un Sí mismo en la medida en que dicho Sí mismo sólo existe al experimentarse a sí mismo. De hecho, el análisis eidético indica que este Sí mismo que se experimenta a sí mismo es único. Si bien, existe una intersubjetividad, el Sí mismo no puede *experimentar al otro*, sólo puede experimentarse, probarse a sí mismo.

Si bien, estas consideraciones justifican los esfuerzos realizados para promover los intercambios entre disciplinas y confrontar metodologías, también exigen una reflexión previa. Necesitamos condiciones previas para poder pensar. La investigación no puede limitarse simplemente a un objeto que esté empíricamente dado; debe remontarse a las condiciones previas que lo hacen posible y le confieren su sentido particular. Sólo al plantear esta *pregunta de regreso*, al abstenernos en un sentido sistemático y radical, es posible llevar a cabo investigaciones significativas.

Intervenciones de los asistentes

Cuando menciona usted lo sensible, ¿lo equipara con lo imaginario?, ¿considera que lo sensible y lo imaginario engloban las mismas realidades?

De ninguna manera. He abordado este problema en un artículo sobre Kandinsky (6). Voy a darle una respuesta a través de la estética. Las teorías de Husserl, retomadas por Sartre (7), explican que el objeto estético es un objeto imaginario. Sin embargo, lo sensible no se identifica con lo imaginario. Supongamos que pienso en usted, veo su rostro, el color de sus vestidos, etc.; percibo lo real en el plano de la sensibilidad. Sin embargo, lo imaginario es otra cosa: sería preciso que, más tarde, por ejemplo, en mi casa, intentara representarme vuestra imagen, pero lo sensible que obtendría en este caso sería completamente diferente. Dicho esto, su pregunta encierra un abismo metafísico. Si nos referimos a la tesis de Husserl o a la de Descartes, la sensación originaria, el rojo, por ejemplo, es una impresión. Una impresión es algo puramente subjetivo; es, como lo dice Descartes, una modalidad del alma; en la terminología husserliana, una *Empfindungsfarbe*, es decir, un color impresivo. Sin embargo, los colores también forman parte indiscutible de nuestra experiencia de lo trascendente, dicho de otra manera, de lo visible. El color es visible, se extiende sobre el objeto. Fenomenológicamente, esta cuestión es muy difícil, porque el color es, de hecho, doble, de manera muy misteriosa.

En primer lugar, existe un color proyectado en la exterioridad que podríamos calificar como imaginario, no en el sentido de la imaginación como facultad psicológica opuesta a la percepción, sino en el sentido kantiano o heideggeriano. Según Kant y Heidegger, el mundo mismo —es decir, el horizonte del afuera— es, en realidad, un *imaginarium*; procede de la imaginación trascendental. La facultad más profunda del espíritu humano consiste, así, en arrojar un horizonte hacia afuera, y los colores que percibimos ya están arrojados en ese horizonte. Descartes menciona, a propósito del dolor, que cuando me duele la punta del pie, en realidad me duele el alma: es una proyección del dolor de mi alma. Así, hay un doble aspecto imaginario del color: un color originalmente imaginario que es proyectado en las cosas, y un color imaginario en el sentido psicológico, como, por ejemplo, el color de este pupitre que puedo imaginarme cuando me vaya de aquí.

Pero si volvemos a la raíz, es decir, a esta explosión de una impresión pura arrojada sobre la cosa puesta ante mi mirada, vemos con completa claridad el error de Galileo. De hecho, el mundo original es, antes de todo, el *mundo de la vida*. La vida proyecta en él ciertas impresiones para darle la apariencia de este mundo. Así, ella "se imagina" en el dominio de los sentidos, ella "se proyecta" como el color lo hace sobre las superficies materiales. Por ello, resulta absurdo decir que un jersey de punto es amarillo y suave. Este amarillo no es más que una modalidad del alma, una *Urimpression*, una *impresión originaria* (8) proyectada sobre la cosa.

Me ha interesado mucho Kandinsky, quien considera que el color es una impresión. Como es sabido, él ha desarrollado toda una teoría para demostrar que el color que llamamos exterior representa, de hecho, una afectividad (9). En la sustancia fenomenológica de su ser, el color es una sensación, una subjetividad, una *resonancia interior*. Según la teoría clásica, si un árbol es verde, se pintará de color verde; si un vestido es rojo, se pintará de rojo. Sin embargo, para Kandinsky, el acto de pintar algo de rojo o de verde tiene una significación original, porque los colores poseen propiedades características: el rojo simboliza la vida; el amarillo, la violencia; el azul, el apaciguamiento... La reacción de la Bauhaus, representada por Kandinsky, Klee y Gropius, resulta desde este punto de vista antigalileana. Sus experiencias con los colores, que resaltan su carácter afectivo y dinámico, dan testimonio de su naturaleza doble, tanto exterior como interior, visible e invisible. La realidad del color visible es un color invisible esencialmente definido por un *pathos* y un cierto dinamismo también invisible. A partir de entonces, el principio de la composición no se refiere únicamente al mundo exterior, sino que refleja la realidad patética, emocional y dinámica del color. Todos los grandes artistas han pintado de esta manera, incluidos aquellos artistas más ligados a la figuración.

El verdadero mundo es el mundo de la vida, es decir, un mundo necesariamente sensible, ya que la sensibilidad implica la proyección de estados afectivos y dinámicos. La naturaleza de este estrato otorga realidad al mundo. Por su parte, Husserl demuestra que sólo existen aquellas idealidades producidas por un acto del espíritu. Pero ¿cuál es el valor cognoscitivo de estas idealidades, como los cuadrados, los triángulos, los círculos, etc.? Dado que no existen sin una conciencia trascendental que las produce, podríamos concebir un mundo matemático de carácter puramente alucinatorio, en el cual se entrelacen significaciones puras que remitan unas a otras en un esquematismo puro. Platón comparó las matemáticas con el acto de soñar. De hecho, es posible construir libremente axiomas que no se refieran a nada real.

¿Es posible compartir este mundo ideal con otros?

Sí, porque su presupuesto es universal. Es por ello que todos nosotros hacemos potencialmente la misma geometría. Aun así, resulta necesario verificar la pertinencia de las figuras geométricas de manera que estén en sintonía con el mundo real. El problema es saber cómo este mundo real me es dado. Para Husserl, este mundo me es dado en la intuición. En consecuencia, el mundo científico sólo es pertinente en la medida en que se refiere a algo que lo verifica. Incluso frente a la teoría científica más elaborada, resulta preciso en un momento dado efectuar un montaje experimental, es decir, evocar un signo sensible que confirme o desmienta esta teoría. Las idealidades científicas se refieren siempre a una *conciencia dadora de sentido*. Tomemos como ejemplo un círculo. Se trata de una figura que tiene un sentido geométrico. Este sentido puede existir en sí mismo a través de axiomas, pero, para adquirir un valor cognoscitivo para el llamado mundo real, será necesario que pase por el mundo de la vida, el mundo sensible; dicho de otra manera, será necesario que sea rojo, luminoso, claro, oscuro, grande o pequeño.

Referencias bibliográficas

(1) Edmund Husserl, *La Crise des sciences européennes et la phénoménologie transcendantale*, París, Gallimard, 1989.

(2) Oswald Spengler, *Le Déclin de l´ Occident* I *et* II: *Esquisse d'une morphologie de l'histoire universelle*, París, Gallimard, 1948.

(3) Edmund Husserl, *op. cit.*, p. 25 y siguientes.

(4) René Descartes, *Méditations métaphysiques*, París, PUF, 1996.

(5) Michel Henry, *C'est moi la vérité. Pour une philosophie du christianisme*, París, Seuil, 1996.

(6) Michel Henry, "Kandinsky et la signification de l'œuvre d'art", en *Prétentaine*, n° 6 ("Esthétiques"), décembre 1996, pp. 129-141.

(7) Jean Paul-Sartre, *L´ Imaginaire. Psychologie phénoménologique de l'imagination*, París, Gallimard, 1948.

(8) Edmund Husserl, *Idées directrices pour une phénoménologie et une philosophie phénoménologiques pures*. Tome I: Introduction générale à la phénoménologie pure, París, Gallimard, 1950, pp. 254-256.

(9) Wassily Kandinsky, *Point-Ligne-Plan*, París, Denoël, 1970; Michel Henry, *Voir l´ invisible. Sur Kandinsky*, París, François Bourin, 1988, pp. 122-139.

XII. Arte y fenomenología de la vida

Entrevista realizada por Magali Uhl y Jean Marie-Brohm en Montpellier
el 6 de junio de 1996

"Así pues, ¿dónde reside la obra? Como obra, se encuentra únicamente en su propio espacio, en el ámbito que ella misma abre con su presencia [...] Ser-obra implica, por tanto, establecer un mundo" (1). ¿Cuál es su opinión sobre esta tesis y cómo interpreta usted el estatuto ontológico o fenomenológico de la obra de arte?

En términos generales, no estoy de acuerdo con Heidegger, a pesar del peso de su pensamiento. La gran contribución de la fenomenología es la idea, proveniente de Husserl, de que el mundo no se limita, en modo alguno, al mundo existente y que, en última instancia, existe la posibilidad constante de la instauración de una nueva dimensión ontológica. La realidad no se reduce, entonces, a las cosas; hay dimensiones del ser insospechadas y lo propio del ser humano consiste en vivir en estos nuevos campos. El arte sería uno de estos campos y el artista lanzaría más allá del mundo de la facticidad habitual esta dimensión de ser que constituye un dominio absolutamente específico. El arte definiría, en suma, una región original que no tiene su fuente en un existente ya hecho, en una especie de mundo sustancial y real, sino que probablemente nos remitiría a unas potencialidades mucho más fundamentales. Estas potencialidades no serían ajenas a este mundo, sino que serían como un horizonte en el cual este mundo es posible. El arte nos revelaría así una realidad más profunda que el mundo en el que creemos vivir, algo así como la posibilidad de este mundo. En última instancia, sería algo oculto pero que hace ver, un aparecer puro que hace visibles las cosas, interpretado por Heidegger en la segunda parte de *Sein und Zeit* (2) como la temporalidad. Se trata de una especie de trascendencia radical más allá de los entes, que es como un hueco de la luz en la pantalla a través del cual las cosas se hacen visibles y que, más allá de las cosas, nos remite a su puro aparecer.

¿Considera pertinente la distinción que Heidegger realiza entre "cosa", "producto" y "obra de arte"?

En la medida en que esta tesis es específicamente fenomenológica, es decir, que hace depender el ser del aparecer, se da algo así como una donación inmediata de la cosa que oculta su verdadera donación. Tomo un ejemplo volviendo a Kant, y creo que el pensamiento de Heidegger es tributario de este ejemplo. Percibimos cuerpos: esta silla, esta habitación, e incluso nuestro propio cuerpo. Lo que abordamos temáticamente son estos cuerpos. Pero, como ya lo notaba Kant en "La estética trascendental", análisis fabuloso con el que se abre la *Crítica de la razón pura* (3), nunca podría percibir temáticamente un cuerpo si no tuviera la percepción no temática del espacio. El espacio, entonces, es esta cosa que no tomo en consideración, pero que me permite tomar en consideración los cuerpos. Creo que Heidegger ha extendido esta intuición a la idea del mundo puro que no es la suma de los entes, pero que juega justamente, en relación con los cuerpos y con todo ente, el papel que el espacio juega en relación con el cuerpo material en la percepción ordinaria. Se trata de una idea poderosa y, según esta problemática, con la cual estoy de acuerdo en primera instancia, podemos decir que el arte nos remite, de hecho, a un *aparecer original*. En el fondo, el arte quiere hacernos ver, más allá de la cosa, el aparecer que se oculta y en el cual la cosa se desvela, pero se oculta al mismo tiempo: esta especie de hacer-ver que está ocultada. Sin embargo, tal vez haya en Heidegger otra idea con la que ya no estoy de acuerdo.

Para Heidegger, la obra de arte establecería el mundo radical, lo que él llama la dimensión extática del tiempo tridimensional, un horizonte dentro del cual nosotros tenemos acceso a todas las cosas. De hecho, siempre las esperamos en un futuro y las retenemos en un pasado. Esto es algo similar a lo que usted señala al final de su texto sobre el cuerpo (4). La venida al presente constituye un paso por el cual nosotros vemos la cosa, pero este pasaje se realiza a partir de horizontes extáticos a través de los cuales ella se desliza, y es este horizonte el que nos permite verla. Aquí hay una primera tesis con la que no estoy de acuerdo. Sin embargo, hay otra tesis que quizás está implícita en las palabras de Heidegger, y que es retomada por la estética moderna, según la cual hay una dimensión estética específica, diferente de la percepción real. En la actualidad, estamos familiarizados con la idea de que el artista crea una obra específica, una obra de arte que no es comparable con un objeto útil. Por ejemplo, *Los zapatos* de Van Gogh no sirven para nada, mientras que el zapatero fabrica zapatos que sirven para caminar. El artista crea un mundo aparte: unos zapatos que no son aquellos de los que nos servimos. Esta es una tesis casi banal del pensamiento moderno. Sin embargo, es preciso corregirla. De hecho, esta dimensión artística específica no existía cuando se crearon las obras de arte más importantes de la humanidad. La mayor parte de las obras estéticas que admiramos, los templos griegos o las grandes catedrales de la Edad Media, por ejemplo, no fueron creados de esta manera en ningún caso. Las personas que las concebían no abordaban la dimensión del arte, que no existía, sino que construían edificios para la gloria de Dios, edificios cuya funcionalidad consistía en hacer posible un culto a la divinidad. Esto no supone, en absoluto, lo mismo. Pues ellos tenían en vista lo divino, lo sagrado, y la obra sólo era bella por casualidad, por así decirlo. Somos nosotros, en el siglo XX, al proyectar retrospectivamente nuestro concepto de arte, quienes encontramos bellas estas obras. Además, ya sólo encontramos belleza en ellas, puesto que hemos perdido su significado primario y no interpretamos ya un templo como el acceso a la esencia sagrada de las cosas, sino como una obra de arte.

De todos modos, tal vez haya un momento histórico en el que el artista se instituye socialmente...

Sí, pero se refiere al *momento* —como usted menciona acertadamente— de un universo religioso en el que las obras de belleza, que hoy no parecen serlo, no definían la finalidad que perseguía el artista creador, al menos no conscientemente: este erigía, en efecto, un edificio en un acto de celebración y adoración, por ende, en un acto específicamente religioso. Por ejemplo, las iglesias romanas, que hoy nos parecen tan bellas, fueron construidas, en realidad, para establecer un vínculo entre el espíritu del hombre y el espíritu de Dios. Se trataba de una vía de acceso a la divinidad.

En Heidegger, el problema se ha vuelto oscuro en un sentido fundamental, porque en su obra es preciso realizar una distinción entre *Ser* y *Tiempo*, que delimita una fenomenología del mundo, un pensamiento del mundo y, por otro lado, los propios textos influenciados principalmente por Hölderlin y Nietzsche. Partiendo de semejante planteamiento fenomenológico, Heidegger se dio cuenta de que, en última instancia, el mundo era algo bastante plano, un tanto banal, y que el mundo de los dioses era, como mínimo, mucho más prestigioso. Al mismo tiempo, introdujo en su filosofía a los dioses, a lo sagrado, un universo que tal vez no estaba incluido en *Sein und Zeit*, sin que esta dimensión de lo sagrado se fundamente indudablemente en el nivel de la analítica existencial de *Sein und Zeit*, del *Dasein*, lo que constituye actualmente un problema que enfrentan los filósofos. Su pensamiento se vuelve, entonces, muy difícil de abordar, porque una mirada crítica es precisa de ahora en adelante para determinar si el aparecer que él concibe se justifica a partir de sus tesis fenomenológicas sobre la temporalidad del mundo. Mi propia posición con respecto a su tesis más profunda, a saber, que la obra de arte nos remite a un aparecer original, sería la siguiente: el aparecer original no es aquel que ha concebido Heidegger, ni siquiera es el Mundo o la Naturaleza de los griegos, la cual se prestaba a lo sagrado, puesto que los griegos vivían en un claro contacto con ello. El aparecer originario es de otro orden. No es un aparecer extático que nos arroja hacia afuera; no se trata, entonces, de un horizonte, sino que es algo que yo llamo la *Vida*, es decir, una *revelación* que no consiste en la revelación de algo distinto, que no nos abre a una exterioridad, sino que nos abre a sí misma.

He aquí un ejemplo sencillo: ¿qué nos revela el sufrimiento? El sufrimiento es mudo. Nos revela el sufrimiento. Yo señalo, entonces, que hay un *pathos*, una dimensión patética que es la vida, la cual consiste simplemente en el hecho de experimentarse, probarse a sí misma. Pero experimentarse a sí misma supone algo absolutamente radical, abismático, porque ello sólo se lleva a cabo en el sufrimiento y en la alegría. Para ofrecer referencias claras, el dios no es sólo —hablando en griego, ya que en la actualidad usamos más el griego que el lenguaje cristiano— Apolo, que es, de hecho, el dios de la luz, el dios de las imágenes, de las formas luminosas. El dios es, en primer lugar, Dioniso. Sin embargo, Dioniso no tiene mundo. Se trata de un dios del deseo o de la vida aplastada contra sí misma, en su alegría y en su sufrimiento. Es un dios que se carga a sí mismo con un *pathos* tan pesado que quiere deshacerse de sí mismo. En el fondo, Dioniso es quien genera a Apolo para distinguirse de sí mismo. Volveremos a encontrar este tema en Freud: ¿qué es la libido?, ¿qué es el yo? Es una realidad que se carga a sí misma de manera tan pesada que la vida, en este sentido, resulta una carga lo suficientemente aplastante como para buscar ponerse a distancia.

En este preciso momento, se propone otra explicación del arte como un distanciamiento de lo que se soporta, de entrada, a sí mismo, pero como una carga insoportable. Y el otro punto de partida sería, pues, Schopenhauer, Nietzsche, etc. Aquí también encontramos esta idea de que el arte crea, en este distanciamiento, una especie de luminosidad, unas figuras en las cuales y por las cuales Dioniso escapa de su sufrimiento.

Si nos adentramos en la fenomenología de la vida, la cuestión fundamental radica en el Sí mismo trascendental, aquel que nos permite decir "Yo" (*Je*), "Yo" (*Moi*). Sin embargo, en las filosofías de Heidegger o de Merleau-Ponty, no encontramos ningún fundamento para este Sí mismo. Ninguna de estas corrientes puede explicar por qué digo "Yo" (*Je*) o "Yo" (*Moi*). En una filosofía de la vida que implica una *auto-afección* —un término crucial para mí—, esto es, una afección no por el mundo, sino por sí misma, cada percepción, cada imaginación y cada pensamiento conceptual constituyen una *hetero-afección*. Se trata de una afección por una alteridad, por este medio de alteridad en el que cualquier cosa diferente puede mostrarse a mí, darse a mí como algo originariamente otro. Sin embargo, si cada cosa se me mostrara como algo originariamente distinto, no existiría un Yo (*Moi*) al cual se mostrara. Para que exista un Yo (*Moi*), es necesario hablar como Kierkegaard y afirmar que el Yo (*Moi*) es algo que se afecta a sí mismo sin distancia, sin poder separarse; es decir, sin poder escapar a lo que su ser tiene de pesadez. Yo añadiría que esta nueva dimensión del arte sólo se puede explicar mediante la Vida. Es únicamente en referencia a esta dimensión patética, de la que Dioniso constituye una imagen, pero en la que se despliega también el cristianismo (5); y a esta vida, que es una vida trascendental, definida fenomenológicamente como vida, que es posible la obra de arte.

En este punto, es imperativo introducir una ruptura total y presentar otra teoría de la obra de arte. Esta teoría ha sido formulada explícitamente por primera vez por Kandinsky, a quien admiro infinitamente, en sus escritos teóricos (6). Originalmente concebidos para desarrollar una teoría de la pintura abstracta, al reflexionar sobre la exposición misma que Kandinsky ofrece sobre esta forma de arte, nos percatamos de que es válida para toda pintura en general.

En Fenomenología material (7), usted analiza la "sustancia fenomenológica invisible" como "la inmediación patética en la cual la vida hace la experimentación, la prueba de sí misma". Si, como usted sostiene, la vida es "el principio de toda cosa", ¿cómo podemos abordar una fenomenología de lo invisible o, más precisamente, una fenomenología de la relación entre lo visible y lo invisible desde la perspectiva del arte? Además, ¿es la obra de arte visible o invisible, inmanente o trascendente, objetiva o subjetiva, interna o externa? Aquí nos referimos a las reflexiones fenomenológicas de Roman Ingarden (8).

La pregunta que usted me plantea está relacionada con las preguntas que me hago... Marx menciona en algún lugar que la humanidad sólo se plantea las cuestiones que puede resolver. Yo diría, de manera más modesta, que, como filósofo, al haber trabajado fuera de los caminos trillados por el pensamiento moderno, me he encontrado en una situación de precariedad en cuanto a expresar lo que deseaba decir. Es decir, me ha resultado muy difícil encontrar los medios conceptuales para expresar una fenomenología de índole muy distinta. Una fenomenología, ciertamente, pero de una naturaleza muy diferente, ya que mi concepción del aparecer no se limita al aparecer del mundo, sino que implica la donación patética, la *revelación patética.*

Me he apoyado en los escritos de Kandinsky porque su análisis pone en juego las categorías que identifiqué en mi propio análisis fenomenológico. Se me ocurrió la idea de una "dualidad del aparecer": una forma de darse en una hetero-afección, que se corresponde con todo lo que vemos; y una forma patética, que nunca vemos. ¿Por qué? Porque, al no haber distancia, no hay un despliegue extático en el sentido en que lo entiende Heidegger; no hay una posibilidad de ver. Para ver, se requiere cierta distancia. Aquí, al no haber distancia, la revelación se produce únicamente en la carne de la afectividad, sin mediación. En este sentido, esta dimensión de la vida es invisible en un sentido radical. Sólo puede experimentarse de manera patética. Sin embargo, se experimenta de manera innegable, ya que es absolutamente imposible refutar el sufrimiento de quien lo experimenta. Si nos atenemos a la experimentación pura y simple, en esencia, al *cogito* de Descartes (9), no hay duda alguna. Por ejemplo, el temor, si nos atenemos sin interpretación a lo que realmente experimentamos, es indudable. En el extraordinario ejemplo del sueño de Descartes, incluso si todo lo que vemos es falso —considerando la hipótesis de la falsedad de lo visible, ya sea sensible o inteligible—, si experimentamos miedo, ese temor es tal y como lo experimentamos y es absolutamente indudable. Aquí radica el llamado racionalismo de Descartes...

¿Se refiere a las pasiones del alma?

A las pasiones, exactamente. Entonces, si aceptamos esta premisa sobre las pasiones, ¿dónde se sitúa la obra de arte? Creo que la demostración de Kandinsky es deslumbrante, porque la realiza específicamente con respecto a la pintura. Ahora bien, la pintura es, por supuesto, un arte visual, compuesta de elementos visibles, como las formas y los colores. Esta es la razón por la cual siempre se ha considerado a la pintura como un arte de lo visible.

Comencemos por los colores. Kandinsky muestra cómo un cuadro se organiza en torno a un color. Por ejemplo, en un sotobosque cerca de Munich, él ve un color y pinta lo que está alrededor, creando una composición que se basa en el rojo, una nota roja, y así sucesivamente. Sin embargo, al reflexionar sobre esto, él menciona que este color parece ser un fragmento de exterioridad. Es como si hubiera una mancha roja que, aunque ya no se piense en términos del rojo de un papel secante o el rojo de los labios de una mujer o su bufanda, sigue siendo algo que se despliega en una especie de mundo primordial, aunque no sea el mundo utilitario. En realidad, él agrega, la realidad de este color es una impresión, una *impresión radicalmente subjetiva*. Aunque no haya referencia filosófica explícita, como fenomenólogo, puedo afirmar que esta es la tesis tanto de Descartes como de Husserl. Según Husserl, antes de que el color sea considerado como un aspecto o una cualidad del objeto, un "color noemático", es una *cogitatio*, es decir, pertenece al ámbito de la impresión en el sueño de Descartes. Aquí está la dualidad del color: en primer lugar, es un rojo que veo en la paleta, pero, al mismo tiempo, me equivoco al pensar que el rojo se limita a la mancha que veo en la paleta. En verdad, la realidad del rojo es la impresión que este rojo disperso en la paleta crea en mí. Esta impresión constituye la verdadera esencia del color.

Podemos demostrar esto metafísicamente. Tomemos el ejemplo del calor. Si pongo mi mano sobre un objeto y digo: "Este material plástico está fresco", eso sería absurdo. Este plástico, si es plástico, no está fresco, no siente nada. La sensación de frescor es puramente subjetiva; la proyecto con mi mano y la atribuyo a la materia. Del mismo modo, cuando afirmo que "la pared está tibia", eso también es absurdo; es un tipo de fetichismo. Descartes simplemente se encogió de hombros ante esta ilusión: el muro no está tibio de ninguna manera, ¡soy yo quien está tibio! Lo mismo ocurre con el color rojo. No hay rojo en el mundo. El rojo es una sensación y esta sensación es absolutamente subjetiva, originalmente invisible. Los colores primarios son invisibles, pero se dispersan en las cosas mediante un proceso de proyección.

El pintor va a crear así un lienzo; se trata de una *composición*. Este es el término que Kandinsky da a todas sus pinturas en un momento determinado, pero siempre serán composiciones. La composición del cuadro consiste precisamente en la decisión de utilizar el rojo y el amarillo. Ahora bien, ¿por qué poner ahí el rojo y el amarillo? Hay dos explicaciones. La primera es que el objeto que se pinta —por ejemplo, esta pared de ladrillos de una casa holandesa— es rojo. Entonces, se pone el color rojo. Encima hay un cielo azul grisáceo, entonces se pone el azul grisáceo. La pintura tiene un modelo que está en el mundo que se quiere restaurar, aunque no se quiera fotografiarla. Pero esta explicación no tiene valor, porque la mayoría de los cuadros de aspecto figurativo no obedecen a esta ley de construcción. Si contemplamos, por ejemplo, una adoración de los magos pintada en el *Quattrocento*, podemos admirar la escena en que los magos llegan vestidos con ropas maravillosas, trayendo sus regalos ante el más humilde de los seres. Este tema da lugar a composiciones maravillosas. Ha sido elegido porque permitía la explotación estética de la sensación. Sin embargo, ningún pintor ha visto la adoración de los magos. Los pintores no tenían ningún motivo para hacer que Gaspar o Baltasar tuvieran un vestido amarillo antes que rojo. No tenían ya ningún motivo para representarlos de tal o cual manera. La elección que parece corresponderse con las ricas prendas de la época, la elección de los colores no pudo haberse hecho más que en otra parte, en otro lugar distinto de la representación objetiva. ¿Cuál es este lugar? *Es el poder emocional del color.* Este se convierte en un objeto de reflexión clásica desde Goethe, pero adquiere una importancia fundamental para Kandinsky quien se dedica a estudiar el poder emocional de cada color. De este modo, se da cuenta de que el amarillo es un color agresivo que avanza hacia el espectador, mientras que el azul es un color tranquilizador que se aleja de él. Por lo tanto, colocaremos aquí el azul y allá el amarillo según queramos producir la impresión de algo que se acerca, que ataca o, por el contrario, que tranquiliza. Cada color será objeto de un análisis emocional y dinámico, y este análisis revelará la verdadera razón por la cual se ha utilizado dicho color. Esta razón ya no reside ahora en el exterior, en lo visible, sino en la capacidad emocional e impresiva del color. Toda la ley de construcción del cuadro es arrancada del mundo para situarse en una subjetividad radical. Ya no se trata de pintar el mundo, sino el alma de las personas, sus emociones. Sin embargo, también se puede argumentar que, si el pintor eligió representar tal o cual cosa, es porque esa cosa tiene, gracias a sus colores, un efecto impresivo sobre él. Incluso la llamada pintura figurativa constituye una confirmación de esto.

Si consideramos las formas, la demostración es aún más impactante. Una forma no es simplemente una entidad exterior; es la expresión de una fuerza. El punto, la línea recta, la línea discontinua... son la manifestación de fuerzas específicas que se despliegan de diversas maneras: de forma continua o intermitente, en una misma dirección o modificando esa dirección. Y la teoría de las formas, que remite a estas fuerzas, también está relacionada con la subjetividad, ya que las fuerzas residen en nuestro cuerpo, en nuestro cuerpo vivido, en nuestro cuerpo subjetivo que es nuestro cuerpo real. En consecuencia, el mundo de las formas constituye, por así decirlo, un universo codificado cuyo verdadero significado se refiere al juego de fuerzas dentro de nosotros mismos; por lo tanto, se refiere a la vida, ya que el cuerpo viviente es un cuerpo compuesto de fuerzas: este es el origen de la pintura. Una vez más, nos encontramos frente a un elemento invisible: la *fuerza invisible* con la que se identifica el cuerpo viviente, la cual es el principio de la composición pictórica.

La pintura tiene como tema explícito la expresión de la vida y, en este sentido, se asemeja a la música. Pues la música, excepto la música representativa cuyo carácter superficial es reconocido por todos, nunca ha pretendido imitar el sonido del viento o del agua sobre las piedrecillas. Siempre ha tenido el propósito de expresar la vida, anticipando así una fenomenología de la vida. La música no expresa nada, no expresa el horizonte del mundo ni ninguno de sus objetos. El primer pensador que captó la esencia de la música fue Schopenhauer. Otros se han confundido al afirmar que se trataba de matemáticas, mientras que Schopenhauer —uno de los más grandes pensadores de todos los tiempos, aunque sea un filósofo mediocre, pues se puede ser un filósofo mediocre y un pensador muy profundo— aseveró explícitamente que la música expresaba la afectividad (10). Del mismo modo, se puede considerar que todo arte, incluso el más exterior, expresa la afectividad y remite al cuerpo viviente.

El cuerpo es la sorprendente ilustración de la idea que he perseguido a lo largo de toda mi investigación filosófica sobre la dualidad del aparecer, lo que he denominado la "duplicidad del aparecer": lo visible y lo invisible. A primera vista, el cuerpo se nos presenta en el mundo, y lo interpretamos inmediatamente como un objeto del mundo, algo que es visible, que podemos ver, tocar y sentir. Pero esto es sólo el cuerpo aparente. El verdadero cuerpo es el cuerpo viviente, el cuerpo en el cual soy puesto, que nunca veo y que es un conjunto de poderes: puedo, tomo con mi mano, y este poder lo despliego desde mi interior, fuera del mundo. Esta realidad es metafísicamente fascinante, ya que tengo dos cuerpos: el visible y el invisible. El cuerpo interior, que soy yo y que es mi cuerpo verdadero, es el *cuerpo viviente* y es con este con el que realmente camino, tomo, abrazo y comparto con los demás.

Este cuerpo invisible es, por otro lado, la *fuente del deseo*: en presencia del cuerpo del otro, percibo un cuerpo visible, pero intuyo una subjetividad, y es a esa subjetividad a la que pretendo llegar. En una teoría del erotismo, se podría argumentar que el deseo —y es por esta razón que se encuentra constantemente reavivado— busca alcanzar algo que no puedo tocar en el mundo, pero que se toca a sí mismo fuera del mundo, y es precisamente la vida, la vida invisible de aquel o aquella que deseo. De hecho, todos los gestos del deseo son actos simbólicos mediante los cuales intento aproximarme al lugar donde coincido, por ejemplo, con el placer del otro. Pero constituye un problema metafísico el hecho de determinar si realmente tengo acceso a este lugar donde el otro se experimenta, se prueba a sí mismo en esta inmediatez que es la vida.

En relación con lo que acaba de mencionar sobre el cuerpo, usted desarrolla una teoría del sujeto...

Sí, esto responde a la cuestión de la implicación del cuerpo en la obra de arte. Kandinsky pinta deliberadamente la vida. En relación con este ambicioso proyecto de que la pintura ya no tiene que representar el mundo, sino expresar la vida, existe la idea de que la pintura constituye una mediación entre los seres. Esto se debe a que los *elementos* de la pintura, según su expresión, no sólo son objetivos, sino también subjetivos. Por lo tanto, aquel que observa una forma experimenta el mismo *pathos* que el que la ha concebido, en la medida en que la forma sólo puede ser interpretada a través de la reactivación, en una especie de simbiosis patética, al menos, imaginaria, de fuerzas que están en uno mismo, que son idénticas a las fuerzas del cuerpo viviente del creador o del espectador. Si un tipo particular de línea expresa cierto *pathos*, entonces, aquel que ve la línea la vuelve a trazar, la recrea con sus propias fuerzas subjetivas y se encuentra en el mismo estado patético que el que la ha diseñado. El trazo de Paul Klee obliga implícitamente al observador de uno de sus diseños a revivir lo que Paul Klee ha experimentado. La realidad del trazo constituye una fuerza completamente determinada, como, por ejemplo, una fuerza inquieta y vibrante que cambia constantemente. Esto no son simplemente metáforas. La intersubjetividad se materializa en la medida en que el cuadro es un conjunto no de formas, sino de fuerzas; no de colores exteriores trascendentes, sino de impresiones y emociones. En este momento preciso, se produce la *contemporaneidad*: el espectador se vuelve contemporáneo de las fuerzas e impresiones que recrean el cuadro como un imaginario, en su apariencia exterior. Es verdaderamente una contemporaneidad en el sentido de Kierkegaard. Para Kierkegaard, el creyente es aquel que se vuelve contemporáneo de Cristo (11), mientras que ¡muchos contemporáneos de Cristo no eran sus contemporáneos! Ser contemporáneo significa repetir en una repetición interior, en la reactualización de lo que había sido actualizado anteriormente.

En el contexto de la pintura, la contemporaneidad se refiere a esta composición de fuerzas y emociones interiores de las cuales el cuadro es la expresión. Esta expresión no está separada de lo que representa, ya que es cierto que en cada momento la realidad del color reside en la impresión interior, que la realidad de la forma reside en la fuerza interior, y que, sin esta fuerza interior, la forma se convierte en algo inerte. Los cuadros permanecen inertes hasta que permiten esta *reactualización* en una subjetividad que puede ser tanto la del espectador como la del creador.

Usted habla de la intersubjetividad en tanto que "comunidad patética". ¿Puede considerarse el arte como una forma ética de promover la convivencia social? Del mismo modo, al destacar la necesidad "de una fenomenología de la vida trascendental" (12), ¿podemos entender el arte como una herramienta para una ética de la comunidad y de la intersubjetividad?, ¿en qué sentido?

Sí, por supuesto. Pero ¿cómo? Permíteme ofrecerte una respuesta puramente personal, que se puede aceptar o desechar. Somos vivientes, pero esta es una condición metafísica extraordinariamente difícil de comprender, y debo decir que mi trabajo sobre el cristianismo me ha brindado una comprensión más clara al respecto. El aspecto crucial de nuestra vida es que somos intrínsecamente pasivos: no nos hemos traído a esta vida. Por lo tanto, como esta condición de nuestra vida es invisible al igual que nuestra propia vida, tendemos a no prestarle atención. De hecho, nuestra vida es una especie de narrativa que no se separa de sí misma, una historia no-extática; es una historia en la que sólo hay un único presente viviente, sin futuro ni pasado. Estamos constantemente con nosotros mismos. El yo (*moi*) no puede dividirse en fases que han pasado y fases que aún no han llegado; esta fragmentación es irreal, y sólo surge en la representación. El yo viviente es, en efecto, una especie de auto-movimiento, una auto-transformación, como una pelota que rueda y nunca se separa de sí misma. Sin embargo, sólo experimentamos esta condición de viviente en la vida, en una vida que al mismo tiempo nos pertenece y no nos pertenece. Somos vivientes a partir de una vida que viene a nosotros, que llega a ser la nuestra. Sin su venida no somos nada. Esta es una situación metafísica totalmente radical y, en mi opinión, sólo el cristianismo ha explorado esta situación con la extraordinaria tesis de que el ser humano es hijo de Dios. Dios es la Vida. Esto significa que el ser humano es un viviente engendrado en la vida, en la única vida que es la Vida absoluta, Dios. Por lo tanto, el ser humano es un viviente en la vida, de modo que su vida es tanto él mismo como algo más que él. Esta idea se podría explicar de otra manera, lo cual constituye, por cierto, un tema nietzscheano (13), y afirmar que esta vida tiende a crecer sin cesar, lo que significa que la vida no es simplemente algo que continuará, sino que existe metafísicamente en una condición que es su propio crecimiento.

Tomemos un ejemplo específico. Cada acto de ver tiende a ver más, cada acto de comprensión tiende a comprender más, cada acto de amor tiende a amar más. Sorprendentemente, esta es también la perspectiva de Marx. La vida es un poder de crecimiento al mismo tiempo que es patética; podríamos decir que se experimenta a sí misma de manera continua y no sale de esta condición; de lo contrario, moriría. Existe la vida o la muerte, y, desde el momento en que esta realidad de la que hablamos deja de experimentarse, probarse a sí misma, sólo queda la muerte. La vida, que se experimenta a sí misma, tiende, por lo tanto, a experimentarse sin cesar cada vez más.

Ahora bien, ¿qué ocurre con la obra de arte? En ella, se produce un despertar de mi subjetividad, ya que las formas, los colores, los gráficos despiertan en mí esas fuerzas de las cuales son expresión. Estos colores, mucho más vibrantes que los colores opacos e indiferentes del mundo, provocan inevitablemente una actualización de estas tonalidades y les otorgan una intensidad dinámica y emocional mucho mayor. A través de la mediación de la obra de arte, se produce una *intensificación de la vida*, tanto en el espectador como en el creador. Es como si se alcanzara una vida más esencial que brota en cada uno de nosotros. Por lo tanto, el creador es aquel que lleva a cabo una obra ética, ya que la ética consiste en vivir nuestra conexión con la vida de manera cada vez más intensa. Estoy exponiendo ideas que surgen de mi orientación actual, donde convergen la estética de Kandinsky, el libro que acabo de escribir sobre el cristianismo y, tal vez, también la profundización de las tesis fenomenológicas que siempre he defendido.

En sus inicios, el arte era fundamentalmente religioso, antes de que existiera una dimensión específica del arte que propusiera una degradación de la humanidad. ¿Qué es la religión? *Religio* significa vínculo; no importa si la etimología es verdadera o falsa, se trata de un esquema de trabajo. Este vínculo, para mí, es el del viviente con la vida. Constituye un vínculo misterioso e interno que presupone que no hay viviente sin la vida; una vida que es suya y algo más que suya. El objetivo de la ética es ayudarnos a vivir este vínculo, es decir, hacer revivir este vínculo olvidado. Quiere devolvernos a nuestra condición metafísica. Es decir, lograr —lo cual es cristiano, pero también podría ser nietzscheano— que el viviente, en lugar de caer nuevamente en su condición circunscrita y limitada, experimente la vida en sí mismo, en una forma de experiencia —que no calificaré de mística, pues es una palabra imprecisa, pero que, en última instancia y, de todos modos, tiene lugar en una intensificación radical de la vida—. En esto consiste la ética. Dado que nosotros vivimos este vínculo, la vida del viviente consiste en vivir, sin saberlo, su vínculo con la vida. Este vínculo puede ser olvidado. En la medida en que el ser humano sólo se aferra a las cosas materiales y a sus contingencias, se aleja constantemente de su verdadero vínculo. Pero puede volver a experimentarlo, no a través de una reflexión intelectual, sino probablemente mediante experiencias puras que son patéticas. La ética pretende provocar experiencias de este tipo y ponernos en condiciones tales que, en lugar de vivir una vida perdida en la preocupación por el mundo, volvamos a vivir interiormente este *vínculo radical*. También hay una esfera que lo permite en principio; se trata del arte. *El arte es, por naturaleza, ética.* En la medida en que el arte despierta en nosotros las potencias afectivas y dinámicas de una vida que es a la vez ella misma y algo más que ella, resulta ser la ética por excelencia. El arte es también una forma de vida religiosa. Esta es la razón por la cual la experiencia estética es fundamentalmente sagrada y la razón por la cual todas las grandes obras de arte son obras sagradas que ejercen un poder muy grande sobre nosotros. Incluso en tiempos de incredulidad, como en la actualidad, personas indiferentes a la religión se quedan sobrecogidas ante las obras sagradas. Así, pues, este vínculo con lo sagrado ya no se afirma aquí gratuitamente, como en el caso Heidegger, quién lo fabricó él mismo al traer a dioses que...

¿... "no conducen a ninguna parte"?

...que eran los dioses griegos que él había encontrado en Hölderlin. Y sí, ¡todo está lleno de dioses! Pero ¿cuál es el fundamento de los dioses en Heidegger? Dejemos esta cuestión a un lado y volvamos al vínculo esencial que existe entre la intersubjetividad, la ética, la estética y la religión. Para mí, la estética es una forma de religión en el sentido de un vínculo fundamental y constitutivo de todo viviente trascendental con la Vida absoluta. No hay otra vida que no sea la Vida trascendental. Los biólogos, por su parte, ya no estudian la vida; ellos investigan las partículas materiales. La vida es simplemente una vieja entidad metafísica para ellos. Entonces, o bien no hay vida en absoluto, o bien es preciso afirmar que la vida es la Vida trascendental. La Vida trascendental se asemeja a la *cogitatio* de Descartes; es la sensación, la afección, la pasión.

¿La vida es trascendencia?

La vida no es solamente trascendencia. La vida es también una vida en el mundo. Sin embargo, cuando la fenomenología aborda el ser-en-el-mundo, parece hablar de la vida, aunque en realidad presupone la vida sin explicarla. Para comprender la vida, es necesario tener en cuenta la dimensión de auto-afección, donde el que se experimenta se experimenta a sí mismo, como sucede en el caso del dolor. Sin embargo, esta especie de interioridad ha sido rechazada por los fenomenólogos, siguiendo los pasos del fundador. En el caso de Husserl, esta consideración resulta mucho más compleja, ya que él retoma la impresión, mientras que, en el caso de Heidegger, el ser humano está directamente inmerso en el mundo. A pesar de esto, los fenomenólogos se ven constantemente obligados a presuponer esta vida.

La cuestión que se plantea entonces es la relación entre esta trascendencia y la trascendencia divina. Usted finalmente sostiene que la vida es esta auto-afección de sí misma; en consecuencia, la vida se reconoce a sí misma. Sin embargo, en el caso de Levinas, es la alteridad la que resulta primordial. En su enfoque, parece que es la ipseidad de la vida...

Se trata de una pregunta que me planteo con frecuencia, pero siempre la he eludido. Es preciso distinguir, en mi opinión, dos sentidos radicalmente diferentes de la trascendencia. En primer lugar, la trascendencia de los fenomenólogos simplemente denota el hecho de que mi conciencia alcanza directamente un objeto. Trascendencia, en el sentido de Husserl, significa una conciencia intencional que se dirige hacia un objeto, incluso el más humilde, que alcanza inmediatamente sin pasar por una representación. La conciencia intencional alcanza *la cosa misma*, y este objeto se dice trascendente. Aquí la trascendencia tiene un sentido trivial, refiriéndose al objeto trascendente en relación con mi percepción. Esto conduce a un gran equívoco, ya que el sentido tradicional de la palabra trascendencia es religioso y remite a Dios. En este sentido, la trascendencia significa algo que está fuera del mundo, a-cósmico, como la vida de la cual hablo, y que, al no manifestarse en el mundo, es invisible; no puedo verla ni tocarla. Se da, en este punto, un equívoco enorme. ¡Se trata de dos sentidos totalmente diferentes de la trascendencia!

Ahora bien, el golpe de genio y la ambigüedad de Heidegger consisten en haber superpuesto un significado sobre otro. La manera de alcanzar la cosa en el mundo y de ser en el mundo, que era el "trascendental" de Husserl, se convierte en el trascendental de su Ser para Heidegger. El "Ser trascendente" de Heidegger es este horizonte de exterioridad, aunque inaprehensible, en el que yo alcanzo cualquier cosa. "El Ser es el trascendental puro y simple", señala él. Aquí hay un truco y una fuente de confusión, ya que la gente no puede reconocer a estos dioses, sobre todo, cuando tradicionalmente se ha definido a Dios como el Ser Absoluto, como sucede en todas las concepciones escolásticas o teológicas. Por lo tanto, dado que el Ser heideggeriano no es lo mismo que el Ser tradicionalmente identificado con Dios, el Ser parece revestir varios significados. Para mí, Dios es la vida, y esto también es válido para el cristianismo y para Cristo mismo. Decir que el hombre es hijo de Dios supone definirlo por la Vida. Esto no es aplicable a la piedra, que no es hija de otra piedra. La problemática del ente, del Ser del ente, de su diferencia aparece como secundaria y ajena a la problemática fundamental y original de la relación del viviente con la Vida.

Ahora pasemos a Levinas. Levinas, quien me dedicó un curso en la Sorbona (15), descalifica cierta intencionalidad y al sujeto, ya que la intencionalidad implica una especie de dominación del sujeto sobre el objeto al decir "Yo pienso algo". Creo que Levinas cambió esta relación después de leer *L'Essence de la manifestation* (16). Para él, el hombre no es "dueño y poseedor del mundo", no soy Yo quien comienza, ya que soy afectado por el Otro. Si la relación con el Otro ya no es la del sujeto con el objeto, si el sujeto es de alguna manera impactado y colocado en su ser por algo que lo pone donde está, todo debe ser repensado. Pero ¿cuál es el estatuto fenomenológico de alteridad en Levinas? Su Otro es ambiguo: ¿es el Otro, Dios?, ¿o es el Otro la manera en que Dios me impacta? Esta filosofía, que ha intentado revertir la relación, es grandiosa; ha fundado una ética, ha puesto al sujeto bajo la mirada del Otro; algo que Sartre ya había hecho de alguna manera (17). Pero, una vez más, ¿de qué Otro hablamos? Me pregunto si la cuestión ética de la alteridad no remite secretamente a una cuestión fenomenológica aún más esencial: la de *otra fenomenicidad*, otro modo de manifestación y revelación que es precisamente la Vida. Si nos situamos en una filosofía de la vida, también hay alteridad: la que la vida significa para todo viviente. Sin embargo, esta relación ya no puede comprenderse como una relación extática, sino como una *relación patética*.

¿Este es el problema relacionado con el rostro?

Sí, pero ¿cuál es el estatuto fenomenológico del rostro? Para mí, la vida no tiene rostro. Creo que hay una alteridad fundamental en la vida. La egología es superada en la medida en que hay un nacimiento trascendental del ego. Ya no parto entonces del *ego cogito*, como Descartes; más bien, defiendo que el ego ha sido traído a sí mismo. Esta es la teoría de la ipseidad: la ipseidad no es en absoluto una egología. No se pueden confundir ipseidad y ego, porque el ego sólo es un ego sobre la base de una ipseidad que se da a sí misma y sin la cual no es nada. En otras palabras, no hay ego ni yo (*moi*) más que por una ipseidad fundamental que es el Sí mismo (*Soi*), y que es el Sí mismo de la vida.

La vida, la Vida Absoluta de la que habla Meister Eckhart —que se auto-genera y se auto-afecta en un sentido radical, al experimentarse a sí misma— genera en ella una ipseidad. En esta ipseidad, y por ella, surgen múltiples yoes y múltiples egos. En mi libro sobre el cristianismo (18), he mostrado cómo el ego es engendrado a partir de una Vida absoluta. Existe un proceso de nacimiento trascendental del ego y el único pensador que lo ha intuido, aunque sin llegar a teorizarlo, es Kierkegaard. Él afirmó que somos un Sí mismo trascendental, un Sí mismo con mayúscula, y que no hay hombre independientemente de un Sí mismo trascendental, ya que la definición biológica del hombre no existe. Si decimos que el hombre es un "animal racional", nos enfrentamos al hecho de que la razón es impersonal y está sujeta a cierta cautela, ya que podemos considerar otras razones además de la nuestra, como lo hizo Descartes, quien consideró que las verdades racionales eran creadas. Hay otros mundos posibles y, por lo tanto, otras estructuras de aprehensión de las cosas. Sin embargo, esto no es así para el Sí mismo, porque el Sí mismo es algo que se relaciona consigo mismo absolutamente, según una relación indestructible que no puede ser distinta de lo que es. Relacionarse consigo mismo (para el Sí mismo) no implica una relación extática, sino una relación patética.

En efecto, hay una trascendencia en el sentido tradicional del término, pero esta trascendencia no es extática en absoluto. Más bien, es la relación, hasta ahora no considerada, del viviente con la vida, que puede interpretarse como la experiencia que el viviente tiene de la vida. Esta experiencia es, en el fondo, lo que experimentaron todos los místicos y lo que las personas viven sin darse cuenta. Ellas viven esta experiencia porque no son más que esta experimentación de sí mismos, pero lo hacen sin saberlo, porque viven en un estado de aturdimiento, en una especie de fascinación por el mundo de la alienación radical, en un estado que el mundo moderno potencia de manera vertiginosa a través de los medios de comunicación: esas imágenes que constituyen el antiarte. Porque la verdadera imagen del arte consiste en la *resurrección de la vida en nosotros*.

Podemos intentar comprender esta relación del viviente con la vida, es decir, cómo la vida genera en sí al viviente, al modo de Eckhart. En este caso, es necesario situarse completamente en Dios, que no somos nosotros, para comprender cómo en la vida necesariamente se genera, para que ella sea vida, un primer viviente. La vida sólo puede ser un Sí mismo. Esto es lo que en el fondo dice el cristianismo. Se trata del único pensamiento profundo e inteligente acerca del ser humano.

Ha mencionado la intencionalidad de la mirada y lo visible, así como la intencionalidad de la audición y lo musical. ¿Existen otras intencionalidades que podrían ser consideradas como la intencionalidad de la investigación, enfocada en campos aún desconocidos o poco explorados?

Husserl descubrió nuevos campos de objetos y estructuras de ser diferentes al estudiar intencionalidades específicas. En este ámbito del análisis intencional, encontró campos ontológicos que aún no habían sido explorados. En su obra *Lógica formal y lógica trascendental*, la cual es notable (19), muestra que la intencionalidad actúa como un proyector que revela aspectos nunca antes vistos. Incluso intentó aplicar esta intencionalidad a la vida subjetiva al examinar la temporalidad interior, la cual difiere completamente del tiempo objetivo (20). Husserl demostró, al establecer la relación esencial entre el investigador y su objeto de estudio, que la intencionalidad es un acto del espíritu que da forma al campo del sentido, un sentido que no existe en la naturaleza. Por ejemplo, la geometría constituye figuras geométricas ideales, idealidades geométricas, que no tienen existencia real en la naturaleza. En la naturaleza hay círculos, pero no existe el círculo. El círculo es una figura ideal. El ser humano ha inventado dimensiones ontológicas que no existían, como el arte y la geometría, creando seres ideales. En la relación entre el investigador y su objeto de estudio, también se encuentra este aspecto de idealidad creativa. Un investigador que opera bajo ciertos supuestos puede quedar completamente sorprendido por lo que descubre...

Toda intencionalidad es, al mismo tiempo, *auto-afectiva* al experimentarse a sí misma, al darse a sí misma, y *hetero-afectiva* en la medida en que se abre a algo más.

¿En la medida en que se abre a lo imaginario?

Según Husserl, la intencionalidad imaginativa se basa en un sustrato material y, al hacerlo, da forma a un universo de significados vividos. Por ejemplo, cuando observamos un cuadro, no percibimos los elementos materiales que lo componen, sino que experimentamos la inmensidad del mar en una escena de Venecia. De manera similar, a partir de signos materiales, visualizamos el espacio. En las obras de los primitivos flamencos, vemos grandes figuras, como la Virgen y el niño, seguidas de una ventana que abre a un paisaje infinito. Así, la intencionalidad imaginativa, guiada por estos signos, establece la obra de arte a partir de elementos materiales. Es por ello que la obra de arte es imaginaria: el espacio no reside en el cuadro, ya que este es plano, aunque pueda evocar una sensación de amplitud en los cuadros clásicos. En una pintura tridimensional convencional, la profundidad es una ilusión creada por la imaginación estética, ya que no hay una percepción directa, sino una imaginación del espacio. Por tanto, la profundidad es algo puramente imaginario; no existe la profundidad en el cuadro real. Del mismo modo, el volumen de un personaje constituye una ilusión. En este sentido, a través del cuadro se despliega un horizonte hacia lo infinito, revelando lo imaginario en la profundidad de la representación pictórica, a pesar de su naturaleza plana.

La concepción de lo imaginario para Husserl implica la presencia de la intencionalidad imaginativa, que denominamos imaginación. Sin embargo, esta imaginación es una conciencia imaginativa que debe reconocerse a sí misma en cuanto tal. Si la imaginación no se experimentara como tal, lo imaginario no existiría. Por lo tanto, antes de proyectar la imagen que imagina, la imaginación se auto-afecta. El acto de imaginar es un acto viviente que se relaciona consigo mismo de manera inmediata, pero de manera diferente a como se relaciona con la imagen. La relación con la imagen es externa y extática, mientras que la relación consigo mismo es patética: es esta relación primordial patética la que a menudo se pasa por alto en la fenomenología.

Si admitimos la tesis fenomenológica clásica de que la corporeidad implica la encarnación, ¿podemos afirmar que toda obra de arte y toda perspectiva estética se relaciona con una o varias intencionalidades corporales? En otras palabras, ¿la dimensión estética se limita únicamente a las artes visuales o auditivas, o podemos extender el concepto de arte a cualquier intencionalidad corporal, lo que supondría una reevaluación radical de la estética tradicional?

Una fenomenología del cuerpo no se limita a estudiar los cinco sentidos tradicionales que constituyen intencionalidades, como la visión, el tacto, el oído, entre otros. Es necesario regresar al tema del cuerpo para abordar la cuestión (21). Se han propuesto numerosas teorías del cuerpo, como usted detalla en su artículo, pero la mayoría de ellas se centran en teorías de la imagen del cuerpo. Estas teorías se ocupan del cuerpo tal y como uno se lo representa, con su papel simbólico, entre otros aspectos. Pero el problema original del cuerpo no está ahí. Sólo un pensador ha observado esto: Maine de Biran. En él encontramos una atención extrema dedicada al movimiento, que constituye el núcleo de su teoría del cuerpo, algo que ninguna otra filosofía del cuerpo había dilucidado antes. El cuerpo es movimiento, pero el movimiento mueve algo. Sin embargo, es necesario reconocer, en primer lugar, que el poder que toma o que mueve debe estar en posesión de sí mismo. Y esta posesión de sí mismo es expresada, lo que significa que soy un "Yo puedo" y que este "Yo puedo" es otorgado afectivamente a sí mismo. Que mi cuerpo sea un "Yo puedo" de esta naturaleza constituye la definición del ser humano según Maine de Biran. Para que entre en acción, es preciso entonces que este poder esté en posesión de sí mismo, de la misma manera que la intencionalidad sólo puede formar una imagen si está en posesión de sí misma en cuanto intencionalidad. Para Maine de Biran, el movimiento se auto-afecta. Está en unidad consigo mismo en esta experimentación inmediata que realiza de sí mismo. Únicamente porque el poder de tomar está en posesión de sí mismo, puedo agarrar. En otras palabras, el estatus del poder y del movimiento es el mismo: es una *cogitatio* en el sentido de Descartes. El poder está en relación consigo mismo, se experimenta a sí mismo inmediatamente, exactamente de la misma manera que el temor está en relación consigo mismo y se experimenta a sí mismo inmediatamente. El "yo puedo" supone no solamente una *corporeidad intencional*, sino también una *corporeidad patética*. El cuerpo, antes de ser lo que me proyecta hacia las cosas —"mi cuerpo se dirige hacia el mundo", dice Merleau-Ponty— está unido patéticamente consigo mismo.

Se plantea aquí el problema del alma y el cuerpo. Es cierto que este problema constituye una aporía con la que se han enfrentado todos los filósofos: Spinoza, Malebranche, Descartes, entre otros. La cuestión es cómo el alma puede influir sobre el cuerpo. Ahora bien, es absolutamente imposible comprender cómo una volición del alma puede determinar un movimiento corporal objetivo. Si mi voluntad es subjetiva y espiritual, ¿cómo puede afectar al cuerpo objetivo? Parece cosa de magia. La solución de Maine de Biran es la siguiente: el poder original —"Yo actúo", "Yo puedo"— es invisible. La relación del poder consigo mismo es similar a la relación de mi temor conmigo mismo: está en mi poder, es latente, lo experimento, soy ese poder y lo despliego en un plano invisible. Pero este poder que despliego en lo invisible, debido a la dualidad del aparecer, del hecho de que existe un mundo, lo veo desde fuera, en el mundo. Es decir, que yo tengo en posesión mi poder al igual que mi temor: lo experimento, lo ejerzo, pero, como todo tiene una doble naturaleza, también me veo desde fuera. Hay dos cuerpos al igual que hay dos yoes (*moi*): un yo trascendental que se percibe en el mundo bajo la forma del yo empírico. Existe un yo sujeto y un yo objeto. En otras palabras, existe un yo (*moi*) que no está en el mundo y, debido a eso, puede observarlo.

El movimiento plantea un problema difícil porque el poder es puramente subjetivo, es viviente; soy el poder. Por esta razón, soy capaz de desplegarlo y llevarlo a cabo, pero también puedo verlo como un objeto del mundo. La solución de Maine de Biran es que el movimiento real se despliega en lo invisible, y nosotros lo observamos desde fuera. Tengo dos experiencias de mi movimiento: una donde lo realizo y otra donde lo percibo. Lo realizo al hacer esfuerzo, con el sentimiento de esfuerzo; entonces, el esfuerzo es dado patéticamente y lo veo desde fuera. Esto implica un *doble aparecer*. Existe un único cuerpo: puedo verlo desde fuera, pero lo vivo desde dentro.

¿Y qué sucede con esta intencionalidad corporal?

Lo originario no es la intencionalidad, ni siquiera en la intencionalidad corporal. Usted quiere preguntarme sobre la intencionalidad, pero me resisto señalando que, antes de la intencionalidad corporal, está la *corporeidad*. En otras palabras, lo que da origen a la intencionalidad corporal es la Vida misma. Para Merleau-Ponty, el cuerpo es inmediatamente intencional. ¿Por qué? Porque la subjetividad husserliana era intencional. Merleau-Ponty ha descubierto un cuerpo subjetivo, pero un cuerpo subjetivo intencional; él no ha visto que esta concepción deja en la sombra una dimensión de otro orden que es la dimensión patética. Sin embargo, nuestra corporeidad es fundamentalmente patética.

Usted acaba de mencionar el movimiento, el esfuerzo y la forma pura del movimiento. ¿Cómo cree que estos conceptos se relacionan con la danza y el canto?

Kandinsky ha demostrado que la danza no tiene que ser mimética. No es figurativa, no representa nada; se centra en los movimientos mismos del cuerpo y sus potencialidades. Lo que va a expresar son las capacidades motrices del cuerpo, los poderes que están en él tal y como los vivo originalmente (22). De ahí la idea de una danza abstracta en los escritos de Kandinsky. La danza no narra una historia, sino que revela poderes al hacer que el espectador los sienta en su propio cuerpo. Del mismo modo que las formas en un cuadro me hacen sentir las fuerzas que me habitan, con las que me confundo.

Lo mismo ocurre con la voz. En Maine de Biran (23), hay una actividad de *fonación* similar a la de la visión; se trata de un poder situado en el cuerpo mismo. Existe una respiración subjetiva. En esta actividad de fonación, que pertenece al mismo orden que la actividad de tomar, despliego un poder subjetivo. Luego, me lo represento. Cuando grito o pronuncio ciertas palabras, se produce un fenómeno de repetición en el sentido de que escucho en mí mismo este grito o estas palabras. Según Maine de Biran, sólo puedo saber que escucho el grito que he articulado, porque soy, en esencia, el poder que produce el sonido. Por eso, la audición constituye únicamente una repetición. Se da como un circuito que me permite escuchar el sonido que he emitido. Existe una emanación sonora, un sonido que escucho, pero, para saber que soy yo quien habla y no usted, es preciso que se dé en mí este saber primordial, dinámico y patético de la fonación, poder con el cual coincido. Es porque sé, en el acto de articular el sonido, que soy el que lo articula, que existe una ipseidad en este poder y que puedo afirmar: "Soy yo quien ha dicho esto y no usted".

¿Considera que todas las expresiones artísticas tienen su origen en el cuerpo?

Sí, absolutamente. La teoría de la pintura de Kandinsky es válida para todas las artes, lo que permite que estas puedan comunicarse entre sí y dar lugar a un arte global, lo que él llama un "arte monumental", es decir, un arte que no se limite únicamente a la pintura, la escultura, la danza o la decoración. En la ópera, por ejemplo, nos encontramos ante un arte en el que intervienen el canto, los colores, los decorados, los movimientos de los personajes, etc. Los elementos de cada una de estas artes parecen distintos: la voz para la cantante, el color para los trajes o los decorados, el movimiento para los desplazamientos de los personajes, el texto para el libreto. Pero estas artes, aunque sus elementos parezcan diferentes, pueden expresar lo mismo, porque su *contenido subjetivo* es el mismo. Existe un denominador común que es la realidad subjetiva de cada elemento perteneciente a cada arte. Objetivamente, cada elemento es diferente, pero subjetivamente se trata del mismo. Se puede lograr que distintas artes trabajen juntas para alcanzar el mismo efecto y expresar el mismo *pathos*. Por lo tanto, existe una especie de unidad subjetiva, absolutamente fascinante, de elementos objetivos.

Si consideramos que el cuerpo es la raíz de toda expresión artística según la fenomenología, ¿podríamos decir que el paso del tiempo en el cuerpo, con su asociación al envejecimiento, la finitud y la muerte constituiría el referente último de todo arte? En última instancia, ¿no es toda ontología estética una ontología del tiempo?

Mi respuesta, en ese punto, es precisamente negativa. ¿Por qué? El tiempo fenomenológico, explorado por Husserl y Heidegger, sigue siendo un tiempo extático, es decir, un tiempo fragmentado. El horizonte, esa abertura de luz que es el mundo, se presenta como un horizonte distante e irreal, tridimensional, constituido por lo que Heidegger denomina los tres éxtasis del futuro, el presente y el pasado. En este horizonte extático, las cosas fluyen desde el futuro hacia el presente y luego al pasado. Heidegger lo expresa literalmente: la presencia se presentifica a través de los tres éxtasis, los cuales hacen que las cosas estén ahí en su venida al presente, partiendo del horizonte del futuro y deslizándose hacia el pasado. Para el ser humano, este horizonte de futuro está limitado por la muerte, lo que ha motivado su afirmación. Sin embargo, todo esto se refiere únicamente a la fenomenología extática. La temporalidad de la vida es completamente diferente. Por lo tanto, no puede afirmar lo que ha dicho, ya que la temporalidad de la vida no es extática. Es cierto que la vida se proyecta constantemente hacia su futuro y hacia su pasado, pero esto ocurre en la vida en el mundo, la que se representa en el mundo y se proyecta en él. Sin embargo, la vida en sí misma, en el ámbito donde se toca a sí misma, no está sujeta al tiempo extático. El viviente es algo que se toca a sí mismo, sin ninguna distancia, sin diferir de sí mismo de ninguna manera, y se experimenta a sí mismo en un sentido radical. Nuestro yo (*moi*) viviente, nuestro Sí mismo trascendental, nunca se separa de sí mismo. Por lo tanto, es preciso considerar una temporalidad patética, es decir, una temporalidad en la que lo que se transforma no se separa de sí mismo. Esto es lo que he intentado expresar. Debemos describir una temporalidad sin intencionalidad, un simple *devenir afectivo*. La vida sigue experimentándose, aunque las modalidades de esta experimentación no dejen de cambiar.

¿Pero no nos encontramos aquí con el límite de la muerte?

No, no hay muerte, precisamente. La muerte no existe, o al menos hay que abordarla de manera distinta. Debemos trabajar con una filosofía radicalmente diferente, ya que el límite de la muerte radica en su confrontación conmigo en el mundo. Es necesario que pensemos en el mundo para que reflexionemos sobre la muerte. Me digo a mí mismo: soy viejo, tal vez en seis meses o más, estaré muerto. Pero en este punto, nuestras reflexiones se sumergen en el éxtasis. Sin embargo, donde hay vida, en su esencia interna, no hay éxtasis, ni pasado ni futuro. Comprender esto resulta muy difícil, pero ciertos autores han intuido esto. Por ejemplo, Meister Eckhart cuando afirma: "Lo que pasó ayer se encuentra tan lejos de mí como aquello que ocurrió hace quince mil años". Esto demuestra que no hay relación entre el yo y el tiempo, el tiempo extático; no existe una medida de la diferencia...

Referencias bibliográficas

(1) Martin Heidegger, "L'origine de l'oeuvre d'art", en *Chemins qui ne mènent nulle part*, París, Gallimard, 1992, pp. 43 y 47.

(2) Martin Heidegger, *Être et Temps*, París, Gallimard, 1986.

(3) Emmanuel Kant, *Critique de la raison pure*, París, PUF, 1993.

(4) Jean-Marie Brohm, "Philosophies du corps: Quel corps?", en *Encyclopédie Philosophique Universelle*. Tome I: L'Univers philosophique, París, PUF, 1989.

(5) Michel Henry, *C'est moi la vérité. Pour une philosophie du christianisme*, París, Seuil, 1996.

(6) Wassily Kandinsky, *Du spirituel dans l'art et dans la peinture en particulier*, París, Denoël, 1954; Wassily Kandinsky, *Point-Ligne-Plan*, París, Denoël, 1970; Wassily Kandinsky, *Regards sur le passé et autres textes*, París, Hermann, 1974.

(7) Michel Henry, *Phénoménologie matérielle*, París, PUF, 1990, p. 7.

(8) Roman Ingarden, *Qu'est-ce qu'une œuvre musicale?*, París, Christian Bourgois, 1989.

(9) René Descartes, *Méditations métaphysiques*, París, PUF, 1996.

(10) Arthur Schopenhauer, "De la métaphysique de la musique", en *Le Monde comme volonté et comme représentation*, París, PUF, 1966, pp. 1188-1200.

(11) Soren Kierkegaard, *Les Miettes philosophiques*, París, Seuil, 1996, pp. 103-122; Michel Henry, *La Barbarie*, París, Grasset, 1987, p. 218.

(12) Michel Henry, *Phénoménologie matérielle*, París, PUF, 1990, pp. 9-10.

(13) Friedrich Nietzsche, *La Généalogie de la morale*, París, Gallimard, 1997.

(14) Maurice Merleau-Ponty, *Phénoménologie de la perception*, París, Gallimard, 1945; Maurice Merleau-Ponty, *Le Visible et l'invisible*, París, Gallimard, 1964.

(15) Emmanuel Levinas, "La mort d'autrui et la mienne" y "Une autre pensée de la mort: a partir de Bloch" en *La Mort et le temps*, París, Le Livre de Poche, 1992, pp. 19 y 109; donde se encuentran citadas *L'Essence de la manifestation* y Marx.

(16) Michel Henry, *L'Essence de la manifestation*, París, PUF, 1963 (reedición en 1990).

(17) Jean-Paul Sartre, *L'Être et le néant. Essai d'ontologie phénoménologique*, París, Gallimard, 1943.

(18) Michel Henry, *C'est moi la vérité. Pour une philosophie du christianisme*, París, Seuil, 1996.

(19) Edmund Husserl, *Logique formelle et logique transcendantale. Essai d'une critique de la raison logique*, París, PUF, 1964.

(20) Edmund Husserl, *Leçons pour une phénoménologie de la conscience intime du temps*, París, PUF, 1964.

(21) Michel Henry, *Philosophie et phénoménologie du corps. Essai sur l'ontologie bi-ranienne*, París, PUF, 1965 (reedición en 1997).

(22) Michel Henry, *Voir l'invisible. Sur Kandinsky*, París, François Bourin, 1988.

(23) Maine de Biran, "Mémoire sur la décomposition de la pensée", en Pierre Tisserand (ed.), *Oeuvres*, Tome v, París, Alcan, 1932.

XIII. Una política del viviente
Entrevista realizada por Jérôme Le Thor en Montpellier en 1976

¿Cuáles han sido los caminos que ha recorrido en su vida para llegar a ser profesor en la Universidad de Montpellier?

Es cierto que vengo de todas partes y de ninguna. Nací en Indochina, en la época en la que se consideraba que era francesa. He vivido en casi todos los lugares, pero durante mucho tiempo residí en París. Llegué a Montpellier hace quince años, por pura casualidad, y decidí quedarme. Este país me sedujo de inmediato por su belleza, y encontré aquí unas condiciones de trabajo excepcionales.

¿Estaba destinado desde su nacimiento a ser profesor universitario?

No exactamente. Mi padre era oficial de marina, piloto en el puerto de Haiphong. Murió accidentalmente poco después de que yo naciera. Regresamos a Francia cuando tenía siete años.

¿Dónde llevó a cabo la mayor parte de sus estudios?

En primer lugar, en Lille, donde mi abuelo era músico y director del Conservatorio. Él también fue uno de los compositores destacados de la época. En casa, solíamos tocar mucha música de cámara. Mi madre, que era una buena pianista, incluso tocó frente a Faure. Luego, nos trasladamos a París donde vivimos en el barrio de Luxemburgo. Asistí al Liceo Henri IV. Sin embargo, estalló la guerra. Como muchos jóvenes franceses, fui reclutado por el STO (Service du Travail Obligatoire). Me negué a ir a Alemania y me uní a la resistencia, los maquis. Fue allí donde me esperaba una experiencia fundamental: la clandestinidad. Esta experiencia, que marcó profundamente mi novela *L'Amour les yeux fermés* (1), no sólo fue un recuerdo histórico o biográfico, sino la revelación de una situación completamente anormal. ¿Por qué la vida, en su aspecto más personal, debe esconderse? Cada vez que me encontraba en una situación así, sentía la necesidad de analizarla. A este respecto, los Mandelstam me proporcionaron los personajes de Ossip y de Nadejda, ya que la condición de clandestinidad, además de su significado político al denunciar con su propia existencia un régimen intolerable, también tiene otra consecuencia. Permite sacar a la luz la belleza de la vida, lo que tiene de precioso y de conmovedor. He utilizado la amenaza que pesa sobre ella como contrapunto para resaltar su magnificencia, incluso en los actos más sencillos. Caminar por la calle libremente, hablar con alguien sin miedo a ser denunciado; estos comportamientos cotidianos revisten, de pronto, un valor infinito. Cuando alguien te pide asilo, al otorgárselo, le salvas la vida, pero arriesgas la tuya. En la clandestinidad, las relaciones humanas se intensifican, lo que la convierte en una situación novelesca. En mi libro, todos los personajes principales se sumergen rápidamente en esta dimensión de la clandestinidad, que tiene un carácter nocturno, inquietante y patético.

¿Cómo ocurrió el cambio en su actitud, pasando de una orientación filosófica a una más centrada en la novela?

Toda mi vida ha estado repartida entre la investigación filosófica y la actividad literaria, que comencé con la escritura de *Le jeune officier* (2), mi primer relato. Lo que tienen en común ambas actividades es la intención de transmitir la verdad, de advertir algo esencial a través de los acontecimientos o las formas de la existencia. Podemos expresar esta verdad de dos maneras. La primera es a través del análisis conceptual, que se caracteriza por su rigor y abstracción, una vía que seguí durante muchos años. Sin embargo, he notado sus limitaciones, ya que este análisis se lleva a cabo mediante un lenguaje técnico, que, si bien no es exclusivo de especialistas, sí está reservado en gran medida para iniciados. Esto conlleva un cambio de perspectiva. El lenguaje filosófico —que originalmente aspiraba a una verdad universal, y, por lo tanto, comunicable para todos— se convierte en un lenguaje extremadamente especializado, dirigido a un público restringido y separado de esta universalidad. El drama de la cultura del siglo XX radica en ser una cultura fragmentada entre especialidades y técnicas que ya no se entienden entre sí. La filosofía había aspirado a ser esta *sapientia universalis* que dominara los saberes particulares. Sin embargo, en realidad, se ha convertido en uno de estos saberes que se yuxtaponen a los demás, perdiendo su papel de unificación y de síntesis.

¿Cuál fue su reacción ante esta especie de "descalificación" de la filosofía?

Volver a la novela. Porque la novela no se basa en indicadores conceptuales, sino en lo imaginario. Por la misma razón, se dirige a un público más amplio y, sobre todo, a personas que son diferentes a mí. Cuando publico un libro de filosofía, hablo con filósofos. Pero el mundo no está habitado únicamente por filósofos, ¡y eso es algo bueno, por cierto! Además, disfruto contando historias. Mi investigación filosófica había reprimido en mí este gusto, este placer, esta necesidad. Mi evolución filosófica me llevó a pensar que, en la existencia humana, no es el pensamiento, sino la sensibilidad, la afectividad, la actividad corporal y los acontecimientos singulares lo que importa. La imaginación expresa esta facultad increíble de exceder siempre lo que es dado. Imaginar consiste en concebir algo diferente a lo que es. Convertirme en novelista, en mi caso, no significaba huir, sino la posibilidad de incorporar en lo real lo que es esencial.

¿Podríamos establecer alguna relación entre lo que acaba de comentar y el contenido de dos de sus obras filosóficas publicadas: L'Essence de la Manifestation y Philosophie et Phénoménologie du corps (3)?

La continuidad entre mi obra filosófica y mi empresa novelesca surge del hecho de que me he desvinculado del racionalismo occidental, que confía la verdad a la ciencia y la considera objetiva, universal e impersonal. Por el contrario, he llegado a pensar de manera diferente. He adquirido la convicción de que la realidad es individual, y no por una elección ética, sino porque el individuo es el ámbito en el que la verdad se manifiesta.

Pero ¿qué es la verdad para usted?

Es esta revelación de la realidad interior, que adopta en lo más profundo de los seres una forma tanto afectiva como absolutamente personal. Esta es la verdad que he querido plasmar en mi novela.

También Sartre hizo la transición de la filosofía a la novela...

Sí, pero me pregunto por qué. En *La Nausée*, simplemente expresa algunas tesis filosóficas sobre la angustia. Lo mismo ocurre en *Le Mur* (4). Sigue siendo un filósofo.

¿Podemos afirmar que usted rechaza completamente la filosofía?

No. Se trata, más bien, de un hecho que soy el primero en lamentar, a saber: que la filosofía ha perdido su eficacia cultural en la actualidad. Ya no cumple su función de ser una fuerza de unión entre los espíritus.

Según Marx: "Los filósofos no han hecho más que interpretar el mundo de diversas maneras; lo que importa es transformarlo" (5). ¿Considera usted que la novela constituye una forma de praxis marxista?

Creo que lo que Marx ha querido expresar es que la verdad no reside en el ámbito del pensamiento, ni en la interpretación de las cosas a través de él. Más bien, esta verdad, al revelar la acción, la sitúa en el corazón mismo de los seres, en sus propios cuerpos. La *praxis*, según Marx, es la acción en su forma inmediata, el esfuerzo corporal, la subjetividad concreta entendida como la necesidad del trabajo. Estoy completamente de acuerdo con esta noción. No se trata, entonces, de una actividad puramente política. No es la acción revolucionaria la que transforma el mundo, sino la actividad que ha impulsado a los hombres desde tiempos inmemoriales a vivir y sobrevivir. En esta actividad se revela la fuerza extraordinaria de la vida, una fuerza que impulsa a perseverar en el ser y a crecer. Hay en la vida un coraje excepcional y un poder de invención. Mi novela es un canto a la vida, a esa voluntad inquebrantable de seguir contra viento y marea y, una vez asegurada la subsistencia, al deleite de la imaginación que revitaliza la vida mediante el poder de creación e invención y encuentra en el arte su realización suprema.

Volviendo a su libro, el lector queda inmediatamente cautivado por la poética de la arquitectura que define la ciudad de Aliahova. ¿Cuál es el origen de esta imaginación prolífica y este lirismo tan particular en la descripción de la ciudad?

Las diversas arquitecturas que constituyen esta ciudad ideal son, para mí, la representación misma de la vida. Sin duda, esta ciudad está compuesta por lo más bello que he presenciado en el transcurso de mis viajes. Sin embargo, lo que más me ha llamado la atención son estas ciudades "ideales" que se plasmaron en el Renacimiento, tanto en ciertas pinturas como en las puertas de marquetería, como la del Palacio de Urbino. En ellas se pueden apreciar lugares fabulosos, perspectivas sumamente geométricas, columnatas, entre otros elementos. Pero, al observar detenidamente estos edificios un tanto fantásticos, que también se encuentran en las pinturas de Altdorfer, nos resultan bastante enigmáticos. Parece, de hecho, que un edificio se justifica en parte por la función que desempeña (civil, militar, religiosa, etc.) y, por otro lado, por las técnicas de construcción propias de su época. Sin embargo, lo que no se explica de esta manera es por qué un arquitecto otorgó a determinada fachada de una iglesia, como lo hizo Borromini en San Carlos de las Cuatro Fuentes en Roma, la forma de una ola de piedra. ¿Por qué darle la forma de una concha a un lugar que es un punto de encuentro? Nos encontramos

ante una superación radical de la función por una forma completamente gratuita, pero que, sin embargo, está lejos de ser superflua. Esta elección testimonia el
impulso de la imaginación hacia lo nuevo. En mi opinión, la cultura se define por
esta tensión de la vida, entregada a su propio movimiento, un conjunto de invenciones increíbles que sólo el hábito nos permite dar por sentadas. Lo extraordinario en los grandes arquitectos, lo que escapa a toda interpretación materialista es
que incluso las técnicas de construcción, en su limitación, pueden dar lugar a la
creación. Reflexionaba sobre esto al contemplar un templo griego este verano. La
arquitectura griega clásica se desarrolló, en gran medida, a partir de sus carencias.
Ignoraba estructuras fundamentales como la cúpula y la bóveda, que luego contribuyeron al esplendor de la arquitectura romana y bizantina. Los griegos se vieron
obligados, al construir, a colocar un soporte vertical sobre cada elemento superior,
lo que requería casi tantos elementos soportantes como elementos soportados. Sin
embargo, supieron ordenar, aligerar y dar ritmo a este bosque de columnas.

*¿Cómo reconcilia usted el tema arquitectónico, que refleja a la colectividad, con la
exaltación del individuo que se encuentra en su libro?*

Observo que la actividad creadora se expresa principalmente de manera individual. Sin embargo, esta producción individual da lugar a una obra que es apreciada,
experimentada y utilizada por todos; una obra que determina los comportamientos y da forma al ritual social... En Aliahova, el arte no se limita a los museos: es
parte misma de la ciudad. Mientras pasean por la tarde, van al mercado o acuden a
sus citas de negocios, los habitantes de Aliahova están recreando el gesto creativo
de los más grandes entre ellos y se elevan hacia su espiritualidad.

Al menos, eso era así hasta los acontecimientos que usted relata.

Por supuesto. Mi libro no surge de una nostalgia por el pasado, sino que contiene
una crítica implacable de todo aquello que en el presente niega o no reconoce esta
libertad concedida a la capacidad de invención de los individuos. Por eso, mi descripción de la ciudad de Aliahova lanza, de hecho, un llamado patético a toda civilización futura.

Esta "crítica implacable" de la que usted habla se dirige también hacia la política, específicamente, a lo que podríamos llamar simplemente "izquierdismo". En este sentido, uno podría sorprenderse de que esta suerte de mayo del 68 que Aliahova experimenta dé paso al totalitarismo, a pesar de que en los hechos existe una reivindicación global de todas las libertades.

En mi libro, el izquierdismo no está condenado en sí mismo, sino porque sienta las bases para un régimen totalitario. Un desorden que amenaza profundamente las necesidades de la vida lleva inevitablemente a una especie de *orden exasperado*, es decir, al totalitarismo. Creo firmemente que, en el ámbito político, una cierta situación de descomposición es sumamente peligrosa porque conduce a su opuesto. Es la anarquía de España la que ha permitido e incluso provocado la ascensión al poder de un cierto general. Es la descomposición de la sociedad rusa antes de 1917 la que ha dado lugar al estalinismo. Es el debilitamiento de la Alemania de Weimar lo que ha engendrado a Hitler.

Usted ha mencionado, en relación con mayo del 68, que su objetivo era la liberación del individuo. Pero ¿qué se entiende por eso?, ¿se trata para este individuo de llegar a ser él mismo mediante un esfuerzo interior, de sumergirse en una actividad libre que emana de lo más profundo de su ser, que es dictada por las prescripciones de la vida en él, en lugar de ser impuesta por una cierta organización material de la producción?

No. Lo que pasó, lo que sucede en mi novela, es completamente diferente. Observamos una renuncia a todo esfuerzo, una negación de toda individualidad verdadera en favor de lo colectivo, una renuncia basada en la creencia de que la liberación del individuo ya no vendrá de sí mismo. Cada uno se desprende de sí mismo, espera una salvación exterior, exige de la sociedad que haga todo. *Ahora bien, la sociedad no existe.* Resulta absurdo creer que lo colectivo va a traer la salvación. Como lo expresa uno de mis héroes: "Jamás hemos visto a la sociedad excavando un pozo o construyendo una casa. Para hacer todo esto, se necesitan hombres" (6).

Así pues, su libro pone en cuestión una cierta ideología.

Si examinamos la ideología, no de Stalin, sino lo que Nadejda Mandelstam denomina "las ideas de 1920 en Rusia", es decir, las ideas de Lenin, encontramos una suerte de catecismo impuesto sobre esta aspiración a la liberación. En estas ideas, reconocemos, en todos los ámbitos, la negación del individuo, la afirmación de que sólo es efectivo el determinismo histórico, que sólo cuentan las estructuras sociales, entre otros aspectos. Este es el gran mal del siglo. Del mismo modo, encontramos nuevamente en la literatura y la crítica literaria contemporáneas, que explican una obra únicamente por su condicionamiento social, las tesis de los formalistas rusos de aquel entonces. El estalinismo llegó antes de lo que se suele decir, durante el período de Lenin, tan pronto como las ilusiones de liberación se desvanecieron. El mismo Lenin defendió esta tesis, que va en contra de Marx, a saber: que "la clase determina a los individuos". Marx sostiene exactamente todo lo contrario.

¿Cómo explica usted semejante fenómeno?

Es probable que esté influenciado por un momento de la historia en el que el progreso material engendra el riesgo de la pasividad, de la facilidad, de la renuncia. A partir de entonces, el individuo abre espacio a este tipo de ideología. Abdica en lo que respecta a su propia existencia.

¿Cómo puede el individuo, en cambio, llegar a conocerse y reencontrarse consigo mismo?

En *L´Amour les yeux fermés*, la respuesta es brindada por el arte, la interacción entre individuos donde cada uno aporta lo mejor de sí mismo a los demás.

Su concepción de la vida parece estar bastante cercana a la de la libido, en su sentido más amplio según Freud, del cual usted, sin embargo, emite una crítica severa bajo la identidad de Duerf.

El señor Duerf no comprende la individualidad. La abandona a sus determinaciones naturales e impersonales. Es un error, por ejemplo, considerar la sexualidad como una necesidad natural comparable a otras y enmarcarla en una especie de abstracción. ¡Como si la sexualidad humana pudiera separarse del deseo, de la aspiración al infinito que habita en el hombre, de su afectividad, de su sensibilidad y, con ello, de su totalidad!

¿Cómo abordar plenamente esta totalidad?

Esta totalidad reside en el dato inmediato. Este dato es una vida que es *mi* vida, una existencia que se siente a sí misma de manera inmediata, en su unicidad. El ser es de tal modo para mí que nunca constituye esa especie de explanada impersonal que llamamos el mundo, este espacio que cada uno ve, el espectáculo dado a todos. Él se recoge en una especie de noche interior que es mi subjetividad concreta, el lugar de mi acción, de mi esfuerzo y de mi amor, y esta existencia más personal no supone nada objetivo.

¿Cómo es posible que una ciudad ideal como Aliahova termine destruyéndose a sí misma?

Esta es la cuestión fundamental del libro. El Gran Canciller, en la noche que precede a su ejecución, responde a esta pregunta. Dice que la vida es el poder de mantenerse y crecer. Este poder ha conducido, de manera natural, a unas invenciones extraordinarias en todos los ámbitos: espiritual, artístico y *material*. En cuanto a este último aspecto, ha propiciado el desarrollo de técnicas y dispositivos inteligentes de diversa índole, capaces de funcionar por sí mismos, como puede verse claramente. Esta vida que —durante miles de años, desde el origen del hombre— ha luchado tenazmente contra las inclemencias meteorológicas: el hambre, la enfermedad y los enemigos; que ha tenido que dar lo mejor de sí misma para sobrevivir, alcanzar los límites del coraje, aceptar la muerte y sacrificarse por los demás, se encontró repentinamente relegada a una silla, sin necesidad de emplear sus propias energías, las cuales no han desaparecido, sino que se han vuelto en su contra. Es así como han surgido fenómenos de descontento, enfermedades y resentimientos. Resulta curioso constatar que, sólo cuando una sociedad progresa, se producen tales fenómenos. En Francia, en el siglo XVII, las desgracias eran abundantes, pero no fue hasta el siglo XVIII, con un progreso considerable alcanzado, que tuvo lugar la Revolución.

La revolución que Aliahova experimenta es, de hecho, un apocalipsis.

Definitivamente, la destrucción de la ciudad, especialmente de las obras de arte, resulta sumamente significativa. No se trata simplemente de un nihilismo salvaje ni de un instinto de muerte vago como el descrito por Freud en su concepto de *Thanatos*. Lo que se persigue, a través de la obra de arte, es la individualidad que la creó; esta es la diferencia, el poder creativo. Aquellos que buscan nivelar todo no lo hacen al azar; apuntan a lo que les resulta intolerable: esa luz, ese rayo, esa visión que emerge en un espíritu y una mirada particulares, y que ellos desean abolir. ¿Por qué? Para afianzar su poder y transformar esta humanidad de la diferencia y del talento, incluso el más modesto, en un mundo uniforme sobre el cual establecerán su autoridad.

Usted está lleno de nostalgia por una espiritualidad desaparecida, perdida. Pero ¡una espiritualidad no se inventa! Entonces, ¿qué podemos hacer?

El título de mi novela, *L´ Amour les yeux fermés*, nos pone sobre la pista. En estos tiempos de angustia, cuando todos los lazos que nos conectan con el mundo y con los demás están rotos, cuando la amenaza del anonimato y del terror surge, en el fondo de cada uno reside una potencia irreductible de vida de la cual nos es otorgado el hecho de tomar conciencia, incluso en el aislamiento, y que se asegura de su propio poder, aunque pueda ocultarse y disimularse. Este poder, que existe como una fuerza infinita de repetición y de recomienzo, que está arraigado en el ser de manera irrefutable, podrá, en otras partes y en otros tiempos, reconstruir lo que ha hecho.

Pero ¿mientras tanto?

Mientras tanto, esta fuerza subsiste en el corazón de algunos que guardan memoria de la ciudad de Aliahova. Esta noción de *memoria* ha adquirido una realidad nueva para mí después de la relación que mantuve con Mandelstam. En su bello libro, *Contre tout espoir* (7), Nadejda relata la terrible historia de la sociedad rusa en la primera mitad del siglo xx, su propio destino y la muerte de Ossip en un campo de concentración en Vladivostok. Explica, de manera elocuente, cómo, en aquel tiempo, el problema radicaba en proteger algo que debía ocultarse, pero que debía transmitirse a otros; algo que, una vez cruzado el túnel, les enseñaría lo que ha sucedido y los incitaría a redescubrir en sí mismos la realidad espiritual. Esta obsesión por la memoria, esta tarea con la que el Gran Canciller encomienda al héroe de mi novela, al decirle: "Decid todo lo que habéis visto" (8), logra preservar algo en esta ciudad; no sólo una imagen muerta e ineficaz, sino el poder de la vida. Gracias a esta invitación a recuperar la conciencia de sí misma y de su riqueza, la vida podrá entonces despertarse y llevarse a cabo en otros lugares.

El final de su libro —en particular, la muerte del Gran Canciller— reviste un acento evangélico. ¿Me equivoco?

Es cierto que la muerte del Gran Canciller se asemeja a la de Cristo, reviste la forma de una crucifixión, y la destrucción final de Aliahova se presenta como un apocalipsis. Esto se explica, en mi opinión, por la presencia en este libro del esbozo, y el propósito, de un camino que conduce al fondo del Ser, a ese conocimiento de la venida a nosotros de la vida, una fuente que siempre renace y que sólo podemos escuchar. Mi libro, *L'Essence de la manifestation*, formula la afirmación de una pasividad intrínseca del ser. No nos creamos a nosotros mismos, somos atravesados por una gran corriente de ser y sólo podemos experimentar su venida a nosotros como un don. Lo que les estoy diciendo puede sonar bíblico, quizás mesiánico, pero constituye la dimensión más importante de mi libro.

Existe la vida, pero también existe la muerte.

Aquí, con gusto retomaré las palabras de Emily Brontë en unos de sus poemas: "No hay lugar alguno para la muerte" (9). La muerte es para mí algo incomprensible. En este sentido, Spinoza me ha marcado profundamente al afirmar que la sabiduría no es una meditación sobre la muerte, sino una meditación de la vida. De una manera o de otra, bajo una forma u otra, la vida siempre prevalecerá.

No hemos hablado todavía de los personajes de su libro. ¿No encuentra esta potencia de vida, que usted reconoce como el principio de toda cosa, una encarnación privilegiada en sus heroínas?

Ciertamente. Si consideramos que la vida es, en su esencia, un poder de conservación y transmisión, resulta evidente que el papel de las mujeres a lo largo de milenios ha sido este: ser las guardianas de la vida, lo que implica una energía fantástica. Las mujeres de mi novela no son sólo estas criaturas admirables definidas por su querer-vivir y su servicio a él. Son más que esto, son mujeres *políticas*. Con esto quiero decir que están comprometidas con los intereses superiores de la Ciudad, tanto Judith como Deborah.

¿No consideran algunos a Judith, la de izquierda, como el símbolo del Mal?

Sin embargo, siento cierta ternura por ella. Percibo en ella una personalidad extraordinaria. Pertenece a un pequeño grupo de izquierda que aboga especialmente por la sexualidad colectiva. Pero se diferencia de una forma sumamente clara de los charlatanes que la rodean, ya que ella los obliga a aplicar sus consignas. Desde un punto de vista metafísico, quizás sea *el mal*, si entendemos por mal acaparar las posibilidades que la vida ofrece y agotarlas, explorar todas sus facetas, *probarlo todo*. Hay algo de patético en ella. Porque está enamorada del narrador y lo desea, está dispuesta a renunciar a su intransigencia ideológica para volver a ser, podríamos decir, una mujer "normal".

¿No le parece que el personaje de Deborah resulta mucho más enigmático?

Es que el bien se revela más complejo que el mal, por lo que, en general, resulta mucho más difícil hablar de él. Entiendo el *bien* —en un sentido metafísico, en un sentido platónico, si se quiere— como el absoluto hacia el cual se dirige *Éros*, el amor verdadero que es este deseo infinito de ser, y del cual Deborah es el símbolo. Ella arrastra a Sahli en este movimiento sin fin. Tiene una afinidad secreta con la ciudad, que también procede de esta embriaguez del deseo. Es, por este motivo, que va a defenderla de forma apasionada. El misterio de Deborah no se basa sólo en el papel que ella juega en el relato, en esta historia policial en la que interviene, inicialmente, como un personaje clandestino, e incluso como una espía, sino que radica en esta potencia abismal de la vida que he querido explorar.

Deborah representaría así una aspiración metafísica al Absoluto. ¿No es al Absoluto a donde regresan los héroes al final de la novela?

Sí, lo que ellos vuelven a encontrar no son a los miembros de una humanidad bucólica excluida de los males de la civilización, lo cual sería contradictorio con la temática de mi novela, ya que Aliahova exalta una forma superior de cultura. Los *antiguos nómadas* son el reflejo de los santos del paraíso; sus rostros están rodeados de una aureola de oro; el camino que conduce a ellos pasa ante estas "fuentes donde beben los ciervos", símbolo bizantino del alma abriéndose a la vida eterna.

Referencias bibliográficas

(1) Michel Henry, *L'Amour les yeux fermés*, París, Gallimard, 1976.

(2) Michel Henry, *Le Jeune officier*, París, Gallimard, 1954.

(3) Michel Henry, *L'Essence de la manifestation*, París, PUF, 1963 (reedición en 1990); Michel Henry, *Philosophie et phénoménologie du corps. Essai sur l'ontologie biranienne*, París, PUF, 1965 (reedición en 1997).

(4) Jean-Paul Sartre, *La Nausée*, París, Gallimard, 1938; Jean-Paul Sartre, *Le Mur*, París, Gallimard, 1939.

(5) Karl Marx, "Thèses sur Feuerbach", en *Oeuvres*. Tome III: Philosophie, París, Gallimard, 1982, p. 1033.

(6) Michel Henry, *L'Amour les yeux fermés*, París, Gallimard, 1976, p. 139.

(7) Nadejda Mandelstam, *Contre tout espoir*, 3 vols., París, Gallimard, 1972-1975.

(8) Michel Henry, *L'Amour les yeux fermés*, París, Gallimard, 1976, p. 254.

(9) Emily Brontë, *Poèmes (1836-1846)*, París, Gallimard, 1983, p. 131.

Este libro se imprimió en la Ciudad de México,
el 13 de septiembre de 2024, memoria litúrgica de san Juan Crisóstomo,
Obispo y Doctor de la Iglesia, en Litográfica Ingramex, S. A. de C. V.
Centeno 162-1, Granjas Esmeralda, Iztapalapa,
C. P. 09810, Ciudad de México, México

www.ingramcontent.com/pod-product-compliance
Lightning Source LLC
LaVergne TN
LVHW091452170726
843492LV00001B/150